크리스천 일상 정리법

믿음과 삶을 일치시킬 매일 매주의 실천

저스틴 휘트멀 얼리 지음
우성훈 옮김

The Common Rule

생명의말씀사

The Common Rule
by Justin Whitmel Earley

Originally published by InterVarsity Press
as The Common Rule by Justin Whitmel Earley.
Copyright © 2019 by Avodah, LLC.
Translated and printed by permission of InterVarsity Press,
P.O. Box 1400, Downers Grove, IL 60515, USA. www.ivpress.com
All rights reserved.

Korean Edition published by Word of Life Press, Seoul 2022
Printed in Korea.

크리스천
일상 정리법

ⓒ 생명의말씀사 2022

2022년 7월 28일 1판 1쇄 발행
2022년 10월 17일   2쇄 발행

펴낸이 I 김창영
펴낸곳 I 생명의말씀사

등록 I 1962. 1. 10. No.300-1962-1
주소 I 서울시 종로구 경희궁1길 6(03176)
전화 I 02)738-6555(본사) · 02)3159-7979(영업)
팩스 I 02)739-3824(본사) · 080-022-8585(영업)

기획편집 I 박경순, 유영란
디자인 I 박소정
인쇄 I 영진문원
제본 I 다온바인텍

ISBN 978-89-04-16761-6 (03230)

저작권자의 허락없이 이 책의 일부 또는 전체를
무단 복제, 전재, 발췌하면 저작권법에 의해 처벌을 받습니다.

크리스천
일상 정리법

추천사

바울은 로마서에서 "너희 몸을 하나님이 기뻐하시는 거룩한 산 제물로 드리라"고 권면한다. 우리의 마음과 생각을 주께 드려야 하지만, 마음과 생각만으로 삶이 변화되지는 않는다. 결국 우리의 최종 목표는 우리의 몸을 드리는 것이다. 제임스 K. A. 스미스는 우리가 매일 행하는 습관이 바로 우리의 예배라고 말한다. 『크리스천 일상 정리법』은 은혜가 습관을 통해 삶의 변화를 일으키는 과정을 잘 설명해 준다. 특히 단순한 습관이 아니라 하나님 사랑, 이웃 사랑 그리고 수용하는 습관, 저항하는 습관으로 각 영역을 구별해 주어서 적용하기 쉽다. 사람은 일상 속에서 거룩한 습관을 통해 변화된다. 예수님도 "습관을 따라"(눅 22:39) 감람산으로 기도하러 가셨다. 은혜는 언제나 습관이라는 성화의 과정을 통해 우리의 삶의 변화로 열매 맺는다.

고상섭(그사랑교회 담임 목사, CTC코리아 이사)

『크리스천 일상 정리법』은 삶의 지혜를 가르친다. 삶의 지혜는 '구분하는 것'에서 시작한다. 해야 할 것, 하지 말아야 할 것, 통제할 수 있는 것, 통제할 수 없는 것을 올바로 아는 것이다. 『크리스천 일상 정리법』을 통해 해야 할 것과 하지 말아야 할 것을 알 수 있었다. 삶에서 우리가 내리는 작은 선택은 곧 믿음에 영향을 준다. 선택은 생각을 만들고, 생각은 행동을 만들고, 행동은 습관이 되며, 반복된 행동은 내가 지닌 믿음을 드러낸다. 크리스천의 올바른 신앙을 위해 나는 일상의 회복과 믿음으로 이끄는 습관의 힘이 중요하다고 강하게 믿는다. 이 책은 우리에게 그 힘을 제시하고 있고, 변화를 이끌 방법을 보여 주고 있다.

고윤(페이서스코리아 대표, 『아무것도 하지 않으면 아무것도 달라지지 않는다』 저자)

하나님이 허락하신 소중한 일들을 성실하게 감당하면서도 늘 지치지 않을 수 있는 비결이 이 책에 담겨 있다. 매일 작은 습관들을 통해 모든 삶을 하나님께 내어 드리는 법, 그분이 모든 것을 주관하시도록 힘을 빼는 방법을 알려 준다. 바쁘고 분주한 일상 속에서 길을 잃지 않도록 거룩한 규칙을 정해 보자. 그것이 습관이 되도록 꾸준하게 실천해 나가자. 우리의 삶을 아름다운 것들로 가득 채우신 하나님의 사랑을 만끽하며, 참된 안식과 자유를 온전히 누리는 오늘이 되기를!

이재은(MBC 아나운서, 『하루를 48시간으로 사는 마법』 저자)

저자는 삶의 우선순위를 습관으로 정돈하게 합니다. 우리는 하나님과 사람이 가장 중요한 가치라고 말하면서 실제로는 하루의 많은 시간을 의미 없는 스마트폰과 함께 보내고 있습니다. 저자는 삶에서 중요하게 여기는 가치를 향해 실제로 움직이라 말합니다.

이 책은 저자 자신이 치열하다 못해 공황 상태가 되었던 삶 속에서 스스로를 '좋은 습관'이라는 방법으로 자가 '행동활성화치료'(behavior activation therapy)를 해낸 결과물입니다. 저자가 경험으로 얻은 결과를 우리는 잘 정리된 매뉴얼로 받아 보는 행운을 얻었습니다. 우리의 마음이 행동에 영향을 미치지만, 사실 행동부터 바꿀 수만 있다면 마음은 따라온다는 것은 익히 밝혀진 사실입니다. 다만 우리에게 그 행동을 해낼 지혜와 용기, 그리고 에너지가 없을 뿐입니다. 이 책은 그 지혜와 용기까지 줍니다. 독자들이 가진 에너지를 좋은 습관에 투자해 본다면 좋은 결과를 얻을 것으로 확신합니다. 그 어떤 경제적인 투자보다, 독자들의 삶에 좋은 투자가 될 것입니다.

한혜성(정신과 전문의, 『사랑하는 내 딸, 애썼다』 저자)

새로운 그리스도인 세대가 습관과 의식(rituals)의 형성하는 힘과 씨름하는 것이 고무적이다. 우리의 일상의 패턴은 우리가 깨닫는 것보다 더 우리의 태도와 행동을 형성한다. 『크리스천 일상 정리법』은 우리에게 습관에 대해 새로운 관점에서 생각하고, 이웃과 자신의 최선을 추구하도록 자신을 의식적으로 제한하는 새로운 삶의 방식을 받아들이도록 촉구한다.

트레빈 왁스(Trevin Wax)
라이프웨이 크리스천 리소시즈 성경과 참고문헌 디렉터,
『디스 이즈 아워 타임: 우리 시대의 진면목』 저자

오늘날 신자들 사이에서 가장 큰 문제는 규율이 없다는 것이다. 점차 감소하는 도덕성에서 볼 수 있듯, 그들은 예수님의 기대에 부응하지 못한다. 『크리스천 일상 정리법』은 예수님을 따르는 모든 이가 기쁨 넘치는 선교사적 제자가 되도록 상식적인 규율을 제시한다.

마이클 티미스(Michael Timmis)
프리즌 펠로십 미니스트리스 전 회장, 알파 인터내셔널과 새 가나안 협회 이사회 회원

끊임없이 주의 산만하게 하는 문화에서 시끄럽고 긴급한 일보다 더 나은 것을 습관적으로 선택하기는 무척 어렵다. "어디서부터 시작하나요?"라고 묻는 사람들에게 저스틴 얼리는 답을 제시한다. 그의 선례를 따라가다 보면 삶의 많은 부분이 다시 당신에게로 돌아갈 것이다.

존 스톤스트리트(John Stonestreet)
기독교 세계관을 위한 척 콜슨 센터 대표

『크리스천 일상 정리법』은 삶의 산만함과 유혹, 그럭저럭 살면서 매일같이 받는 압박과 도전 속에서 영적 규율을 배양하는 데 매혹적이고 적절하며 변화를 일으킬 지침이 된다. 이 책이 제공하는 영적 실천은 단지 현대 생활에 적응한 결과가 아니라, 저자가 개인적으로 경험한 고통의 도가니에서 개발된 것이다. 이 책은 읽을 가치가 있으며, 이 책의 방법은 실행할 가치가 있다.

론 니켈(Ron Nikkel)
프리즌 펠로십 인터내셔널 명예 대표

창조는 생명의 거룩한 리듬으로 가득 차 있다. 『크리스천 일상 정리법』은 우리가 이런 리듬을 존중하고 구현하는 삶의 방식을 따르도록 돕는 아름답고 매력적인 자원이다. 우리가 생명을 주는 하나님 나라에 더 깊이 뿌리내리고 살아가도록 중요한 지침을 준다.

앨런 패들링(Alan Fadling)
바쁘지 않은 삶 대표 및 설립자

이 시대에 우리는 또 언제 전화가 변형될지 통지를 기다리고 있다. 나는 기계 파괴 운동가는 아니지만, 기술과 분주함이 우리의 사랑에 영향을 미치는 방식은 재고해야 한다. 『크리스천 일상 정리법』은 매일과 매주의 리듬에 대해 믿을 수 없이 실용적인 조언을 해 줄 뿐 아니라, 우리가 헤엄치는 물을 볼 수 있도록 눈을 열어 준다. 모든 교회는 형성을 위한 자원으로 이 책을 활용할 것을 고려해야 한다.

AJ 셰릴(AJ Sherrill)
마스힐바이블교회 리드 목사,
『애니어그램과 예수의 길』(Enneagram and the Way of Jesus) 저자

나는 『크리스천 일상 정리법』이 기계처럼 생산하라는 압제에서 나를 구하는 실용적인 도구이기에 감사하다. 이 책의 실천법은 내가 존재하는 인간(human being)이지 일하는 인간(human doing)이 아님을 일깨운다. 이 책을 읽고 폭정에서 자신을 구하라!

데이비드 M. 베일리(David M. Bailey)
아라본 전무 이사, 『인종, 계급, 그리고 하나님 나라』
(Race, Class, and the Kingdom of God) 공저자

책은 그저 읽는 것이 아니다. 좋은 책은 당신을 움직이고, 위대한 책은 당신을 변화시킨다. 나는 이제부터 저스틴 얼리의 팬이다. 그는 흔치 않은 일을 했다. 그는 우리의 삶을 바꿀 뿐 아니라, 더욱 중요하게는 우리를 따르기로 선택한 사람들의 삶을 바꾸는 여덟 가지 습관을 가르쳐 준다.

토미 스폴딩(Tommy Spaulding)
『마음을 이끄는 리더』(*The Heart-Led Leader*),
『당신이 아는 사람만이 아니다』(*It's Not Just Who You Know*) 저자

누가 어떻게 지내느냐고 물어 올 때 항상 "너무 바쁘고 정신없어"라고 대답하는 자신을 발견한다면, 지금이 변화의 시기일지 모른다. 『크리스천 일상 정리법』은 우리의 삶을 천천히 그러나 의도적으로 재구성하도록 실용적인 지혜를 제공하며, 우리가 한계를 받아들일 때 역설적으로 우리가 갈망하던 자유를 얻을 수 있음을 보여 준다.

존 다이어(John Dyer)
『정원에서 도시로: 기술의 구원하고 부패하는 힘』(*From the Garden to the City: The Redeeming and Corrupting Power of Technology*) 저자

나는 수십 년 동안 주님을 알아 온 교회 리더지만, 그리스도 안에서 실제로 지낼 공간을 찾기 위해 분투하고 있다. 나는 스마트폰을 통해 나를 압박해 오는 요구들에 얽매여 있다. 『크리스천 일상 정리법』은 개인 및 교회와 소그룹에 실제적인 귀로(way back)를 제시한다.

캐런 히트덕스 스트롱(Karen Heetderks Strong)
폴스 처치 성공회 선임 디렉터

불안을 헤쳐 나가는 저스틴 얼리의 정직한 걸음걸이는 새로운 방법이 필요한 누구에게나 희망을 준다. 『크리스천 일상 정리법』은 당신이 불안과 싸우든 삶의 중심에서 그리스도를 찾기 원하든, 그리스도와 쉬이 동행하며 나아가도록 도움을 준다. 예전적 삶에 대한 얼리의 신선한 시선은 이 책의 지면으로부터 우리의 일상생활 안으로 들어온다. 이 책은 공동체, 함께 나누는 식사, 금식, 기도, 침묵, 휴식 모두가 우리 삶에 깊은 영향을 미친다는 사실을 새삼 일깨운다. 패스트푸드와 가족 분열의 사회에서 식탁으로의 복귀는 그 어느 때보다 중요하다. 얼리는 모든 사람이 그를 자유로이 만날 수 있고 한 치의 여유도 없이 빠르게 진행되는 삶을 살았다. 그러나 이 책에서 우리는 그가 다른 길, 즉 우리 모두를 위한 다른 길을 찾았음을 본다.

다이애나 M. 시플릿(Diana M. Shiflett)
네이퍼빌커버넌트교회 영적 형성 목사,
『공동체에서의 영적 실천』(*Spiritual Practices in Community*) 저자

리처드 포스터(Richard Foster), 유진 피터슨(Eugene Peterson), 그리고 사색하는 많은 작가들의 정신에 비추어 볼 때 공동 규칙에 관한 이 책은 가족이신 하나님께 드리는 흥미진진한 공헌이다. 우리는 세상에서 우리의 존재감을 깊이 느낄 방법을 필요로 하고 갈망한다. 정말 많은 기독교 작가들이 자기 계발서를 한 권 더 건넨다. 『크리스천 일상 정리법』은 그런 틀을 깨고 하나님과 더욱 친밀해지도록 부른다.

게리 브래들리(Gary Bradley)
네비게이토 선교회

저스틴 얼리는 바쁘고, 스마트폰에 중독되고, 주의 산만한 지구상의 모든 이에게 구명 밧줄을 던진다. 지극히 개인적이고 대단히 실용적인 이 책에서 그는 우리에게 가장 생명을 주는 관계, 즉 예수님과의 우정을 뒷받침할 리듬을 찾도록 영감을 준다.

켄 시게마츠(Ken Shigematsu)
텐스교회 담임 목사, 『예수를 입는 시간』 저자

이 책은 놀랍도록 실용적이다. 더욱이 아름답다. 우리를 위한 삶을 일별하고, 우리를 그 방향으로 이끄는 간단한 선택지가 가득하다. 이 책에 묘사된 습관과 그 습관을 구현하는 지혜는 광란의 세상 속에서도 온전함을 향해 난 길이다.

앤디 크라우치(Andy Crouch)
『기술-지혜 가족』(*The Tech-Wise Family*), 『컬처 메이킹』(*Culture Making*) 저자

나는 이 책의 실용성을 사랑한다. 저스틴 얼리는 본질을 이해하고 구현한다. 그 본질은 우리 삶의 일상적인 습관이 우리가 무엇을 사랑하고 가치 있게 여기는지를 보여 준다는 것이다.

마크 스캔드릿(Mark Scandrette)
『자유 그리고 예수의 길 실천하기』(*Free and Practicing the Way of Jesus*) 저자,
『소속되기와 존재하기』(*Belonging and Becoming*) 공저자

로렌에게

"당신의 구속하는 사랑이
나를 자유롭게 해."

contents

추천사 / 4
여는 말_ 한계 안에서 자유 찾기 / 17

Part 1 일상을 정리하는 도구

일상 정리를 위한 공동 규칙 / 43
공동 규칙을 이루는 여덟 가지 습관 / 49

Part 2 매일과 매주, 일상을 정리하는 법

매일 습관 1 아침, 정오, 잠들기 전 무릎 꿇고 기도하기 / 57
기도로 사랑 안에서 보내는 하루

매일 습관 2 다른 사람과 한 끼 식사하기 / 79
이웃과 누리는 복된 식탁

매일 습관 3 휴대전화 한 시간 끄기 / 101
함께 있는 사람과 온전히 함께 있도록

매일 습관 4 휴대전화 보기 전 성경 읽기 / 123
사랑받는 자녀라는 정체성

매주 습관 1 친구와 한 시간 대화하기 / 145
취약함을 드러내는 우정

매주 습관 2 미디어 네 시간 선별하기 / 167
좋은 이야기를 고르는 덕목

매주 습관 3 24시간 금식하기 / 189
세상의 필요에 눈뜨는 법

매주 습관 4 안식 누리기 / 209
한계를 받아들이고 휴식할 때

맺는 말_ 실패와 아름다움에 대하여 / 231
실천을 돕는 자료 / 245
감사의 말 / 279
미주 / 283

여는 말

한계 안에서
자유 찾기

여느 때와 다를 바 없던 어느 토요일 밤 12시, 나는 갑자기 잠에서 깨 극심한 공황 상태에서 식은땀을 흘리며 몸을 떨었다. 아내 로렌과 함께 쓰는 침실에 적막이 흐르는 가운데 침대에 앉았다. 그 느낌이 너무 강렬해서 뭔가 끔찍한 일이 일어날 것 같았다. 내가 알지 못하는 무언가를 내 무의식은 알고 있는 것 같았다. 하지만 방 안은 완전히 고요했다.

너무 기이한 일이라 로렌을 깨워 설명하려 했지만 마땅히 설명할 내용이 없었다. 마치 내 심장이 아무 이유 없이 경종을 울리는 것 같았다. 결국 나는 한동안 안정을 취한 후에야 다시 잠들 수 있었다.

다음 날이 되어도 여전히 뭔가 잘못됐다는 막연한 느낌이 남아 있었다. 그날 오후 우리 부부는 세 아들을 데리고 우리가 사는 버지니아주 리치먼드 서부에 있는 산으로 사과를 따러 갔다. 그곳 과수원은 탄성이 절로 나오는 9월 말의 아름다움을 한껏 품고 있었다. 거기서 우리 가족은 애플 사이다 도넛(apple cider donuts)을 먹었고, 나와 아내는 아이들이 나무 주변에서 뛰어노는 것을 지켜보았다. 모든 것이 완벽해 보일지 모른다. 하지만 나는 거기에 반밖에 없었다. 내 감정은 마치 선글라스를 쓰고 있는 것 같아서, 모든 사물이 불안감으로 그늘져 보였다.

그날 밤에도 똑같은 일이 일어났다. 이번에는 다시 잠들 수 없었다. 나는 월요일 하루 내내 사무실에서 좀비처럼 지냈다. 웅크리고 앉아 서류를 보다가 마음에 썩 들지 않는 1인용 커피 머신과 내 책상 사이를 연신 왔다 갔다 했다. 두려움이 바이러스처럼 나를 휘감았다. 겁에 질린 그날 밤, 다시 눕는 것이 무서웠고 눕자마자 똑같은 일이 또 일어났다.

나는 결국 새벽 3시에 응급실에 앉아 이상이 없다며 사과하다시피 말하는 의사를 물끄러미 바라보고 있게 되었다. 그저 임상적인 불안과 공황 발작 증세였다는 것이다. 그 의사는 이런 일이 다반사라고(마치 위로의 말인 양) 힘주어 말했다. 나는 그의 말을 도무지 믿을 수 없었다.

모든 게 별 탈 없다, 모든 게 무너지고 있다

내가 믿을 수 없었던 것은 아무리 생각해도 나는 무언가로 인해 스트레스를 받거나 걱정하는 사람이 아니었기 때문이다. 사실 모든 일이 정말 아무 문제 없어 보였다. 내가 버지니아대학에서 영문학을 공부하고 사랑스러운 아내와 결혼한 후, 우리는 중국에서 선교사로 수년을 지냈다. 우리는 그곳 생활이 참 좋았고, 그곳에서 세상을 바라보는 내 시각을 바꿔 버린 일을 겪지 않았다면 훨씬 더 오래 머물렀을지도 몰랐다. 나는 한 거리를 10분 정도 걸었는데, 거기서 마약을 거래하는 사람, 매춘업소를 운영하는 사람, 훔친 노트북을 파는 사람, 정부에 대항해 시위하는 사람 들과 마주쳤다.

정치적 시위자를 제외한 나머지는 중국에서 흔히 볼 수 있는 사람들이었다. 나는 중국에서 4년을 지내는 동안 시위하는 사람을 본 적이 없었고, 그날 이후에도 본 적이 없었다. 시위하는 여인이 펼쳐 보인 피켓에는 이런 문구가 적혀 있었다. "중국의 법체계는 무너졌고 지방 사람들은 억압당하고 있다." 그녀가 눈 깜짝할 사이에 체포되는 바람에 나는 나머지 내용을 읽을 수 없었다.

나는 그곳을 지나가면서 네 가지 일이 모두 불법인데 왜 그중 세 가지는 돈을 버는 통상적인 수단으로 간주되고 있는지 곰곰이 생각했다. 네 가지 일 중 단 하나만 이웃을 사랑하는, 체포되어 처벌될 수 있는 용감한 행동이었다.

그날은 내가 세상을 형성하는 법과 비즈니스의 힘을 절실히 깨달은 날이었고, 그때 커다란 소명의식을 느꼈다. 그분을 따르기 원한다면 바로 그 현장에서 따라야 한다고 말씀하시는 주님을 느꼈다. 주님은 내가 바로 그곳에서 선교사가 되기를 원하셨다. 나는 순종했다. 워싱턴 DC로 이주 후, 나는 조지타운 로스쿨에 들어갔고 로렌은 자선 컨설팅을 시작했다.

이 기간에 두 아들 휘트(Whit)와 애셔(Asher)가 태어났다. 나는 로스쿨을 수석으로 졸업한 후 리치먼드에 있는 가장 큰 로펌에서 인수 합병 변호사로 일했다. 가장 가까운 친구들과 가족 모두 리치먼드에서 살았기에 우리는 리치먼드로 내려간 이후 한동안 행복하게 살았다(적어도 나는 그렇게 생각했다).

어느 여름날에도 나는 즐거운 시간을 보내고 있었다. 턱수염은 덥수룩했고(로펌에서 일하기 시작하면 바로 면도할 거라고 아내에게 다짐했다), 오래된 BMW 오토바이를 구입했다(편리한 교통수단이 될 거라고 아내를 설득했다). 그리고 변호사 시험 공부를 하지 않을 때는 대부분 운동을 하거나 아이들과 놀아 주며 보냈다(이 부분은 로렌을 설득할 필요가 없었다).

요컨대, 내 인생은 정말 순탄했다. 딱 하나만 빼고 말이다. 나는 피곤했다. 정말 피곤했다. 나는 대학 졸업 후 굶주린 욕망을 안고 내 삶과 씨름하며 지냈다. 모든 걸 다 잘해 내고 싶었다. 중국에서 지내는 초반에는 만다린어를 공부하고 나중에는 동료 선교사나 중국인 친구 들과 많은 시간을 함께 보냈다.

로스쿨에 다닐 때 내 생활은 일정 알림, 약속, 이력서 보강을 위한 활동, 밤샘 공부의 끝없는 연속이었다. 그러나 로스쿨 학생 모두가 그런 삶을 살았기에 전혀 이상해 보이지 않았다. 변호사 시험 때 전날 밤 좀처럼 잠들기 어려웠다고 친구들에게 이야기한 기억이 난다. 그때 친구들은 나를 이상하다는 듯 쳐다보았다. 수면제를 복용하지 않은 사람은 나뿐이었던 것이다.

야망에 사로잡혀 있는 것이 로스쿨에서 살아가는 방법이었고, 나는 거기에 순응하며 살았다. 그렇게 지내는 삶이 최고 법학생이 되고, 대형 로펌에 들어가고, 전도유망한 젊은 변호사가 되는 길이라고 생각했다(모든 일에 '예'라고 말하고, 어떤 일에도 '아니요'라고 말하지 않으면서).

그래서 나는 너무 바빴고, 복잡하고 촘촘하게 짜인 일정을 소화하느라 열심을 다했다. 그러면서도 나는 스스로 **소명을 받았다**고 여겨 남들과 다르다고 생각했다. 시위자가 체포되는 걸 보고 난 후부터 나는 우리가 살아가는 문화가 형성되는 데 법과 경제학이 중요하다는 사실에 (좋든 나쁘든) 온통 몰입해 있었다.

돌이켜 보고 나서야 깨달은 것은, 내 인생이라는 집은 기독교적 장식으로 꾸며졌지만 내 습관의 구조는 여느 사람들과 다를 바 없었다는 사실이다. 그리고 그런 삶이 내게는 안성맞춤이었다. 삶이 무너지기 전까지는.

선교사가 개종하다

병원에 있었던 그날 밤 의사는 내게 수면제 약병을 건네며 마음을 느긋하게 먹을 필요가 있다고 말했다. 분주함은 중독 증상과 비슷하다. 멈출 경우 우리는 대부분 두려움에 빠진다. 이를 이겨 내려면 분주한 삶을 꾸준히 유지하는 수밖에 없다. 수면제를 복용하면서 나는 인생에서 가장 어두운 국면을 맞닥뜨리기 시작했다.

매일 밤 수면제를 복용하면 서너 시간은 깊이 잘 수 있었지만, 얼마 지나지 않아 약병 뒷면에 적힌 끔찍한 수면제 부작용이 일어나고 있음을 알아차렸다. 낮에 극심한 감정 기복에 휩싸임, 환각성 악몽을 꿈, 심지어는 자살 충동을 느낌, 이 모든 일이 내게 일어났다. 서너 주 동안 불안한 마음에 안정을 취할 수 없었고, 뜬금없이 울음이 터지거나 집중하기 어려웠으며, 이유를 알 수 없는 공포심을 진정시킬 수 없었다.

어느 날 밤 주방에 서 있는데 로렌이 접시 여러 장을 내게 건넸다. 나는 그녀를 바라보며 말했다. "이것들을 어디에 두어야 할지 모르겠어." 나는 정말 몰랐다. 마음이 점점 심약해지면서 간단한 일도 엄청나게 보였다. 나는 생각했다. **내가 이 접시들을 치울 수 없다면 어떻게 남편, 친구, 아버지가 되려는 거지?** 내가 소중히 여기는 모든 것이 위협받고 있었다.

이때부터 나는 상당 기간 수면제나 술이 있어야 잠들 수 있었다. 나중에 수면제는 끊었지만(하나님께 감사드린다) 술 문제는 여전히 남았다. 술을 약간 마셔야 잠들 수 있었다. 이제 젊은 선교사에서 약물 투여 중인 변호사로 완전히 전향했는데, 고질적인 의문이 생겼다. **선교사가 어떻게 개종하게 된 거지?**

이 질문에 대답하기란 쉽지 않다. 길고 어려운 여정이 있었다. 지금 생각하니 당시 내 몸은 습관과 일상을 통해 추구했던 염려와 분주한 삶에 완전히 익숙해져 있었다. 이 세상에서 내 자리를 차지하기 위해 쉴 새 없는 일정을 매년 소화했고, 그런 삶이 결국 내게 적잖은 영향을 주었다. 내 머리는 내가 무엇을 하든 하나님이 나를 사랑하신다고 말했지만, 내 습관은 사랑받으려면 계속해서 몸부림쳐야 한다고 말했다.

결국 나는 내 습관(마음, 몸, 영혼)을 믿기 시작했다.

이것이 그다음 일어난 일이 매우 중요한 이유다. 15개월 후 나는 내 삶을 송두리째 바꿔 놓은 밤을 맞게 되었다.

습관의 힘 발견하기

나는 새해 전야 파티를 즐긴 직후 저녁에 가장 친한 친구인 맷과 스티브와 함께 식당에 앉아 있었다. 테이블 위에는 낙서로 가득한 종이가 놓여 있었다. 나와 아내가 구상한 습관 프로그램이 적힌 종이였다. 그 프로그램의 목적은 내 머리는 주장하지만 몸은 거부했던 평안을 내가 마음으로 믿도록 돕는 데 있었다. 맷과 스티브는 내가 그 프로그램을 성실히 수행하길 원했다.

여기서 중요한 것은 그날 밤이 평소와 다를 바 없었다는 점이다. 위대한 계시도, 승리도 없었다. 그저 더 나은 매일과 매주의 리듬에 관해 즐겁게 대화한 밤이었다. 테이블 위에서 적어 본 습관이 **그렇게** 중요해질 줄은 전혀 예상치 못했다. 그 습관 중에는 매일 기도하기와 일정 시간 휴대전화 사용하지 않기 등이 있었고, 매주 하루는 시간을 내어 친구들과 대화 나누기도 있었다. 그 습관 중 어떤 것도 새로 발견한 것처럼 도드라지지 않았다.

그때까지 나는 거대한 결과를 가져오는 작은 변화인 핵심 습관(keystone habit)에 대해 들어 본 적이 없었다. 습관 몇 가지로 인생이 바뀔 거라고 생각지는 않았지만 어떤 것이든 시도하고 싶은 마음은 있었다. 지금 이 글을 쓰고 있는 오늘도 나는 그 습관들에 따라 여전히 생활하고 있다. 어젯밤 나는 아기처럼 깊이 잠들었다. 나는 서서히 새로운 사람, 즉 겸손하지만 훨씬 더 강한 사람이 되고 있다.

나는 이러한 습관이 그렇게 중요한지 몰랐다. 내가 지닌 보통의 습관이 내 영혼에 얼마나 큰 영향을 미치는지 몰랐기 때문이다. 내 인생의 상당 부분은 내가 품은 소망보다 내 습관에 의해 형성된다는 사실을 알지 못했다. 물론 우리 대부분이 모른다. 습관은 우리가 헤엄치는 물과 같기 때문이다.

물 바라보기

2005년 5월 21일 데이비드 포스터 월리스(David Foster Wallace, 미국의 소설가-역주)가 케니언대학(Kenyon College)에서 했던 졸업 연설, "이것은 물이다"(This Is Water)는 매우 충격적이었고 삽시간에 유명해졌다. 연설은 이런 이야기로 시작되었다.

> 어린 물고기 두 마리가 헤엄쳐 가다가 맞은편에서 헤엄쳐 오는 나이 든 물고기 한 마리와 마주쳤습니다. 나이 든 물고기가 어린 물고

기들에게 고개를 끄덕이며 말했습니다. "얘들아, 좋은 아침이지? 물은 좀 어때?" 서로 헤어진 후 어린 두 물고기는 잠시 헤엄쳐 갔고, 결국 한 물고기가 옆 물고기를 보고 물었습니다. "대체 물이 뭐야?"

그가 말한 핵심은 이렇다. "지극히 당연하며 중요한 현실이 종종 가장 보기 힘들고 논하기 어렵다."[1] 우리가 습관대로 행할 때 보이지 않는 현실은 이렇다. **우리 모두 습관의 구체적인 통제에 따라 살아가며, 그 습관은 우리 삶의 대부분을 형성한다.**

습관이란 자동적으로 반복하고 종종 무의식적으로 하는 행동이다. 듀크대학(Duke University)의 연구에 따르면 우리가 매일 취하는 행동의 40%가 선택이 아닌 습관의 결과물이라고 한다.[2] 윌리엄 제임스(William James)가 주장하듯, "삶이 특정한 형태를 지닌다고 볼 때 우리의 삶 전체는 습관들의 집합일 뿐이다."[3] 월리스가 제시한바, 여기서 문제는 우리의 실존을 근본적으로 형성하는 상당 부분이 무의식적으로 일어난다는 점이다.

그러나 우리가 습관을 선택하지 않는다는 말이 우리에게 습관이 없다는 뜻은 아니다. 이와 반대로, 누군가가 우리를 위해 습관을 선택해 두었다는 뜻이 된다. 그 누군가는 우리의 최고 관심사는 고려하지 않는다.

예를 들어, 당신의 작업 일정이나 소셜 미디어를 스크롤해 보라. 지난 한 주간 인터넷 검색 기록을 떠올려 보거나 아침 시간을 어떻게 보냈는지 생각해 보라. 주로 먹는 점심 메뉴나, 평일 가족과 보내는 시간 대비 모니터 앞에서 지내는 시간을 떠올려 보라. 이런 일은 우리 생활의 상당 부분을 차지한다. 우리는 이런 행위들을 신중하게 선택했다고 생각하고 싶겠지만, 대부분은 심사숙고해서 선택하지 않는다. 그저 주변 사람들이 행동하는 대로 행동할 뿐이다. 우리가 인정하거나 알고 있는 것보다 훨씬 빈번하게 우리는 고객의 일상생활의 패턴으로부터 돈을 벌고자 하는 이들이 선택한 방향으로 움직인다.

이 문제는 습관이 우리의 일정보다 더 많은 것을 형성한다는 것이 사실이 아니라면 별문제 없을 것이다. **그러나 습관은 우리의 마음을 형성한다.**

습관의 과학과 신학

찰스 두히그(Charles Duhigg)는 그의 흥미진진한 책, 『습관의 힘』(The Power of Habits)에서 이렇게 적었다. "습관이 형성될 때 두뇌는 의사 결정에 관여하기를 완전히 멈춘다. 이때 우리의 생활 패턴이 자동적으로 드러난다."[4] 습관에 따를 때 두뇌의 가장 깊은 부분인 기저핵(basal ganglia)이 활성화한다. 이로 인해 우리가 다른 생각을 할 수 있는 정신적 에너지가 축적된다. 그래서 우리가 차에 타면 방향 전환을 고민하지 않고 금방 집에 도착할 수 있는 것이다. 우리는 골치 아픈 업무나 병환 중인 친척에 대해 생각하며 집에 간다. 습관은 두뇌가 더 나은 용도로 쓰이게 해 준다.

이런 점은 전반적으로 정말 유용하지만 부정적인 측면도 있다. 첫째, 우리가 나쁜 습관(중독을 부추기고, 해로운 사고 패턴을 굳히고, 우리의 관심을 광고주에게 팔도록 고안된 기술에 무분별하게 복종하도록 고무되는 습관)을 들이고 있다면, 이에 대항할 힘이 별로 없다는 점이다. 우리는 무엇이 건강에 나쁜지, 무엇이 그른지 알 수 있다. 또한 그것이 왜 나쁜지, 왜 부적절한지 정확히 알 수도 있다. 우리는 자신에게 반복해서 말할 수 있다. 그러나 습관의 자동 조종 장치(autopilot)에 불이 들어오는 순간 우리 두뇌의 일부는 멈추고 만다.

둘째, 우리의 무의식적인 선택이 의식적인 선택을 넘지 않더라도, 적어도 의식적인 선택만큼은 우리의 모습을 만들어 낸다. 그래서 우리가 익히 알았다면 의식적으로는 절대 선택하지 않았을 패턴에 의해 우리 모습이 만들어질 수 있다. 이게 바로 우리가 교육(education)과 형성(formation)이라고 부르는 것의 차이점이다. 교육은 우리가 배워서 알게 된 것, 즉 가르침 받은 것을 말한다. 형성은 우리가 실천하고 행한 것, 즉 몸에 밴 것을 말한다. 삶에서 가장 중요한 것들은 물론 가르침 받은 것보다 몸에 밴 것이며, 형성은 보통 눈에 보이지 않는 모든 습관과 관련이 있다.

습관을 완전히 이해하려면 예전(liturgy)과 관련지어 생각해야 하는 이유가 여기에 있다. 예전은 말이나 행위가 예배의 수단으로서 규칙적으로 반복되는 패턴이다. 예전의 목적은 참여자의 삶을 특정한 모습으로 형성해 가는 데 있다. 예를 들어 내가 아들들과 함께 매일 밤 주기도로 기도하는 이유는 예수님의 기도에 담긴 말이 그들 마음속 깊이 새겨지게 하려는 데 있다. 나는 주기도가 그들의 삶의 틀을 형성하면 좋겠다.

예전에 관한 정의가 습관에 관한 정의와 얼마나 흡사한지 눈여겨보라. 이 둘은 계속해서 반복되며, 당신의 삶을 형성해 간다. 예전의 경우, 예배 행위라는 사실이 **인정된다**는 점만 습관과 차이가 있다. 습관을 예전이라 부르는 일이 어색하게 느껴지더라도, 전혀 중립적이지 않은 일상의 속성을 강조해 주는 언어가 우리에게 필요하다. 우리의 습관은 종종 우리가 실제로 무엇을 예배하는지 모호하게 만들지만, 모호하다고 해서 우리가 무언가를 예배하지 않는 것은 아니다. 문제는 이것이다. 우리는 과연 무엇을 예배하고 있는가?

철학자 제임스 K. A. 스미스(James K. A. Smith)가 그의 책, 『습관이 영성이다』(*You Are What You Love: The Spiritual Power of Habit*)에서 주장하듯, 우리가 매일 행하는 습관은 우리의 예배와 무관하기는커녕 예배의 중심에 있다. 예배가 형성이며, 형성이 예배다. 시편 기자가 말했듯, 우상을 만들고 숭배하는 이들은 결국 우상처럼 될 것이다(시 31:6). 따라서 우리 역시 우리의 습관이 된다.

습관이 예전이라는 스미스의 통찰 그리고 습관이 작용할 때 두뇌가 완전히 관여하지 않는다는 두히그의 신경학적 통찰을 종합해 보면, 우리는 우리가 믿는다고 말하는 것과 상관없이, 무의식적인 습관이 어떻게 마음을 근본적으로 재형성하는지 강력한 설명을 갖게 된다.

강력한 예전인 작은 습관들

이를 구체적으로 설명하기 위해, 불안이 사라지기 전 습관이 내 일상에서 어떻게 작용했는지 보여 주겠다.

잘못된 믿음의 예전인 나쁜 습관

습관	잘못된 믿음의 예전
제시간에 잠든 적이 없어 아침마다 일어나면 피곤하다.	나는 피조물이 아닌 무한한 존재다. 내 몸은 괜찮을 것이다. 나는 신이다.
침대에서 일어나기 전 휴대전화로 업무 메일을 확인한다.	나는 묵상 시간을 놓칠 수는 있어도 신속히 답하는 일은 놓칠 수 없다. 회사에서 제대로 인정받지 못한다면 나는 아무 가치가 없다.
내가 정신없이 아침을 먹는 동안 다른 가족들은 지각하지 않으려고 허둥지둥한다. 사무실에서는 내 자리에서 점심을 먹는다.	매우 바쁜 삶은 평범하며, 바람직하다고도 볼 수 있다. 많은 이가 나와의 시간을 원한다면 나는 중요한 존재다. 중요한 존재로 남으려면 계속해서 바쁠 필요가 있다. 이는 곧 매번 늦는다는 뜻이다.
컴퓨터의 알림창 메시지를 모두 받고, 일하는 내내 휴대전화를 눈에 띄는 곳에 둔다.	바깥에서 무슨 일이 일어나는지 알아야 한다. 가장 최근에 일어난 일이 가장 중요한 일이다. 이웃을 사랑하는 최선의 방법은, 일에 집중하기보다 극적인 헤드라인과 새로운 밈(meme)들을 계속 업데이트하는 것이다.
경영자가 비현실적인 마감 기한 안에 일을 끝내 달라고 늦은 시간에 부탁해도 언제나 '예'라고 답한다. 모임에 초대받으면 언제나 간다.	선택의 폭을 넓혀서 최상의 내가 될 것이기에 '아니요'라고 말할 수 없다. 나는 피곤하고 바쁘고, 가족들은 내 일정을 예측하지 못해 지칠지 모르지만, 내 선택을 고수하지 않는다면 나는 진정한 내가 될 수 없다.
모든 일이 통제 불능 상태라고 느낄 때도, 내 삶을 묘사하는 가장 좋은 단어가 '분산된'이나 '분주한'이라 해도, 기기 활용과 업무 일정을 제한하는 어떠한 규칙도 거부한다.	나를 제한하는 것은 내 자유를 제한하는 것이다. 매 순간 선택의 자유가 없다면 나는 완전한 인간이 아니다. 좋은 삶은 내가 원하는 것을 선택함으로써 이루어진다.

여기까지만 하자. 아직 내 일상의 절반도 이야기하지 않았지만, 습관 프로그램 **없이** 내가 그저 미국의 일반적인 삶의 방식에 동화되어 엄격한 예전의 지배에 복종했던 모습을 볼 수 있다. 내 삶은 전지(omniscience), 편재(omnipresence), 무한을 향한 경배의 송가였다. **당시 내 몸이 저항할 만했다.**

자유의 노예

잘못된 믿음의 예전은 모두 나를 형성하는 데 염려될 만큼 한몫했지만 위 표의 마지막 항목인 자유 숭배 예전(freedom liturgy)은 특히나 위험하다. 왜 그렇게 위험할까? 역설적이지만, 이것이 다른 모든 습관의 노예 상태를 영속시키기 때문이다.

자유 숭배 예전은 두 가지 이유에서 위험하다. 첫째, 이 예전은 사실 자유를 만들어 주지 않는다. 우리는 보통 습관에 대한 어떠한 제한도 거부함으로써 선택의 자유를 누릴 수 있을 거라고 생각한다. 사실 수많은 선택지 앞에 서게 되면 오히려 결정하는 데 심한 피로감을 느껴 올바른 선택을 할 수 없게 되는데 말이다. 우리는 피곤하면 좋은 선택을 할 수 없기 때문에, 다른 이들이(능수능란한 상사나 어딘가에 존재하는 스마트폰 프로그래머들이) 우리 대신 선택하도록 내버려 두는 경향이 있다. 이런 종류의 자유를 끈질기게 쫓다가는 어김없이 노예로 전락하고 만다. 이는 자유 숭배 예전이 위험한 두 번째 이유로 이어진다.

두 번째 이유는 이 예전이 무엇이 행복한 삶인지 제대로 알지 못하게 한다는 점이다. 우리가 **제한이라고는 흔적도 없는** 자유 숭배 예전을 거행하다 보면, 원하는 건 무엇이든 할 자유를 얻을 때 행복하다고 가정하게 된다. 그러다 보니 행복한 삶을 확보하려면 매 순간 선택할 수 있는 능력을 확보해야 한다고 생각하게 된다. **그러나 행복한 삶이란 원하는 것마다 할 수 있는 능력이 아니라 우리가 창조된 목적을 수행하는 능력에서 온다면 어떨까? 진정한 자유는 모든 한계를 기피할 때가 아니라 적절히 제한할 때 온다면 어떨까?**

> 내 삶은
> 전지, 편재, 무한을 향한
> 경배의 송가였다.
> 당시 내 몸이
> 저항할 만했다.

되돌아보면, 식당에서 친구들과 함께 습관의 개요를 그려 본 그날 밤은 정말 중요한 시간이었다. 자유를 누리려는 내 핵심 습관을 마침내 내려놓았기 때문이다. 나는 제한이 더 나은 삶의 방법이라고 결론을 내렸고, **그때부터 모든 것이 바뀌었다.** 모든 제한은 자유를 **파괴한다**고 생각하며 평생을 살아왔는데, 그때부터 정반대로 생각하기 시작했다. 올바른 제한은 자유를 **창조한다.**

이것을 하룻밤 사이에 깨달은 건 아니다. 다만 내 삶이 바뀌어 가면서 나 자신이나 일반적인 미국인에게 자유 숭배 예전을 포기하고 한계를 수용하기가 왜 그리 어려운지 궁금증이 생겼다. 더 나은 자유를 보여 주는 살아 있는 본보기는 있는지 궁금하기도 했다.

나는 그 해답을 예수님의 삶에서 찾았다.

선한 주인이신 예수님

예수님보다 더 많은 자유를 포기한 사람은 아무도 없다. 예수님은 삼위일체 하나님의 전능하신 제2위격이셨지만 무력한 아기라는 연약한 모양을 취하셨다. 그분은 말씀으로 우주를 창조하신 분이었지만 우는 것 말고는 말 한마디 할 수 없는 상황에 놓이셨다. 이것이 바로 "자기를 비워"(빌 2:7)라는 말씀에 담긴 의미다.

이것이 전부는 아니다. 예수님은 평범한 사람이 되신 것이 아니다. 가난한 사람이 되셨고, 머리 둘 곳이 없는 사람이 되셨다. 권력자들에게 위협이 될 만큼 큰 권능으로 사랑하신 그분을, 그들은 고문하고 죽였다. 예수님은 궁극적인 한계에 순응하셨다. 죽음으로 세상을 떠나신 것이다. 왜일까? 왜 예수님은 그렇게 하셨을까?

사랑을 위해서다.

당신과 나를 사랑하셨기 때문이다.

빌립보서는 예수님이 죽음이라는 한계에 기꺼이 순종하셨으므로 하늘에 오르셨다고 말한다. 그분이 무덤에서 일어나 나오셔서 죽음을 이기심으로 사람이 본래 지닌 한계를 무너뜨리셨다. 그리스도께 자신의 삶을 내어 드리기로 결심한 이들은 그리스도와 함께 부활할 것이다. 그리스도는 사랑을 위해 자신의 자유를 포기하심으로써 세상을 구원하셨다. 우리는 그분에게 우리의 자유를 내어 드림으로써 그 사랑에 동참한다. 우리는 하나님의 사랑에 담긴 한계 안에서 진정한 자유를 발견한다.

여기서 유념해야 할 핵심은 예수님의 행동이 인간이 에덴동산에서 행한 것과 정반대라는 점이다. 그곳에서 우리는 하나님의 권위를 거부하고 금지된 열매를 먹음으로써 신이 되려고 한다. 스스로 인간의 한계에서 벗어나려 함으로써 죽음이라는 궁극적인 한계를 세상에 가져오고 말았다. 그러나 예수님은 이러한 인간의 패러다임을 근본적으로 뒤엎으셨다. 낮아지는 길이 높아지는 길이다. 승리로 향하는 길은 포기를 거쳐야 한다. 자유로 향하는 길은 순종을 거쳐야 한다.

우리는 자신을 위해 스스로 무한한 존재가 되려 했고 이 때문에 세상이 파괴되었다. 예수님은 우리를 위해 자신을 제한하셨고 **세상은 구원받았다.**

우리는 자신을 위해 스스로 무한한 존재가 되려 했고 세상이 파괴되었다. 예수님은 우리를 위해 자신을 제한하셨고 세상은 구원받았다.

삶의 규칙 발견하기

이것은 내게 새롭게 다가왔다. 물론 이것은 전혀 새로운 것이 아니었다.

내 개인의 삶이 바뀌자 직장 생활도 바뀌기 시작했다. 놀랍게도 내가 업무 일정을 살피고 첨단 기기를 사용하는 시간을 제한했더니 능률이 한결 높아진 걸 알게 되었다. 새로운 습관 덕에 나는 업무에 더욱 집중할 수 있었다. 나만의 시간을 만들었더니 사람들은 내가 생각했던 것보다 훨씬 나를 덜 **찾았다.** 내 습관 중 하나는 매일 밤 휴대전화를 한 시간 꺼 두는 것이었다. 그러고 나면 내 고객이나 친구 들은 내가 한 시간 뒤에 전화해도 대부분 괜찮아했다.

그 이후 나는 습관에 관해 이야기를 많이 하고 다녔다. 듣고 또 들어야 했던 친구들 다수는 짜증이 났을지도 모른다. 어느 날 내가 습관에 관해 깨달은 것 일부를 목사님에게 설명하자 목사님은 내가 실천하고 있는 습관들을 보자고 말씀하셨다. 그것을 보고 목사님이 내게 하신 말씀을 절대 잊을 수 없다. "아, 알겠습니다. 당신만의 삶의 규칙을 세운 거군요."

이 주제에 관해 이런 책을 쓰게 될 누군가가 아이러니하게 물었다. "삶의 규칙이 뭔가요?"

나는 이제 '삶의 규칙'(rule of life)이란 형성을 위한 공동체적 습관의 패턴을 나타내는 용어라는 것을 안다. 가장 잘 알려진 삶의 규칙은 원래 성 아우구스티누스나 성 베네딕트와 같은 교부와 고대 수도사들이 만들어 낸 것이다. 수천 년 동안 영적 공동체들은 삶의 규칙이라는 틀을 공동체를 형성하는 메커니즘으로 사용해 왔다.

우리가 이해하는 규칙의 의미와는 달리, '삶의 규칙'은 그 자체를 준수하는 것보다 공동체의 목적을 발견하는 것과 더 밀접한 관련이 있다. 예를 들어, 성 아우구스티누스와 성 베네딕트의 규칙은 우리가 볼 때 너무 무의미해 보이거나 지나치게 엄격해 보일지 모르지만, 두 규칙 모두 동일한 목적을 지니고 있음을 알아차려야 한다. 그것은 **사랑**이다.

두 규칙 모두 삶에 소소한 패턴을 만들어, 이를 통해 더 큰 삶의 목표를 이루는 데 집중했다. 바로 하나님 사랑하기와 이웃 사랑하기다. 성 아우구스티누스의 규칙은 이런 문장으로 시작한다. "가장 사랑하는 형제들이여, 우리는 무엇보다 하나님을 사랑하고 그다음 이웃을 사랑해야 합니다. 이것이 우리에게 주어진 주요 계명이기 때문입니다." 성 베네딕트의 규칙은 "가혹한 것이나 힘든 것은 아무것도" 제정하지 않는다고 선언하며 시작하지만, 하나님의 계명을 따라 걷는 것은 "형언할 수 없는 사랑의 감미로움" 안에 머무는 것이라고 묘사한다.

두 규칙 모두 습관을, 삶의 목적을 사랑에 두도록 돕는 도구로 보았다. 사실 '규칙'(rule)이라는 단어는 '레귤라'(regula)라는 라틴어에서 유래한 말로, 식물이 자라는 데 쓰이는 나무 막대 또는 격자 지지대와 관련이 있다. 우리는 (식물처럼) 언제나 자라고 변화한다는 개념이 들어 있다. 그러나 질서가 없으면, 열매를 맺는 대신 부패로 뒤틀린 덩굴이 되어 버릴 수 있다. 이 설명은 내 상황에 비추어 볼 때 무서우리만큼 정확하다. 삶의 규칙은 무질서와 부패는 지양하고 목적과 사랑을 지향하는 공동체의 삶을 구성하기 위한 것이다.

공동체적 습관을 현대적인 삶의 규칙으로

이에 대해 생각하려고 잠시 멈춘 이들은 누구나 동일한 깨달음을 얻는다. 인간은 대개 매일과 매주를 구성하는 작은 일상에 의해 규정된다. 작가 애니 딜라드(Annie Dillard)는 이렇게 적었다. "우리가 하루하루를 어떻게 보내는가는 당연히 우리가 어떤 삶을 살아가는가를 말한다. 우리가 이런저런 시간에 행하는 것은 우리가 늘 해 왔던 것이다. 일정은 무질서나 변화무쌍을 방지한다. 일정은 일하는 사람이 일정한 시간에 일어서서 두 손으로 일할 수 있게 해 주는 발판(scaffold)이다."[5]

삶의 규칙 혹은 습관 프로그램을 가장 잘 이해하려면 딜라드가 말한 발판, 즉 격자 지지대를 그려 보면 된다. 습관이란 우리가 일어서서 시간을 붙잡는 방법이다. 시간은 우리의 목적을 이루는 데 필요한 화폐(currency)이므로, **습관은 목적을 확실히 얻는 방법이다.** 만일 당신이 아는 것을 확실히 붙잡으려면, 적절한 단어를 찾아야 한다. 만일 당신이 어떤 사람이 꼭 되고 싶다면, 습관을 붙잡아야 한다. 삶의 규칙은 우리가 습관을 제어하는 방법이다. 이러한 통찰을 바탕으로, 수도원의 질서는 머리와 습관을 통합하려는 목적을 지닌 삶의 규칙에 따라 수천 년간 유지되어 왔다.

이 같은 고대의 영적 지혜가 현대의 상식이 될 때가 되었다. 어떤 사람이 되고 싶다는 생각이 간절하다면, 삶은 습관의 틀로 형성된다는 점을 **반드시** 깨달아야 한다.

하나님과 이웃에 관한 올바른 신학적 진리를 배우는 것은 매우 중요하지만, 삶의 규칙을 통해 그 신학을 실천에 옮기는 일 역시 똑같이 중요하다. 진리를 실천하지 않으면서 진리를 믿을 수 없고, 그 반대의 경우도 마찬가지다. 바르게 형성되지 않은 채 좋은 교육을 받을 수 없고, 그 반대의 경우도 마찬가지다. 예수님을 따르지 않고는 예수님이 누구신지 알 수 없고, 그 반대의 경우도 마찬가지다. 이들 중 어느 한쪽으로만 사는 것은 반쪽 인간으로 사는 것이다.

당신의 습관이 당신의 세계관과 꼭 일치하도록 구성될 때 당신은 하나님과 이웃에 대해 알기만 하는 사람이 아니라 **실제로 하나님과 이웃을 사랑하는** 사람이 된다.

공동 규칙

알고 보니 나는 이 고대의 지혜를 우연히 마주한 것이었다. 나의 소소한 습관 프로그램은 기형적인 비즈니스와 기술의 현대 예전에 특별히 적용된 일종의 삶의 규칙이었다.

내가 가족과 친구들과 삶의 규칙에 따라 어떻게 살아갈지 이야기를 나눴더니, 그들 중 다수가 다른 이들과도 내용을 공유해 그들도 시도해 볼 수 있게 하자고 제안했다. 그래서 나는 가장 좋아하는 몇몇 습관을 PDF 파일로 담아 놓고 '공동 규칙'(The Common Rule)이라 이름 붙였다. **공동의** 사람들의 **공동의** 실천을 염두에 두었기 때문이다. 그리고 그 파일을 친구 열다섯 명쯤에게 메일로 보냈다.

한 주 만에 그 메일은 수백 명에게 전달되었고, 이후로도 계속되었다. 나는 나 자신이 얼마나 평범한지 몰랐다. 그리고 얼마나 많은 사람이 자신들의 매일과 매주를 정리

> 당신의 습관이
> 당신의 세계관과
> 꼭 일치하도록 구성될 때
> 당신은 하나님과 이웃에 대해
> 알기만 하는 사람이 아니라
> 실제로 하나님과 이웃을
> 사랑하는 사람이 된다.

하려고 현명하고 유의미한 방법을 절실히 찾고 있는지도 몰랐다.

내가 공동 규칙에 대해 글을 쓰기 시작하면서부터, 내가 만나는 현대 미국인의 대다수가 (꼭 나처럼) 머리와 습관을 하나로 묶어 일상을 정리하는 본보기에 완전히 굶주려 있다는 사실을 알게 되었다.

그러나 내가 더 많은 사람과 이야기를 나누고, 습관, 형성, 예전에 관해 더 많은 책을 읽고 나서 주 관심사가 바뀌었다. 가장 우려되는 점은 우리가 보통 알고 있는 나쁜 습관이 아니라는 점을 깨달았다. 가장 우려되는 점은 눈에 보이지 않는 집단 동화 현상(collective assimilation)이다.

우리는 공통의 문제를 안고 있다. 우리는 습관이 우리의 삶을 형성하는 방식을 무시한 채 숨겨진 규칙, 즉 미국식 삶의 규칙에 동화되었다. 그렇게 엄격한 습관 프로그램은 현대 미국인의 삶에 전형적으로 나타나는 불안, 우울증, 소비주의, 불의, 허영심을 우리 안에 형성한다.

그러므로 오늘날 미국에서 그리스도인으로 살기 위한 새 규범으로 복음에 근거한 삶의 규칙을 세울 지혜를 되찾는 것이 시급하다. 우리가 창조된 목적인 하나님 사랑과 이웃 사랑을 위한 일련의 반(反)형성적 실천이 절실히 필요하다.

이는 한 개인의 문제가 아니다. 이웃 사랑이라는 공공의 문제다. 예수의 길을 외면한 예수에 관한 말들은 기독교적이기보다 훨씬 더 미국적인, 미국 기독교를 태동시켰다. 우리의 모든 영적 관심사를 예수님의 메시지에 기울이는 대신 그분의 실천은 외면하면서 내 경우처럼 치명적인 삶의 위기를 불러왔을 뿐 아니라, 실천적인 삶과 실제 믿음이 동떨어진 그리스도인들의 나라를 만들어 냈다. 일반적인 미국식 삶의 윤곽에 동화된 채 예수님의 급진적인 복음을 전하는 그리스도인들의 나라를 우리는 달리 어떻게 설명할 수 있을까?

더 좋은 길이 있다. 다름 아닌 예수님의 길이다.

습관이 마음을 형성한다는 것을 알자. 제한이 우리의 자유를 위협하리라는 두려움을 거두자. 올바른 제한은 행복한 삶으로 가는 길임을 알자. 사랑이 자라도록 지지대를 세우자. 우리에게 주어진 시간을 위한 삶의 공동 규칙을 만들자. 이 규칙은 우리의 머리와 습관을 하나로 묶어 우리가 창조된 목적대로 하나님과 이웃을 사랑하는 사람으로 자라게 할 것이다.

Part 1

일상을 정리하는 도구

일상 정리를 위한
공동 규칙

'규칙'이란 하나님과 이웃을 향한 사랑을 키우기 위해 행하는 일련의 습관이다. 예상했을지 모르지만 이 책은 단순히 읽기 위한 책이 아니라 실천을 위한 책이다. 공동 규칙을 시도하기 위한 입문서나 안내서라고 보면 좋겠다.

공동 규칙에는, 그 이름이 가리키듯 (개인이 아닌) 공동체의 리듬을 만들어 다른 사람들도 함께 실천하게 하려는 의도가 있다. 변화는 (개인의 변화조차도) 거의 언제나 사람들이 서로 돕고, 배운 것을 잘 정리하고, 목표를 이루도록 서로에게 책임 지우는 공동체 안에서 발생한다. 그래서 나는 당신이 친구들과 가족 구성원에게 공동 규칙을 함께 시도해 보자고 설득하기를 권면한다.

시도해 볼 수 있는 방법을 여기 소개해 보겠다.

공동 규칙을 실천하는 기간

연구에 따르면 새롭게 실천한 일이 습관이 되려면 적어도 2-3주가 걸린다.

한 달 동안 다른 사람들과 함께 공동 규칙을 한 달 동안 열심히 실천하는 것이 습관의 리듬을 정착시키고 자신에게 있는 줄 몰랐던 비가시적 습관을 대체하는 가장 좋은 방법이다. 이렇게 하면 습관을 가장 진솔하게 경험할 수 있고 습관이 잘 정착할 절호의 기회를 얻는다(월 계획 세우는 방법에 관해서는 '실천을 돕는 자료'의 "한 달 동안 공동 규칙 시도하기"를 보라).

또 한 달 동안 적응 단계를 잘 통과할 수 있게 해 준다. 습관의 새로운 패턴은 그 안에 리듬이 담겨 있다는 걸 깨닫기 전에는 늘 압도적으로 보이기 마련이다. 리듬이 부담을 가중하지 않고 오히려 가볍게 한다는 걸 깨닫기 전까지 공동 규칙은 너무 많아 보인다. 충분히 익숙해지는 데 보통 서너 주가 걸린다(그래도 걱정된다면 아래 "가벼운 짐"을 보라).

한 주 동안 한 달 동안 실천할 준비가 되지 않았다면 한 주만 시도해 보라. 이 책은 매일과 매주의 습관에 초점을 맞춘 여덟 개의 챕터로 이루어져 있다. 어느 요일부터든 매일 한 챕터씩 읽으면(15분 정도 걸린다) 일주일이 지나 처음 읽은 요일로 돌아오는 날 다 읽게 된다. 매주 만나는 친구들이나 소그룹과 함께 이 책을 읽을 경우, 첫째 주 만나기 전 아침에 읽기 시작하면 둘째 주 만나기 전 아침에 다 읽게 된다.

매일 모든 습관을 시도해야 하는지 염려할 필요는 없다. 각 장에서 읽은 습관을 그날 하나씩 실험해 보는 것으로도 충분하다. 그런 후 그간 실천해 온 공동 습관을 한 달 동안 실천해 볼지 결정할 수 있다(더 많은 정보를 보려면 '실천을 돕는 자료'의 "한 주 동안 공동 규칙 시도하기"를 보라).

한 계절 동안 공동 규칙을 1년 중 한 계절 내내 지키는 것도 좋은 방법일 수 있다. 한 해가 바뀔 때 잊어버렸던 결심을 새롭게 하는 것도 좋지만, 공동 규칙을 열심히 실천해 확실한 습관으로 만드는 것도 고려해 보라. 영적 공동체가 사순절이나 대림절 같은 예전적 절기를 지내며 습관을 실천하도록 이끄는 것도 생각해 볼 수 있다(절기별 다양한 실천 사항에 대해선 thecommonrule.org에서 자료를 찾아보라).

나는 주로 이런 습관에 따라 생활하지만, 종종 업무나 사생활에서 스트레스가 많은 계절을 보낼 때는 이 습관에 더욱 진지해지거나 누군가에게 나를 책임지게 한다. 예를 들어 전업으로 이 책을 쓰는 동안 집에는 세 아들이 있었고 곧 태어날 아이도 있었다. 완전히 소진될 것만 같은 기간이었지만 공동 규칙 덕에 비교적 차분하게 휴식을 취하며 집중할 수 있었다. 이 책을 쓰는 1년은 쉽지 않았지만, 글을 쓰는 동안에도 공동 규칙을 실천했더니 힘든 기간을 위험한 기간으로 보내지 않게 되었다.

그러므로 어려운 시기에 공동 규칙을 시작하는 걸 두려워하지 않아도 된다. 사실, 이 규칙의 목적은 당신을 하나님 사랑과 이웃 사랑을 지향하게 함으로써 어려운 시기를 안전하게 항해할 수 있게 돕는 것이다. 하나님 사랑과 이웃 사랑은 어느 계절을 살아가든 따라야 할 길이며, 당신에게 당장 필요한 일일지도 모른다.

한두 가지 시도하기 이 책을 대강 훑어보고 한두 가지 습관을 시도해 보는 것도 괜찮다. 이곳저곳을 건너뛰며 읽어도 좋고, 흥미를 끄는 습관이 있으면 무엇이든 시도해 보아도 좋다. 많은 사람이 내게, 가장 효과적인 매일 습관은 휴대전화를 보기 전에 성경을 읽는 것이고, 가장 효과적인 매주 습관은 안식 누리기라고 말한다(한 번에 하나의 습관을 시도하는 방법에 대해서는 '실천을 돕는 자료'의 "한 가지 습관 시도하기"를 찾아보라).

가벼운 짐

공동 규칙에 관한 사람들의 가장 큰(또한 가장 일리 있는) 오해는, 지켜야 할 규칙이 많으며 시간이 오래 걸린다는 것이다. 하지만 그렇지 않으니 걱정 안 해도 된다. 만일 당신이 억눌린 느낌이 들거나 하루하루를 어떻게 꾸려야 할지 고민된다면, 이 책을 집어 든 건 아주 잘한 일이다.

당신을 억누르는 것이 무엇인지 말해 보겠다. 바로 기본적이고 평범하고 반성하지 않는 미국인의 삶이다. **그것**이야말로 완전히 억누르는 것이다. 감당해야 할 일이 너무 많아 오히려 아무것도 하지 않고 살게 된다.

공동 규칙은 이와는 다른 삶의 방식이다. 이 규칙은 당신의 습관을 정제해, 보다 적은 일을 함으로써 보다 의미 있는 일을 하게 한다. 그래서 이사를 하거나, 아이를 낳거나, 연로한 부모를 돌보거나, 경력을 전환하거나, 사랑하는 사람을 잃거나, 새로운 프로젝트나 고객을 담당하거나 관계없이 공동 규칙을 따르는 것은 삶의 규모를 적절한 수준으로 낮추어 하나님과 이웃을 사랑하는 일에 집중할 수 있게 해 준다.

새로운 습관을 만드는 건 큰 도전이다. 그래서 공동 규칙이 어렵지 않다고 말하지는 않겠다. 어렵지만, 지나친 요구도 아니다. 가치 있는 일이라면 무엇이든 어렵다. 내가 말하려는 건, 그 규칙은 **자유를 준다**는 점이다.

일단 공동 규칙이 정착되면, 그 습관들이 시간과 정신의 공간을 차지하지 않는다는 사실을 알게 될 것이다. 그것들은 눈에 띄지 않는 이면에서 작용할 것이다. 그래서 당신이 시간에 묶이지 않게 하고, 관계를 위해 의미 있는 공간을 만들어 내며, 당신의 에너지가 선한 일에 쓰이도록 전환하고, 당신을 창조하시고 사랑하시는 하나님 앞에 서는 일에 집중하도록 도울 것이다. 이 규칙은 구속하지 않고, 자유롭게 한다. 당신은 바로 그 자유를 위해 창조되었다.

한눈에 보는 습관

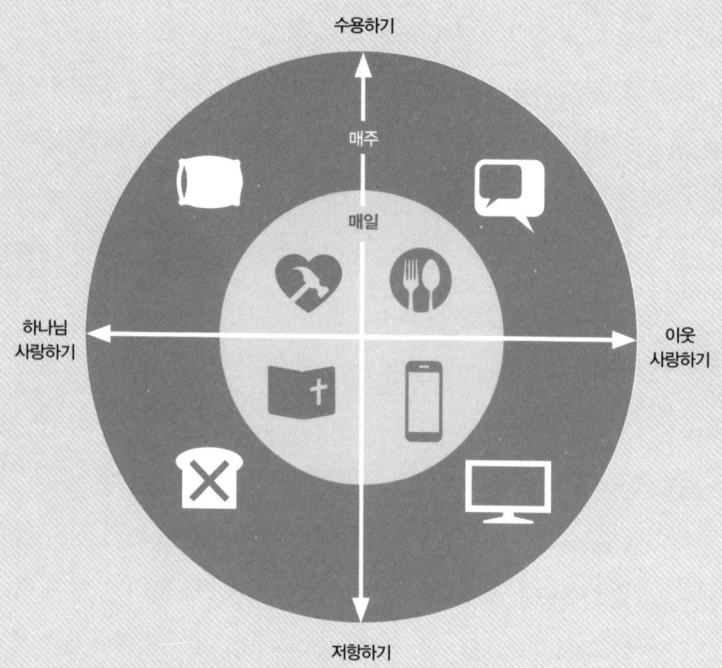

매일 습관	매주 습관
하루 세 번 무릎 꿇고 기도하기	친구와 한 시간 대화하기
다른 사람과 한 끼 식사하기	미디어 네 시간 선별하기
휴대전화 한 시간 끄기	24시간 금식하기
휴대전화 전 성경 읽기	안식 누리기

공동 규칙을 이루는
여덟 가지 습관

공동 규칙은 여덟 가지 습관으로 이루어져 있으며, 매일 행하는 습관이 네 가지, 매주 행하는 습관이 네 가지다.

매일 습관은 다음과 같다.
- 하루 세 번 무릎 꿇고 기도하기
- 다른 사람과 한 끼 식사하기
- 휴대전화 한 시간 끄기
- 휴대전화 보기 전 성경 읽기

매주 습관은 다음과 같다.
- 친구와 한 시간 대화하기

- 미디어 네 시간 선별하기
- 24시간 금식하기
- 안식 누리기

각 습관은 서로 다른 두 범위와 연결되어 있다. 첫 번째 범위는 하나님 사랑과 이웃 사랑이며, 각각 네 가지 습관이 여기에 집중된다. 두 번째 범위는 서로 대조되는 수용과 저항이며, 역시 각각 네 가지 습관이 연관된다.

하나님 사랑 습관을 바라보는 또 다른 시각은 습관이 하나님 사랑과 관련이 있다고 보는 것이다. 당신은 하나님을 사랑하고 하나님의 사랑을 받기 위해 빚어졌다. 하나님의 사랑에 비추어 볼 때에야 당신은 자신이 누구인지 제대로 알게 되고, 어떤 감정을 가져야 하는지 느끼게 되고, 매일 무엇을 하며 살아야 하는지 알아차리게 된다. 그래서 공동 규칙 중 네 가지 습관은 하나님의 존재에 대해 우리의 눈을 열고, 그분이 거저 주신 사랑을 받아들이고, 언제나 우리에게 고정되었던 시선을 돌려드리는 일에 집중한다.

- 안식 누리기
- 금식하기
- 기도하기
- 휴대전화 보기 전 성경 읽기

이웃 사랑 우리는 더 나은 습관에 대해 생각할 때 종종 자기 개선(self-improvement)을 생각하곤 한다. 그 어떤 것도 공동 규칙의 목적에서 멀어질 수는 없다. 이런 습관은 다른 사람들과 함께 그리고 다른 사람들을 위해 실천하도록 의도된 것이다.

- 식사
- 대화
- 휴대전화 끄기
- 미디어 선별하기

여기서 '이웃'은 신약성경에서 말하는 이웃으로, 사랑이 필요한 모든 사람을 가리킨다. 가족, 친구, 낯선 사람, 원수가 여기에 포함된다. 네 가지 습관은 다른 사람들과 의미 있는 시간을 보내게 해 준다. 네 가지 습관은 공동체의 리듬에 맞추기 위해 개인의 분주한 일정을 절제하게 해 준다. 또한 손에 든 여러 기기를 내려놓고 다른 사람들과 더 많은 시간을 보내도록 유도한다. 한 친구가 공동 규칙이 우리 자신을 돌보는 데 도움이 되느냐고 묻기에 나는 "그래, 우리가 다른 사람들에게 집중하면 우리 자신도 행복하게 돼 있어"라고 대답해 주었다. 이 습관들은 우리 자신이 아닌 다른 사람들을 위해 하루하루를 보낼 수 있도록 고안되었다.

수용 수용은 하나님이 창조하신 세상에는 선한 것이 많다는 사실을 떠올리는 것이다. 하나님의 임재는(부재가 아니라) 이 세상에서 가장 중요한 사실이다. 우리가 서로를 필요로 하는 것은(서로를 해롭게 하는 것이 아니라) 인간 됨됨의 가장 중요한 진리다. 수용하는 습관 안에서, 우리는 몸과 마음을 단련해 하나님을 그분 자체로 사랑하고 우리가 창조된 목적대로 이웃을 향하도록 꾸준히 노력한다. 수용하는 습관은 다음과 같다.

- 안식 누리기
- 기도
- 식사
- 대화

저항 우리는 저항을 실천할 때 악과 고통이 실재한다는 사실을 인정하게 된다. 그러나 세상이 악하고 고통스럽게 창조된 것은 아니다. 그럼에도 세상은 우리가 의식적으로나 무의식적으로 취하는 두려움, 분노, 염려, 부러움의 비가시적인 습관들로 가득하다. 우리가 아무것도 하지 않으면, 우리를 분열시키는 것을 사랑하라는 가르침을 받을 것이다. 그래서 우리는 싸우기 시작해야 하고, 미디어가 두려움과 미움 안에서 우리를 형성하는 방법에 눈떠야 하며, 무절제와 게으름이 우리 자신을 그 무엇보다 사랑하도록 훈련하는 방법을 봐야 한다.

그러나 저항에는 목적이 있음을 기억해야 한다. 바로 **사랑**이다.

저항의 습관은 당신을 세상으로부터 차단하지 않고 오히려 세상을 향하게 한다. 이 습관은 **당신**이 **당신**을 위해 행한 일을 보며 기분 좋아지라고 있는 것이 아니다. 하나님이 당신을 위해 행하신 일을 보며 평안을 느끼라고 있는 것이다. 저항의 습관은 다음과 같다.

- 금식하기
- 휴대전화 보기 전 성경 읽기
- 휴대전화 끄기
- 미디어 선별하기

Part 2

매일과 매주,
일상을 정리하는 법

"나라가 임하시오며 뜻이 하늘에서 이루어진 것 같이
땅에서도 이루어지이다"(마 6:10).
예수

오라 에트 라보라(*Ora et labora*, 일하고 기도하라).
베네딕트 수도사들의 모토

아침, 정오, 잠들기 전
무릎 꿇고 기도하기

기도로 사랑 안에서 보내는 하루

기업 변호사 되기

사람들이 내게 하는 일이 뭐냐고 묻는데 별로 이야기하고 싶지 않을 때면 "저는 기업 변호사입니다"라고 말한다. 그러면 그들은 내가 시내 사무실에서 양복 차림으로 복잡한 법률 업무를 처리하리라 상상하는 것 같다.

내가 시내 사무실에서 양복 차림으로 때때로 당신이 듣고 싶지 않아 할 법적인 업무를 하는 것은 사실이다. 하지만 그 일에는 삶에 대한 훨씬 더 많은 것이 담겨 있다.

사람들이 내게 하는 일이 뭐냐고 묻는데 **내가 이야기하고 싶을 때는** "저는 말로 여러 가지를 변화시킵니다"라고 말한다. 이 말은 앞의 대답과 마찬가지로 사실인데, 꼭 이런 질문이 따라온다. "무슨 뜻인가요?"

이런 뜻이다. 두 회사가 희망하는 거래가 있을 때 (한 회사가 다른 회사를 매입한다고 가정해 보라) 우리는 말로 그 희망을 구체적인 현실로 바꾼다. 가장 설득력 있는 말로 협상을 진행하고, 계약서에 적절한 말이 모두 포함되었는지 확인해 위험을 최소화하고, 거래를 마무리할 때 실제로 큰소리로 이 말을 하며 새로운 현실을 만든다. "신사 숙녀 여러분, 거래가 성사되었습니다. 축하드립니다."

생각해 보면 놀랍기만 하다. 전에 없던 합병이 몇 마디 말로 이루어진다. 말이 새로운 현실을 만들어 낸다. 몇 마디 말이 엄청난 결과를 가져온다.

내 이력을 돌이켜 보면 가끔 이상해 보인다. 나는 종종 선교사였고, 작가였고, 변호사였다. 그러나 내가 말에 대해 생각할 때면 이 이력은 모두 이해가 된다. 내 이력은 말로 이루어진 삶이었다. 말을 사용하는 직업으로 세상에는 진리가 있다고, 아름다움이 있다고, 질서가 있다고 세상을 설득하려 애썼다. 이것은 언제나 변함없는 내 소명이었다.

몇 마디 말이 지닌 힘을 이해하는 것은 매일 기도가 지닌 중요성을 이해할 핵심이 된다. 우리는 모두 무질서한 하루하루가 의미 있는 삶으로 빚어지기를 바란다. **이것은 하루하루를 말로 끝맺는 것으로 시작된다. 바로 기도의 말이다.** 나는 세상을 형성하는 말의 힘, 특히 기도하는 말의 힘을 믿는다.

말로 창조된 세상

세상은 말로 시작되었다.

태초에 하나님의 위대한 능력이 담긴 음성이 빛이 있으라 명했다. 그러자 행성, 플라스마, 펭귄, 파인애플, 남극과 북극의 빙하가 뒤따라 생겼다. 하나님이 말씀하시니 세상이 모양을 갖췄다.

말씀이 무질서에 질서를 부여하고 무형태에 형태를 부여한다. 그러나 말씀의 능력은 하나님에게서 멈추지 않고 그분의 형상을 지닌 우리에게도 전달된다.

창조 이야기 전체에서 가장 흥미로운 순간은 하나님이 말씀의 능력을 인간에게 건네신 순간이다. 하나님은 신적 리듬(divine rhythm) 안에서 창조와 쉼을 번갈아 가며 여러 날을 보내신 후 "좋아, 아주 좋아!"라고 말씀하셨다. 이 모든 일을 무엇으로 하셨는가? 바로 말씀으로 하셨다.

그러고 나서 하나님은 인간에게 "너희 차례야", 더 공식적으로는 "생육하고 번성하라"고 말씀하셨다. 그 임무를 우리에게 어떻게 넘기셨는가? 말씀으로 하셨다. 우리는 이 임무를 어떻게 시작해야 하나? 물론, 말로써다. 아담의 첫 임무는 하나님과 동행하며 세상의 만물에 이름을 붙이는 일이었다. 최초의 시인(이자 동물학자)이신 하나님은 아담을 동역자로 초대하신 후 말씀의 능력으로 세상에 질서를 명하셨다.

우리는 지금 하루의 시작에 서 있다. 우리가 세상에 무언가를 만들어야 한다면 말로 해야 한다. 하나님이 사랑으로 세상을 세우셨듯 우리도 사랑 안에서 일상의 부분 부분을 기도의 말로 세워 나가야 한다.

사랑 또는 율법주의로 맞는 아침

살아오면서 나는 매일 아침 일종의 기도를 하며 일어났다. 하지만 내 삶의 단계에 따라 기도 내용은 확 달라졌다.

고등학생 때는 "아 왜, 왜 학기는 이렇게 빨리 시작하나요?"나 "지난밤에 무슨 일이 있었는지 제발 아무도 모르게 해 주세요"였다.

대학생 때는 거의 알아들을 수 없는 신음 소리였다. "오 제발 제가 수업에 빠지는 게 아무 문제 없게 해 주세요."

최근에는 신음의 목록이 만들어졌다.

- 정말 일찍 잠들어야 했어.
- 정말 일찍 일어나야 했어.
- 왜 애들은 저렇게 일찍 일어나서 설치고 다니는 걸까?
- 왜 나는 항상 이렇게 피곤할까?
- 무조건 오늘까지 이 프로젝트를 끝내야 해(이번엔 정말이야).
- 그걸 보지 말아야 했어.

나는 평생 무언가가 달라지기를 간절히 바라며 하루를 시작했다. 주로 내가 한 일이나 해야 하는 일과 관련한 바람이었다. 분명하게 입 밖으로 내지 못하더라도 매일 이런 기도로 하루를 시작했다.

내가 한 일을 생각하며 일어날 때는 가끔 전날에 대해 죄책감을 느꼈다. 해야 하는 일을 생각하며 일어날 때는 가끔 다음 날이 걱정되었다. 어떤 경우라도 내 감정이 내 행동과 관련 있다는 점을 눈여겨보라. 나는 하루를 율법주의(legalism)라 부를 수 있는 감각으로 세워 왔다.

율법주의는 세상이 내가 하는 일에 달려 있다는 믿음이며, 하나님과 사람들이 내가 한 일을 보고 나를 사랑한다는 믿음이다. 이것은 중요한데, 복음과 정반대되는 개념이기 때문이다. 하나님은 **우리의 행위**로 인해 우리를 사랑하시지 않고, 우리의 선행이나 악행과 **상관없이** 우리를 사랑하신다. 율법주의는 거저 주시는 하나님의 사랑을 획득의 대상으로 왜곡한다. 이와 마찬가지로 세상은 우리를 대하지, 그분을 대하지 않는다.

율법주의는 인간의 기본 설정 같다. 그래서 복음으로 기도하는 새 습관을 만들지 않는 이상, 우리는 세상이 우리를 대하는 기도로 매일 하루를 시작할 것이다. 복음으로 하는 기도는 세상이 우리에게 덜 중요해지고, 우리를 **향한** 하나님의 사랑이 더 중요해지게 한다. 이런 기도의 예를 들기 전에 잠깐 곁길로 새겠다.

두 유형의 기도

첫 번째 기도는 존재하는 것에 이름을 붙인다. 에덴동산에서 아담이 말로 해낸 일처럼 이 기도는 존재하는 것에 일정한 의미와 이름을 부여한다. 이런 기도는 세상에 진리가 존재한다는 사실을 우리에게 상기시키므로 매우 중요하다. **하나님은 선하시다. 우리는 사랑받는다. 살아 있는 것은 아름답다. 감사는 행복을 향한 길이다.** 이러한 의미에서 기도는 하나님이 창조하신 것과 일치하며 세상이 존재하는 방식을 상기시킨다.

두 번째 기도는 무엇을 이름 짓는 것을 넘어 무엇이 될 수 있는지를 창조한다. 하나님이 산과 땅을 존재하게 하신 것처럼 우리도 기도의 말을 사용하여 새로운 현실이 실현되기를 바란다. 이런 기도는 창조 질서가 무너진 곳에서 종종 일어난다. **주여, 자비를 베풀어 주소서. 주의 나라가 이루어지게 하소서. 도와주소서. 남편을 잃고 슬피 우는 이 여인을 붙들어 주소서.**

그러나 늘 이런 건 아니다. 이렇게 기도할 수도 있다. **주여, 우리 아이들을 축복해 주소서. 제 이웃이 자신이 사랑받고 있음을 알게 하소서. 오늘도 제 일을 인도하소서.**

이러한 기도의 본질은 하나님과 동행하며 질서와 사랑이 필요한 세상에 질서와 사랑이 있게 해 달라고 말하는 데 있다. 그러나 우리가 보통 아침에 드리는 기도는 이 두 유형의 기도에서 벗어나 있다. 우리는 옳지 않은 현실에 이름 붙이거나, 존재하면 안 되는 것을 창조한다.

전자 기기 기도

나는 지금껏 살아오면서 여러 내용으로 아침 기도를 드려 왔는데 스마트폰이 생기면서 기도 내용이 완전히 바뀌었다. 내 스마트폰은 자기중심적이거나 율법주의적인 아침 기도를 드리려는 내 성향을 악화시킨다. 그 이유는? 스마트폰은 세상의 무질서가 '알림'이라는 성가신 것을 통해 비몽사몽한 내 마음에 이르는 관문이기 때문이다. 이로 인해 내 하루는 필연적으로 내가 해야 할 일과 실패한 일과 함께 시작된다.

우리가 가진 휴대전화는(그리고 휴대전화의 프로그래머들은) 우리에게 습관을 만들어 주며 행복해한다. 그들은 하루를 시작하는 첫마디 말을 알려 주기를 좋아한다. 휴대전화는 그게 무엇이든 아침의 첫 번째 욕망을 형성하고 우리를 위한 첫 번째 기도를 지시한다.

알림을 해제하기 전에(당신에게도 똑같이 해 보라고 권할 것이니 마음을 단단히 먹으시라) 나는 누군가 내가 기도하기 원하는 기도로 잠에서 깼다. 만일 알림이 내가 이른 아침부터 해야 할 일이 담긴 이메일이라면, 내가 그 일을 잘해 내거나 피할 수 있게 해 달라는 바람으로 하루를 시작할 것이다. 만일 알림이 끔찍한 일을 저지른 선출직 공무원에 관한 뉴스라면, 사람들이 나처럼 상식적이길 바라며 하루를 시작할 것이다. 만일 소셜 미디어의 알림이라면, 내 삶이 그 네모난 창 속처럼 화사하길 바라며 하루를 시작할 것이다.

이런 넛지(nudge, 사람들의 선택을 유도하는 부드러운 개입을 뜻하는 경제학 용어-역주)는 그 나름의 기도를 각각 제안한다. 보통 이런 기도를 통해 스트레스, 부러움, 냉소주의 속에서 하루의 틀이 만들어지며, 이 모든 일은 무의식적 습관으로 이루어지므로 한결 강력하다.

핵심 습관과 무릎 꿇는 기도

습관은 우리가 아무 생각 없이 반복해서 하는 것이다. 이것은 우리의 세상을 힘들이지 않고 조성한다. 습관은 우리가 형성하는 것보다 더 많이 우리를 형성한다. 그래서 습관이 강력하다는 것이다.

핵심 습관은 최고의 습관(super-habit)이다. 줄지어 선 도미노 중 첫 번째 도미노에 해당한다. 한 가지 습관을 바꾸면 10개의 다른 습관을 동시에 바꿀 수 있다

무릎 꿇고 기도하며 하루를 시작하는 일이 바로 그런 핵심 습관 중 하나다. 아침 기도를 하면서 우리는 우리를 향한 하나님의 사랑으로 하루의 첫 단어를 구성한다. 이는 우리가 아무것도 하지 않을 경우에 자라는 율법주의를 뿌리째 뽑는 일이며, 사랑이 자랄 수 있는 하루의 첫 지지대를 놓는 일이다.

나는 매일 아침 무슨 일이 일어날지 곰곰 생각하다 보면 걱정이 앞서 몹시 불안했다. 그 순간을 유심히 관찰하다가 자부심이나 두려움의 말로 매일 하루를 시작하는 나 자신을 발견했다. 하루를 형성하기 위한 노력이 전혀 없었다.

나는 변화를 원했지만, 마음의 습관을 바꾸는 일은 몹시 까다로운 일이다. 생각이란 종잡을 수 없는 대상이다. 그래서 우리는 생각

을 제대로 파악할 수 없다. 사실 손대는 것조차 불가능하며, 가끔은 알아차리기도 전에 생각이 먼저 일어난다. 그래서 생각의 힘이 강한 것이다. 생각은 우리가 헤엄치는 눈에 띄지 않는 감정의 강물이며, 결국에는 모든 것을 형성한다.

내가 볼 때 생각의 습관을 바꾸는 첫 단계는 휴대전화에서 '방해 금지 모드'를 찾는 것이다(가끔 휴대전화를 재설정하면 우리의 사고방식을 재설정할 수 있다. 이는 휴대전화가 결코 중립적이지 않음을 보여 준다). 밤 11시부터 다음 날 아침 8시까지 방해 금지 모드로 설정해 놓으면, 가족과 자주 연락하는 지인들은 필요할 경우 전화할 수 있다. 다른 사람들도 급할 경우 두 번 연속 전화하면 통화가 가능하다(가끔은 업무 전화가 걸려 오기도 한다). 그 밖의 경우에는 묵음 상태를 유지한다.

이렇게만 설정해도 아침마다 날아오는 수많은 율법주의적 넛지가 제거되었지만 이것으로 충분치 않았다. 돌멩이들만 치운 상태였다.

두 번째 단계는 무릎을 꿇는 것이다. 마음을 제어하는 절대적인 방법 중 하나는 몸을 제어하는 것이다. 나는 무릎을 꿇으면 졸린 마음이 새로운 순간으로 들어가는 충격을 받았다. 무슨 일이 일어난 건지 궁금했다. **이 차가운 바닥에서 지금 무얼 하는 걸까?**(당신이 제시간에 일어나느라 몸부림친다면 무릎 꿇기가 도움이 된다. 적당한 고통은 선잠을 깨우는 데 아주 좋은 방법이다. 사전 경고인 셈이다).

돌멩이는 치워졌고 평상시 아침 습관을 중단했으니 이제 할 일은 우리가 창조된 목적대로 행하는 것이다. 하나님이 그러셨듯 우리도 사랑의 언어를 세상에 흘려보내는 것이다.

이 일은 대부분 매우 간단하다. 피곤이 덜 풀려 일어나거나 우는 아이에게로 가야 할 때 나는 얼른 침대 곁에서 무릎 꿇고 이렇게 기도하곤 한다. "주여 자비를 베풀어 주소서." 아침에 일어나 중대한 모임이나 주어진 시간보다 더 많은 시간이 필요한 프로젝트를 생각할 때 생각을 멈추고 가만히 도움을 구한다. "주여 밤새 이 문제로 꿈을 꾸었습니다. 걱정됩니다. 주님을 닮게 해 주셔서 혼돈에 질서를 부여하는 좋은 일을 할 수 있게 도와주소서." 아침에 일어났는데 전혀 피곤하지 않고, 간밤에 푹 잤고, 그러고도 아이들이 일어나기 전 한 시간이나 여유가 있는, 가끔 있는 그 영광스러운 날이면 이렇게 기도한다. "주여, 믿을 수가 없습니다. 놀랍기만 합니다. 나를 돌봐 주셔서 감사드립니다. 주님이 저를 사랑하시듯 오늘 저도 남을 사랑하게 해 주소서."

여기서 우리는 기도의 두 가지 용례를 회복한다. 우리는 진짜 현실에 이름을 부여한다. "하나님, 제가 획득한 것도 아닌 하루를 또 허락해 주셔서 감사합니다. 주님은 제게 언제나 관대하십니다." 그리고 우리는 진짜 현실을 만들어 간다. "오늘도 제가 세상을 조금이나마 선하게 만들 수 있게 해 주소서. 아버지처럼 저도 세상과 세상 사람들을 사랑하게 해 주소서."

가장 작은 변화에 하루 전체가 재형성된다. 자 이제 일하러 갈 시간이다.

사랑 안에서 일의 틀 세우기

나는 일과 일종의 양극 관계에 있다. 지금까지도 나는 본질적으로 내가 쾌락주의자인지 일 중독자인지 잘 모르겠다. 아마도 이건 정상일 것이다(그렇지 않을 가능성이 더 크지만). 어떤 경우든 일은 내가 얼마나 하나님을 닮도록 지음 받았는지 깨닫는 장소다. 동시에 일은 나는 하나님이 절대 아니라는 사실을 깨닫는 장소이기도 하다. 이 때문에 중대한 일은 (좋은 날이라 해도) 하루를 불안정하게 만든다. 이것이 우리가 사랑으로 하루를 다시 만들기 위해 정오 기도가 필요한 이유다.

마지막으로 한 번 더 곁길로 빠지겠다. 일하다가 기도하는 것이 왜 중요한지 이해하려면 일이 무엇을 위한 것인지 알 필요가 있다.

일하는 것은 하나님을 닮았다는 것이다 직업이 무엇이든, 일이란 우리가 세상에서 무언가를 만들어 가는 영역이기 때문이다. 이것이 왜 그렇게 하나님을 닮은 것인지 보려면 태초로 돌아가야 한다.

성경의 첫 장면으로 돌아가자. 조명이 켜지고, 삼위일체 하나님이 무대 위에 계신다. 삼위 하나님은 아름답고도 기이한 물질계를 함께 창조하신다. 하나님은 서로 다른 영역의 육체노동자, 예술가, 발명가, 수리공, 정원사, 기업가이시며, 먼지를 뒤집어써 가며 손으로 행하신 창조 행위를 보기 좋다고 하신다.

하나님이 반복해서 말씀하신 히브리어 단어는 '토브'(*tov*)다. 이 단어는 그저 '좋다'는 뜻을 넘어선다. **우와!**나 **오오!** 같은 것이다. 운동선수가 돌연 엄청난 경기력을 보일 때 경기장의 관중이 자기도 모르게 내는 소음과 같다. 토브는 하나님이 피조물에게 내리신 축복이다. 우리가 이 사실을 놓친다면 하나님이 물체, 생명체, 우주 만물을 몹시 사랑하신다는 근본 진리를 놓치는 것이다. 어떤 면에서 우리는 물감을 던져 그림 그리기로 유명한 현대화가 잭슨 폴록(Jackson Pollock)과 같은 하나님을 마음속에 떠올려야 한다. 하나님은 재료들을 여기저기 던져 놓으시고, 벽에 던진 물감 자국들을 보시며 "우와! 토브! 토브! 토브!" 하신다.

하나님의 일은 사랑이다. 하나님의 사랑으로 세상이 탄생했다. 하나님의 노래로 세상은 존재한다. 하나님은 자신이 창조하신 세상에 푹 빠지셨다.

우리의 모든 직업이 하나님의 선한 일에서 비롯되었음을 알기 전까지 우리는 직장에서 무엇을 하고 있는지 이해할 수 없다. 하나님처럼 예술가와 발명가는 여러 가지를 창조한다. 그것은 토브다. 법률가와 회계사는 현실에 이름을 붙이고 무질서에 질서를 부여한다. 그것은 토브다. 건축가는 존재하지 않던 것을 만들어 내고, 배관공은 망가진 것을 고친다. 둘 다 토브다. 투자가와 기업가는 생산적인 일을 하며 수익을 낸다. 모두 토브다.

일하는 것은 하나님을 닮지 않았다는 것이다 우리의 모든 일은 하나님의 일에서 유래되었다. 동시에 일할 때 우리는 하나님을 전혀 **닮지 않았다.** 하나님이 말씀하시면 DNA 코드가 배열된다. 하나님이 말씀하시면 자기극(magnetic poles)은 정북을 가리킨다.

우리가 말할 때는 그리 장엄하지 않다. 피고용인들의 기분이 상하고, 업무는 혼란스럽고, 서류함은 쓸모없는 새 계획서들로 가득 차 있다. 우리는 이렇게 말하고 싶을 것이다. "삼사분기 보고서가 있을지어다!" 그러나 일이란, 우리가 할 만한 가치 있는 일이 거의 불가능해 보인다는 사실을 깨닫게 되는 장소다. 오늘만 하더라도 나는 누군가에게 마감을 요청하는 이메일을 보내고 있었다. 그가 마감 기한을 지킬 길이 없다는 걸 너무나 잘 알면서 말이다. 무의미한 말을 하고 있는 자신을 발견할 때 말할 수 없는 좌절을 느낀다. 부모님께 여쭈어 보라. 쓸데없는 말은 고단하고 맥 빠지는 일이다. 우리 모두 차라리 궁극적인 힘이 있으면 좋겠다.

전반적으로 우리는 하나님을 닮은 것으로 만족하지 않는다. 우리는 하나님이 **되길** 원한다. 이것은 일할 때 지나치게 자기중심적이 되는 원인이 된다. 일은 우리가 무언가를 성취할 수 있음을 입증하는 수단이 된다. 우리의 재치는 귀하고, 우리의 목소리는 들을 가치가 있다. 비록 우리가 테이블을 쾅쾅 내리치거나 퉁명스레 "그러게 제가 뭐랬죠?" 하는 이메일을 보내더라도 말이다.

이렇게 우리는 일의 목적을 뒤집어 놓는다. 다른 사람을 사랑하고 섬기는 수단으로 일하는 대신 다른 사람의 사랑과 섬김을 받을 목적으로 일한다. 하나님의 '토브!' 대신 사람들의 '토브!'를 들으려고 일한다. 이것은 무너짐의 시작에 불과하다. 때로 우리는 사람들에게 상처를 주려고 적극적으로 노력한다. 세상은 복잡하고 살기 어려울 뿐만 아니라 악이 도처에 있다. 성매매 분야에서 일하는 유능한 회계 담당자든, 피고용인에게 죄책감이나 수치심을 주려고 이메일을 적는 뛰어난 관리자든, 종종 사람들은 사랑 대신 악을 일하면서 열심히 키운다.

사랑 안에서 일의 틀 다시 세우기

직장에서 정오에 무릎 꿇고 기도하기는 사랑 안에서 근무 시간의 틀을 다시 세우는 습관이다. 이 습관이 종종 무너져 가는 패러다임을 재설정해 주기 때문이다. 나는 가끔 에너지와 생산성이 한껏 차오른 상태에서 근무를 시작한다. 아침에는 업무가 명확하다. 해야 할 일 목록이 가지런히 정리되어 있고, 그날 모든 걸 해낼 수 있다는 느낌(언제나 비현실적인)이 든다. 커피, 순수한 의지력, 실패에 대한 두려움이 골고루 섞인 상태에서 하루 계획을 **적어도** 서너 시간 동안은, 때로는 정오까지도 순조롭게 진행한다.

그러나 상황이 삐걱거리기 시작한다. 커피가 신경을 예민하게 만드는 걸 알면서도 더 마시고 싶어지는 걸 보면 바로 알 수 있다. 인터넷 검색을 하고 싶은 생각이 강하게 든다. 왜 그런지는 나도 잘 모르겠다. 그냥 검색하고 싶어진다.

정오에서 오후 2시쯤에는 내가 해내기를 바랐던 모든 일이 순조롭지 않다는 걸 깨닫는다. 누군가 실망하리라는 것을 알게 된다. 남은 오후 시간을 훑다 보면 탐탁지 않은 나 자신이 보인다. 나는 할 수 없다는 생각에 빠진다. 사람들은 내게 귀 기울이지 않고, 율법주의의 모든 기운이 다시 돌아온다. **만약 내가 잘해 낼 수 없다면 나는**

무슨 가치가 있지?

정오에 무릎 꿇고 드리는 기도는 이 고치기 어려운 성향을 인정하고 무너져 가는 하루를 다시 세울 기회다. 하루 중 이 시간만큼은 사무실 문을 닫고 무릎 꿇는다. 아무래도 어색할 수밖에 없다. 누가 불쑥 들어오면 어떡하지? 불편하기 짝이 없다. 정장 바지는 바닥에 무릎을 꿇기 좋게 만들어지지 않았다. 그러나 정장 바지야말로 불편하게 만드는 데 안성맞춤이다. 그로 인해 무언가 일어나고 있음을 깨닫는다. 공공장소에서 일하던 중이라면 두 손을 무릎 위에 얹거나, 두 손바닥을 무릎 위에 펴 보이기도 한다. 불안정한 마음을 다잡고 싶은 순간에 나는 어떤 물리적인 행동을 필요로 한다.

정오에 짧게 기도할 때 가끔 나는 나만을 위해 일했다고 고백하게 된다. 그러면 그런 충동을 되돌리길 바라며 고객이나 동료를 위해 기도한다. 나는 때로 우리 상품이나 서비스가 내가 만날 일 없는 사람에게도 영향을 미친다는 점을 기억하려 애쓴다. 형편이 좋지 않은 사람들에게 미치는 영향에 대해서도 생각한다. 때로 실업자들을 위해서도 기도한다.

나는 그저 조용히 앉아 창밖을 내다보기도 한다.

내가 무엇을 하든 습관은 최선의 방법으로 제동을 건다. 새로운 습관을 도입하면 자아에 집중하는 데 걸림이 되고 방해가 되는 매일매일의 갈고리가 생긴다. 나는 내가 아닌 다른 사람을 위해 일하고 있음을 떠올린다. 그가 의뢰인이든 고객이든 피고용인이든 낯선 사람이든 그래서 나는 그들을 위해 남은 업무 시간을 보낸다.

사랑 안에서 저녁 시간의 틀 세우기

마침내 하루의 끝이 왔다. 하던 일을 멈추고 모든 걸 쉬어야 하는 취약한 시간이다. 목사인 친구 중 한 명은 내게 매일 저녁 정말 슬퍼진다고 말했다. 그날 하려고 했던 일이 너무 많기 때문이란다. 나도 그렇다. 내 생각에는 우리 모두 그런 것 같다. 저녁은 제한적인 삶의 현실을 직면하게 한다. 하고 싶었던 일이나 적어도 해야 한다고 느꼈던 일이 너무 많다. 아침에는 간단해 보였던 일이 밤이 되자 매우 어리석어 보인다.

우리가 모든 걸 다 해낼 수는 없었다. 밤새 일할 수는 있어도, 집을 깨끗이 청소하고 프로젝트를 준비하고 프레젠테이션 자료를 마련하는 일을 모두 해낼 수는 없었다. 아기가 밤새 울거나, 룸메이트가 내내 코를 골거나, 새벽 3시에 일어나야 하는데 좀처럼 잠들 수 없을 때가 있다. 당신은 어떤 삶의 단계에 속해 있나?

자유 시간을 누릴 여유가 없을 때 우리는 좌절한다. 또는 자유 시간을 몽땅 허비해 당혹한다.

그러고 나서 그날 저녁 가혹하게 자기반성을 한다. 나는 가끔 침대에 누워 하루 종일 내 존재감을 세상에 드러내느라 애썼던 현실을 마주한다. 침대에 누워 꺼지지 않을 전구처럼 천정에 대롱대롱 매달린 두려운 현실을 바라본다. **그게 그렇게 중요했나?**

이렇게 걱정 가득하다가도, 걱정 가득하기에 모든 걸 외면하고 싶어진다. 우리 다수가 그럴 것이다. 한 잔 하면 괜찮을 것 같고, 두 잔 하면 더 좋을 것 같다. 섹스도 괜찮아 보이고, 포르노는 더 쉬워 보인다. 대화가 도움이 되겠지만, TV가 모든 걸 잊게 해 줄 것이다. 읽다 만 책을 다시 펴 들면 마음이 편안해질 듯하다. 급해 보이는 트위터 알림이 여러 개 떠 있다. 나와 로렌은 이야기하며 시간을 보낸다. 이야기하기 어려우면, 팟캐스트에 다들 꼭 들어 봐야 한다고 말하는 설교가 있다. 아, 최근 추세를 보여 주는 기사도 있다. 그럭저럭 건강한 도피 방법은 여럿 있다. **그러나 도피하고 싶은 욕구로부터는 도피할 수 없다.**

기진맥진한 하루는 우리가 올바른 결정을 내리기 쉽지 않은 어슴푸레한 상황에 처하게 한다. 우리는 지쳐 있고, 몸과 마음과 영혼은 하나로 묶여 있어 선택에 어려움을 겪는다. 비즈니스 분야에서는 이를 '결정 피로'(decision fatigue)라 부른다. 내 아버지는 이렇게 조언해 주신다. "해가 진 뒤엔 중요한 결정을 내리지 마라." 저녁은 취약한 시간이다. 하루가 우리를 소진하는 것만큼 우리가 하루 전체를 소진하지는 않는다. 우리의 피로가 중독에 이르면 우리는 자신의 실제 모습을 보게 된다.

이쯤이 저녁 기도로 하루 중 마지막으로 중요한 전환점을 만들 수 있는 때다. 일을 마친 후일 것이고, 설거지를 끝냈거나 아이들이 잠들어 있고, 우리는 기도하기 위해 잠시 멈춘다. 다른 일로 흘러늘지 않고 의도적으로 휴식을 취하는 것이다. 안 그러면 잠자리에 들어 심각하게 질문을 던지게 될지 모른다. **이 일을 어떻게 끝내지?** 침대에 누워 테이프를 몽땅 재생해 볼까? 휴대전화로 연예인 스캔들 최신 기사를 뒤적이며 잡생각이나 해 볼까? 아니면 다른 필요한 일로

가 볼까?

어느 누구도 세상이 계속해서 돌아가게 할 필요가 있다고 믿으면서 잠들 수는 없다. 진정한 휴식은 우리가 아닌 하나님이 세상을 움직이시는 것에 감사할 때 온다. 따라서 우리는 침대 곁에 무릎 꿇고 하루의 끝자락이 우리를 향한 하나님의 자비와 돌보심의 시간이 되게 한다.

다른 날도 이렇게 기도하며 보낸다. 영적인 느낌은 중요하지 않다. 기도할 말을 잘 알지 못해도 큰 상관 없다. 한 달 내내 매일 밤 똑같은 내용으로 기도해도 문제 될 것 없다. 기도는 습관이다.

기도가 완전히 내 것이 될 때까지 기도하라. 그것이 목표다.

격자 지지대 세우기

내가 어릴 때 어머니는 벽돌로 지은 창고 옆 정원에 개나리 재스민(Carolina jasmine)을 키웠다. 재스민은 아름다운 식물이지만 휘감으며 자라는 덩굴 식물이다. 자라는 방향을 유도해 주지 않으면 왕성한 싹이 다른 식물을 휘감아 결국 그 식물을 죽이고 만다.

어머니는 격자 지지대를 벽돌벽 곁에 세워 재스민이 다른 식물과 거리를 두고 위로 자라게 해 주셨다. 여러 계절이 지나자 노란 꽃이 벽 전체를 뒤덮었다. 황량한 벽이 얼마나 아름답게 변했는지 아직도 기억이 생생하다. 진한 봄 내음과 함께 재스민 향기가 뒷마당을 가득 채운 기억이 여전하다.

우리의 삶은 재스민과 같고, 우리의 하루는 격자 지지대와 같다. 우리는 곧게 자라 아름답게 꽃 피우고, 하나님의 헤아릴 수 없는 영광의 풍성한 향기를 이 땅에 가득 채우도록 창조되었다. 그러나 우리는 타락했고 일그러졌다. 자라지 않는다는 뜻이 아니다. 원래 의도한 방향에서 벗어나서 자라, 자신을 죽이고 주변 사람들을 다치게 하는 존재로 일그러졌다는 뜻이다.

우리가 아무것도 하지 않더라도 우리는 여전히 자랄 것이다. 그러나 자신뿐 아니라 주변 사람들까지도 파괴하는 습관의 소유자로 자랄 가능성이 있다.

습관의 격자 지지대를 세우는 것은 타락이 우리를 무너뜨린 방법과 하나님이 우리를 설계하신 선한 방법을 인정하는 길이다. 이것이 바로 애니 딜라드가 말한 "하루를 잡는 그물"[1]을 만드는 방법이다. 달리 어떻게 시간 자체를 얻을 수 있겠는가?

이는 사랑 안에서 하루의 틀을 세우는 것으로 시작하며, 하루의 틀을 세우는 것은 바로 기도의 말로 시작한다.

아침, 정오, 잠들기 전 무릎 꿇고 기도하기

한눈에 보는 습관
세상은 말로 이루어져 있다. 반복되는 몇 마디 말조차 능력이 있다. 정기적으로 진지하게 드리는 기도는 영적 형성의 핵심 습관 중 하나고, 습관의 격자 지지대를 세우는 첫걸음이다. 기도의 말로 매일을 세워 나갈 때 우리의 하루는 사랑 안에서 틀이 잡혀 간다.

시작하는 세 가지 방법
글로 적는 기도. 아침 기도, 정오 기도, 저녁 기도로 시작하면 좋다. 다음은 적용하기 좋은 방법 세 가지다(the Common Rule 웹사이트에서 프린트할 수 있다).

- **아침.** 성령님, 저는 성령님의 임재를 위해 지어졌습니다. 오늘 행하는 모든 일에 성령님과 함께하는 하루가 되게 하소서. 아멘.
- **정오.** 예수님, 저는 세상에서 예수님의 사역에 동참하도록 지어졌습니다. 남은 하루가 질서 있게 해 주셔서 예수님이 제게 주신 사람들을 사랑으로 섬길 수 있게 하소서. 아멘.
- **잠들기 전.** 하나님 아버지, 저는 하나님의 사랑 안에서 쉼을 얻도록 지어졌습니다. 자는 동안 제 몸이 쉴 수 있게 해 주시고, 제 마음이 하나님의 사랑으로 안식하게 하소서. 아멘.

알람과 기억. 언젠가 내 친구 스티브는 아내와 함께 기도하고 싶다는 다른 친구의 소원을 대여섯 번 들었다고 한다. 그래서 스티브는 친구의 휴대전화를 집어 들고 시리(Siri)에게 아내와 함께 기도하는 시간을 기억하도록 알람을 맞춰 달라고 말했다. 우습긴 하지만 상식적이기도 하다. 기도의 리듬을 만드는 데 도움이 필요하면 알람을 맞추라. 나 역시 일을 멈추고 기도하는 시간을 잊지 않기 위해 한동안 매일 1시에 알람이 울리도록 설정해 둔 적이 있다.

몸으로 드리는 기도. 무릎 꿇기는 기도 시간이 중요한 순간임을 몸으로 겸손하

▶ **독서 자료** 『성공회 기도서』(The Book of Common Prayer), 『거룩한 모든 순간』(Every Moment Holy), 더글러스 케인 맥켈비(Douglas Kaine McKelvey), 『공동 기도』(Common Prayer), 셰인 클레이번(Shane Claiborne), 조너선 윌슨-하트그로브(Jonathan Wilson-Hartgrove), 에누마 오코로(Enuma Okoro)

게 표시하는 좋은 방법이다. 무릎 꿇기가 육체적으로 부담되거나 공공장소에 있는 경우, 손바닥을 위를 향하도록 펴 무릎 위에 가만히 올려놓거나 창문이 있는 곳으로 가서 기도하라.

세 가지 고려 사항

공동 기도. 이 습관은 종종 공동체의 습관으로 바뀌기도 한다. 사무실에서 공동 규칙을 실천하는 나의 몇몇 친구들은 그 시간을 직장 동료들과 함께 잠시 쉬면서 짧게 기도하는 기회로 사용한다. 그들은 대개 빈 회의실로 들어가 5분간 쉬며 함께 기도한다. 나와 아내는 잠들기 전을 함께 기도하는 시간으로 사용한다. 어떤 부모들은 정오 기도나 저녁 기도를 아이들과 함께 기도하는 기회로 삼는다고 말해 주었다. 몸을 사용해 기도하는 습관은 아이들에게 꾸준한 기도의 리듬을 가르치는 데 아주 좋은 방법이다.

가능한 변형. 정기적으로 기도하는 습관은 하루의 틀을 세우기에, 한 시점의 기도를 하루 중 다른 시간에 적용하는 걸 고려해 보라. 아침에 출근하는 사람은 차의 시동을 걸기 전이나 운전 중에 오전 기도를 해도 좋을 듯하다. 이는 당신의 영혼이 교통이 야기하는 전쟁에 대비하게 해 줄 것이다. 일터로 들어가기 전이나 퇴근해 집으로 들어가기 전에도 기도해 보라. 당신의 생각과 마음을 전환하기에 좋은 방법이다.

반복하기. 기도가 반복적이라고 해서 의미 없는 것은 아니다. 오히려 정반대다. 반복적인 기도는 내용이 꾸준히 반복되므로 우리의 삶을 거듭 형성해 나간다. 성령님이 인도하시는 자발적인 기도가 당신의 일상에 완전히 녹아들도록 하라. 그러나 반복적인 기도의 격자 지지대야말로 기도가 더욱 자라도록 돕는 방법이다.

기도가 완전히 내 것이 될 때까지 기도하라.

왕을 위하여!
중국 친구들의 일반적인 건배사

전선을 그리라. 이 탁자 주변으로 모여
왕과 도래하는 왕국을 위해 잔을 들어라. 그리고 맞서 싸우라.
앤드루 피터슨(Andrew Peterson)

이제, 먹자.
로버트 패러 카폰(Robert Farrar Capon)

다른 사람과
한 끼 식사하기

이웃과 누리는 복된 식탁

연료인 음식

중국에서 선교사로 지낼 때 효율적인 삶을 추구하던 미국인 친구가 있었다. 그는 독서광이었고 극도로 이성적이며 매우 호감 가는 친구였다. 이런 성향이 조합된 그와 이야기하는 것은 즐거웠고, 그의 말에 반박하기는 매우 어려웠다. 이런 이유로 나는 삶과 신학에 관한 그의 이론을 늘 흥미로워했다. 그가 추천하는 책이라면 모두 읽었고, 심지어 그의 생활상을 적용해 보기도 했다.

그러나 그에게는 아킬레스건이 하나 있었다. 언젠가 그가 음식을 먹는 대신 하루에 알약 하나로 영양을 충분히 섭취할 수 있다면 그렇게 하고 싶다고 말하는 것을 들은 적이 있다. 나는 그 말에 아연실색했다.

장인의 손길이 듬뿍 담긴 음식을 추구하는 일종의 혁명이 21세기 미국에 도래하기 수 세기 전부터 중국인들은 이미 '미식가'의 경지에 이르렀다. 중국에 사는 이들은 **모두** 미식가다. 중국에는 나와 로렌이 가 볼 만한 맛집이 무궁무진했다. 나는 이제 "중국 음식 먹으러 가자"는 말이 "유럽 음식 먹으러 가자"는 말과 같다는 사실을 알게 되었다. 중국 어느 지역인지 구체적으로 언급하지 않아서가 아니다. 프랑스 음식과 이탈리아 음식이 다른 것처럼 중국은 각 지역마다 음식의 종류가 완전히 다르며, 모든 음식이 정말 훌륭하다. 더욱이 하루 5달러 이하로 왕처럼 식사할 수 있었다.

이런 음식의 낙원에서 내 친구는 선택할 수만 있다면 **먹지 않는 길을 택하겠다**고 했다. 내가 볼 때 너무나 비정상적인 생각이었다. 그러나 시간이 흐를수록 나는 그에게 공감할 수 있게 되었다.

불편한 식사

가치 있는 일은 무엇이든 당신을 빨아들인다. 중요한 모임이 있거나 마감을 앞두고 있을 때는 그 일을 생각하며 잠에서 깨고, 얼른 사무실로 가 그 일에 집중하고 싶어 한다. 아침 식사는 긴장감과 생산성에 대한 갈급함이라는 제단 위에서 쉽사리 희생된다.

해야 할 업무가 급증할 때는 일의 흐름이 끊기는 상황을 어떻게든 피하고 싶어 간식으로 점심을 때운다. 오후 4시쯤, 내가 잠시 모든 걸 쉬고 행복한 시간을 보내고 싶을 때 세상이 어떤 일을 내가 그날 꼭 해 주길 바란다는 느낌이 든다. 온갖 중요한 요청이 쇄도하면 저녁 식사를 위한 정시 퇴근이 마치 이메일이 없던 세대의 진기한 옛 전통처럼 보인다.

심지어 내가 열심히 집중해 일하려 할 때 음식이 필요하지 않으면 좋겠다는 이상하고 비정상적인 바람이 생긴다. 사람이 언젠가는 빵으로만 살지 않을 날이 오는 것이 진짜일지 모른다고 생각하며, 하루를 아드레날린과 카페인에 의지하며 보낸다. 어쩌면 평생 굶주려도 살아갈 수 있을지 모른다.

로렌은 이게 말도 안 된다고 생각한다. 아내는 몸에 좋은 간식을 곁에 두지 않고 절대 서너 시간 이상을 보내는 법이 없다. 그녀에게 박수를 보낸다. 내가 살아가는 방식은 오래 가지 못하기 때문이다. 곧(나중도 아니고) 완전히 무너질 것이다.

이리저리 바삐 다니며 아침을 먹거나 점심을 건너뛰어 일궈 낸 일시적인 생산성은, 오후가 되면 무너지고 카페인 허탈감(caffeine crash, 카페인이 분해된 이후 찾아오는 피로와 무력감-역주)으로 바뀐다. 이런 기분은 '배고파서 화나는'(hangry) 감정이라고밖에는 표현이 안 된다. 그 결과 자판기로 급히 달려가 군것질을 좀 하고는 카페테리아에 덩그러니 남아 처음보다 더 안 좋은 기분으로 오후를 보낸다.

많은 사람이 나보다 나은 식단을 세우겠지만, 내 기준은 매우 낮다. 그리고 나만 그런 것 같지 않다. 일반적으로 우리 문화는 바쁜 일정을 삶의 중심에 놓고 식사는 부수적인 것으로 생각한다. 식탁을 삶의 중심에 놓고 그 주변부 일정에 우선순위를 매기는 것과는 다르다.

분주한 문화 속에서 우리는 이상하게 뒤집힌 듯하다. 개인적 생산성과 성취에 대한 감각만 필요하다고 생각한다. 다른 사람들과 식사하려고 멈추는 시간은 사치다. 물론 먹지 않고는 살아갈 수 없으니 마지못해 잠시 멈춰 서서 입에 무언가를 채워 넣는다. 마치 음식이 연료인 양, 우리 몸은 그저 기계인 양 말이다.

그러나 우리는 기계가 아니라 인간이다. 음식을 먹게끔 지어졌다. 정기적으로 식사하고, 다른 사람들과 식사하도록 창조되었다.

다른 사람들과 한 끼 식사하는 일상의 습관은 식탁을 우리의 중심으로 다시 옮기고, 우리와 동일하게 의존적이고 공동체적으로 창조된 사람들을 기초로 우리의 일상을 정리하는 방법이다.

먹도록 창조되었다

우리가 먹도록 창조되었다는 사실은 우리가 누구인지 그리고 하나님은 누구신지에 대해 많은 것을 이야기해 준다. 우리는 그저 배고파하는 육체도, 연료를 필요로 하는 기계도 **아니다**. 우리는 배고픈 영혼이다. 우리는 동료를 갈망하고 식탁 교제를 즐거워하는 사람이다.

음식에 대한 우리의 필요는 우리에 대해 심오한 것을 이야기해 준다. 그것은 우리에게 하나님이 필요하며, 다른 사람들이 필요하며, 창조된 세계가 필요하다고 말해 준다.

음식에 대한 필요는 하나님에 대한 우리의 의존성을 드러낸다 하나님의 형상을 닮은 우리와 하나님 사이의 가장 중요한 차이점은, 하나님과는 달리 우리는 외부의 존재에 의존적이라는 사실이다. 음식이 이 점을 우리에게 매일 상기시킨다.

우리가 배고픔을 느끼도록 창조된 것은 하나님의 자비를 누리도록 지음 받았기 때문이다. 비록 우리가 하루에도 수십 번 식욕을 충족시킨다 해도 식욕은 집요하게 다시 살아난다(마치 식욕이란 원래 그렇게 이상하게 생겨 먹은 것처럼). 마치 언젠가 새 하늘 새 땅에서 살게 되면 우리가 음식을 찾는 귀찮은 욕구를 극복하게 되기라도 하듯, 식욕이 우리의 타락을 보여 주는 특징은 아니다. 우리가 굶주릴 때 하나님의 피조물을 향유하고자 하는 것은 사실 우리가 창조된 좋은 방법이다.

음식에 대한 필요는 서로에 대한 우리의 의존성을 드러낸다 식량 준비를 위해 심고 거두기까지, 우리는 서로의 도움 없이는 생존할 가능성이 없다. 이런 특성은 인간과 다른 동물을 구분 짓는다. 현대 사회에서는 음식이 우리의 식탁에 오르는 경로를 알기 어렵지만, 모든 식탁은 우리가 이웃에게 의존하고 이웃은 우리에게 의존하는 어마어마한 세계를 드러낸다.

음식에 대한 필요는 창조물에 대한 우리의 의존성을 드러낸다 우리는 상호 희생이 끊임없이 일어나는 세계에서 살고 있다. 우리가 식물을 먹든 고기를 먹든, 한 입 문다는 것은 무언가 당신에게 생명을 주기 위해 희생되었다는 것이다. 우리가 음식을 받아들이면 우리가 앞으로 살아가게 하는 생명이 된다. 우리의 지속적인 일상이 우리를 위한 다른 생명의 희생에 달려 있다는 사실은 분명 그리스도를 닮은 점이 있다.

무게 중심은 식탁에 있다 음식을 연료로 여기면 음식에 대해 완전히 거꾸로 생각하게 된다. 우리는 하나님께 감사하지 않게 된다. 우리는 음식에 대해 권리를 주장하게 된다. 우리는 서로에게 감사하지 않게 된다. 우리는 식량을 재배하고, 운송하고, 준비하고, 공급하는 이웃을 오히려 착취하는 식량 공급 구조를 만들어 낸다. 우리는 창조물에 대해 감사하지 않게 된다. 우리는 세상을 잘 관리하고 가꾸어 번영시켜야 할 땅으로 생각하지 않고, 탐닉하고 폐기해도 되는 소유물로 여겨 땅의 소출을 탐욕스럽고 부주의하게 소비하게 된다.

식탁을 중심으로 삶을 재구성해 타락한 문화를 멈추는 일은 소수의 건강 및 농업 활동가만의 책임이 아니다. 하나님의 형상대로 지어진 모든 인간의 소명이다. 이웃을 사랑하도록 부름 받은 그리스도인은 매일 음식을 먹는 방식, 음식의 종류, 음식의 유통 경로를 절대 간과해선 안 된다.

공동체 생활이 우리의 음식에 대한 필요를 중심으로 돌아가는 것을 고려한다면 식탁은 우리가 이웃을 사랑할 무게 중심이라 할 수 있다. 다른 사람들과 함께 적어도 한 끼를 식사하는 일상의 습관은 매우 중요하다. 이 습관이 우리의 우선순위를 공동 식탁을 중심으로 재조정하라고, 우리가 음식과 서로를 위해 지어졌음을 인정하라고 요청하기 때문이다.

식탁을 중심으로 일정 조정하기

나와 로렌이 중국을 떠날 무렵 우리 수중엔 돈이 거의 없었다. 우리 계획은 아내가 자선 컨설팅 일을 계속하고 나는 로스쿨에 다니는 것이었다(달리 말해, 아내가 돈을 벌 때 나는 쓰는 계획이었다).

우리는 다행히 미국에서 주택이 가장 비싼 지역 중 한 곳인 워싱턴 DC로 이주할 때 가까운 친구가 브레드린 하우스(Brethren House) 공동 주택에서 임시 거주할 수 있도록 안내해 준 덕분에 재정을 아낄 수 있었다.

그 집에서 생활하는 방법은 간단했다. 소정의 월세를 내고, 요리하고 청소하고 공동 식사에 참석하는 것이었다. 공동 식사는 매일 저녁에 있었고, 반드시 참석해야 했다. 한 주에 한 번은 음식을 만들었고, 한 주에 한 번은 식사 후 청소를 했다.

예상했겠지만 이는 수많은 일정과 약속으로 정신없는 워싱턴 DC의 삶이라고 보기에는 믿기 어려운 반문화적인 생활이었다. 학과 친구들이 다음 단계 공부나 모임 준비를 시작할 때 나는 지하철을 타고 집으로 향했다. 식탁 교제에 참석하는 걸로 월세를 내야 했기 때문이다.

이것은 대단히 형성적이었다. 서너 주가 지나자 우리는 다른 사람들과 놀라우리만큼 가까워졌다. 그들 주변에서 많은 시간을 보냈기 때문이 **아니라** 식사에 규칙적으로 참여했기 때문이다. 식사 시간을 우리 일정의 중심에 두었기에 우리의 생활은 외로움과 분주함 대신 관계 중심으로 조정되었다.

식사 시간 정하기 당신의 삶을 매일의 공동 식사를 중심으로 조정하는 것이 얼마나 어려울지 생각해 보라. 일정을 맞추고, 계획하고, 식품을 함께 구입하고, 음식의 가치와 맛을 서로 이해하고, 초과 업무나 다른 업무를 거부해야 공동 식사 시간을 지킬 수 있다.

사실 다른 사람들과 하루에 한 끼를 함께하려면 우리 생활을 재조정해야 한다. 이는 새로운 식습관에 대해 이상적으로 이야기하면서 무시해도 되는 불편한 현실이 아니다. 이것이 **핵심**이다. 우리의 일정은 공동 식사를 중심으로 수정될 **필요가 있다.** 다른 사람들과 매일 식사하는 일상의 습관은 우리를 그 방향으로 형성한다.

비록 우리가 계속해서 실패해도, 그리고 그럴 가능성이 다분해도, 하루 한 끼를 다른 사람들과 함께하려는 그 행동은 우리를 반문화적 흐름 속에 견고히 자리하게 한다. 실제로 이 흐름은 우리가 이웃을 **향하도록** 독려하는 반면, 기존의 문화적 흐름은 바삐 움직이며 군것질로 한 끼 때우게 만들 뿐 아니라 모든 건강 문제와 외로움을 가져온다.

식사 시간을 중심으로 일하기 대형 로펌에서 새내기 변호사로 일하게 되었을 때 나는 내게 들어오는 요청을 거절하기가 몹시 두려웠다. 그러다 보니 언제 일을 끝내고 귀가할 수 있을지 **도무지** 알 수 없었다.

나는 매일 오후 5시에 로렌과 함께 연락하기로 했는데, 종종 나는 "지금 가는 중이야"라거나 "내일 아침에 만나"라고 말했다. 그 당시 우리는 남자 아기만 둘이 있었는데, 일정이 미정일 때 우리의 삶은 언제나 미칠 지경이 되었다. 나를 포함해 그 누구도 무슨 일이 벌어질지 알 수 없었다.

불안 충동이 있은 지 얼마 후, 아내와 친구들은 내가 미치지 않고 평온할 수 있는 일정을 짜도록 도와주었다. 나와 로렌은 가족과 규칙적으로 함께하는 저녁 식사가 일상에 공동체의 닻을 내리는 길임을 알게 되었다. 그 시간은 업무의 끝을 의미했다. 내가 아직 업무를 끝내지 못한 날이라도 말이다.

우리는 매일 한 끼를 함께하는 리듬을 잘 지켜 나갔다. 우리 식구를 위한 일이기도 했지만, 우리의 일정을 올바로 세우고 실제 해낼 수 있는 하루 일의 한계를 설정하려는 목적도 있었다.

대부분의 한계 설정이 그렇듯, 가족 식사 시간 역시 구속 대신 자유를 가져왔다는 사실을 우리는 얼른 깨달았다. 나는 **가끔** 일이 곧 미쳐 가리라는 것을(즉, 인수 업무가 끝나 가고 있음을) 알았고, 그때마다 밤낮없이 일해야만 했다. 그래도 괜찮았다. 그래서 월급을 받는 거였다.

그러나 형성적 습관에 관한 모든 일이 그렇듯, 배경이 되는 규범은 예외보다 훨씬 강력하다. 변칙이 아닌 일정한 패턴이 열쇠다. 내가 세운 새로운 규범은 저녁 식사를 가족과 함께하기 위해 저녁 6시쯤 퇴근하겠다고 사람들에게 말하는 것이었다. 나중에 내가 필요해지면, 취침 시간 이후에 돌아오겠다고 말했다.

이로 인해 상황이 완전히 바뀌었다. 갑자기 우리 가족뿐 아니라 내 동료들과 고객들 역시 앞으로 일어날 일을 예상할 수 있게 되었다. 그들 중 누구도 이에 대해 안 좋은 말을 한 적이 없다. 지금도 여전히 그렇다.

이제 일정은 식탁을 중심으로 돌아가며, 식사 시간을 일정을 중심으로 조정하지 않는다.

식탁 주변의 공간 정리

리치먼드에 우리의 첫 보금자리(지금도 여전히 살고 있는)를 마련했을 때 아내는 완벽하고, 길고, 빈티지풍인 티크목(teakwood) 식탁을 구해야 한다고 나를 설득했다. 그 식탁이 아내의 인스타그램 피드에 올라왔다. 모든 것을 팔고 사업을 접으려는 지역의 한 아르 데코(art-deco, 1920년대 파리에서 유행한 장식 양식-역주) 가구 딜러가 판매하는 것이었다. 많은 공간을 차지하고 나뭇결이 살아 있어 시선을 끄는, 방의 중앙에 놓아야 어울리는 식탁이었다.

나는 처음에 머뭇거렸다. 그 식탁의 가격이(할인 중이라 매우 저렴했지만) 집수리 예상 비용의 10퍼센트가 넘는다고 조심스럽게 짚어 주었다. 그러나 아내는 요지부동이었고, 그 가격에 살 만한 가치가 충분하다고 말했다. 온 가족이 둘러앉을 수 있기 때문이었다. 이웃도 초대할 수 있고, 좋은 추억을 쌓을 수 있는 식탁이었다.

우리는 그 식탁을 구입했다. 그리고 당연한 얘기지만, 아내가 옳았다.

식탁은 곧바로 우리 집의 중심이 되었고, 나머지 가구들은 그 식탁을 중심으로 배치되었다. 여섯 식구가 매일 그곳에서 식사하고, 덧판을 이으면 16명 이상이 앉을 수 있다.

당시에는 아무 말도 안 했지만, 이제 나는 그때 로렌이 우리 가정을 위한 무게 중심을 주장한 것임을 알게 되었다. 그 무게 중심은 수리비 예산의 10퍼센트를 뛰어넘는 가치가 있다. 그곳은 한 가족이 사랑하는 법을 배우는 공간이다.

사랑의 학교

당신이 가족과 함께 살거나, 친구들과 살거나, 혼자 살든 상관없이 당신의 집은 그저 시간을 보내는 장소가 아니다. 가정은 형성을 위한 장소다. 이런 이유로 여러 세대의 그리스도인들은 가정을 '사랑의 학교'로 묘사해 왔다. 이 표현은 삶을 윤택하게 해 주는 무형의 자산 대부분을 가정에서 배운다는 사실을 강조한다.

가정은 삶의 근본적인 목적이 서로를 사랑하는 것임을 처음 배우는 곳이다. 이처럼 형성되는 데 식탁은 중심 과목이 된다.

음식을 통해 사랑의 가치가 전달되는 모든 방법을 생각해 보라. 우리는 서로 시중든다. 서로 뒷정리를 한다. 서로 교대하고 나눈다. 싸우고 용서한다. 감탄하고 칭찬한다. 감사를 표현한다. 이야기를 들려주고 질문한다. 경청한다. 서로의 기도를 듣는다.

만약 집안의 일과가 너무 바빠 가족 구성원, 룸메이트, 이웃과 함께 식사하기 어렵다면, 적어도 우리 가정이 사랑의 학교가 아닌 분주함의 학교라는 사실을 인정해야 한다. 그런 집은 너무 많은 일로 어떻게 스트레스를 받는지 서로 가르치는 곳이다. 만일 주방이 너무 지저분해서 음식을 만들 수 없고, 식탁이 너무 어수선해서 앉아서 먹을 수 없다면, TV나 컴퓨터 앞에서 먹느라 결국 외로움이 생기는 것은 너무나 당연하다. 식탁의 규범은 우리 공동체의 규범을 시사한다.

공간을 어떻게 정리하느냐는 관계를 어떻게 정리하느냐에 영향을 준다. 우리가 식탁을 중심으로 일정을 조정하듯 초대용 식탁을 중심으로 집안 공간을 정리하려면 대단한 노력이 필요하다.

부모 되기와 관련해서 내가 놀란 것은 나와 아내가 빨래하고, 아이들 물건을 식탁에서 치우고, 음식을 준비해서 제공하고, 먹은 후 설거지하고, 다음 날에 먹을 음식을 다시 준비하는 데 엄청난 시간이 든다는 점이다. 집안일은 **아주** 끝도 없다.

여러 해 전 선교 여행 중 누군가가 의자들을 가져다 놓은 사람들에게 말하는 것을 들었던 기억이 난다. "여러분이 한 일을 하찮게 여기지 마세요. 여러분은 복음의 관점을 만들어 내고 있습니다." 당시에는 진부한 표현으로 들렸지만, 아직도 그 말을 잊을 수가 없다. 그 진리를 부인할 수 없었기 때문이다.

식탁도 이와 비슷하다. 음식과 대화를 위한 장소를 꾸리려면 허

드렛일을 끝없이 해야 하지만, 앉은 그곳에 사랑이 있다. 이보다 더 가치 있는 시간이 있을까?

요리하고, 설거지하고, 쓸고 닦는, 이 무한 반복되는 엄청난 일이 지금 내 눈에는 창조와 섬김을 보여 주신 그리스도의 행위처럼 보인다. 우리는 생동감, 아름다움, 맛을 창조한다. 그러고 난 후 정리한다. 그릇들의 카오스를 흩어 조리대를 말끔하게 하고, 남은 음식은 도시락 용기에 깔끔하게 담는다. 아침 준비를 해 놓고, 서로 한잔 나누고, 이런 준비를 몇 번이고 다시 하기 위해 불을 끈다. 그리고 휴식을 취한다. 이것이 사랑을 위한 일이고, 이것이야말로 **토브**다.

이것이 바로 끝없는 식사 준비를 소명으로 이해하게 하는 유일한 길이다. 그게 아니면 전자레인지나 드라이브스루(drive thru)로 간단히 해결할 일을 두고 시간 낭비한다고 생각하기 쉽다. 식사는 집안을 관리하는 도구이며 사랑의 학교 안에서 일어나는 섬김이다. 식사 준비는 매 저녁 믿을 수 없게 어렵지만 삶의 습관으로서는 믿을 수 없게 엄청난 보상이다.

그러나 우리는 이제 막 사랑하기 시작했을 뿐이다. 식사 시간을 삶의 중심에 둘 때 일어나는 놀라운 일은 우리가 다른 사람들도 이 같은 삶의 궤도로 초대하는 것이다.

이웃 초대하기

나는 자녀가 여섯인 가정에서 자랐다. 그들 모두 현재 리치먼드에서 살고 있다. 지금은 네 쌍의 부부와 십여 명의 손주, 두 마리의 개가 있다. 우리 부모님과 형제자매 모두 같은 도시에서 사는 것은 놀랍지만, 각자의 생활과 일정 때문에 모두가 모일 수 있는 모임을 조정하기가 현실적으로는 어렵다는 것을 우리는 바로 깨달았다. 모두가 최우선으로 여기고 모일 정기적인 시간이 필요했다.

그래서 수년 전부터 우리는 24명(아직도 변함없는. 개는 제외했다) 전부 주일마다 모여 점심을 함께하는 가족 전통을 시작했다. 우리가 예측 가능한 리듬으로 함께 모일 수 있는 한 시점을 찾은 것이다. 사촌들이 모두 함께 뛰어놀고, 어른들이 모두 함께 먹고 이야기 나눌 수 있는 날이다.

주일의 가족 점심 모임이 우리를 하나로 묶어 주는 좋은 리듬이었지만, 이 시간은 잠재적으로 배타적이다. 주일 오후는 이웃이 자유로운 시간일 수 있으며, 내가 교회나 일터에서 만나는 사람들과 함께 모일 수 있는 시간이기도 하다. 내가 식구들과 함께 주일 점심을 **언제나** 함께한다는 말은 주변에 가족 또는 친구들이 없는 외로운 사람들과 나 사이에 벽을 세우는 것과 같다.

작년 즈음엔가, 우리가 20여 명을 위한 식탁을 이미 준비하고 있다면 접시 두세 개를 더 놓는 게 버거운 일은 아니라는 생각이 갑자기 들었다. 그래서 우리는 2주에 한 번 다른 사람들을 초대하기 시작했다. 지난 세 번의 모임에는 서너 배 많은 손님들이 가족 식사에 동참했다.

놀랍게도 손님들은 우리와 아주 잘 어울린다. 손님들은 길 아래

저소득층 주택 단지에 사는 이웃 아이들부터 동네에 이사 온 지 얼마 안 되는 노인 부부에 이르기까지 다양하다. 우리 가족을 잘 아는 오랜 친구들도 초대했다. 어떤 날은 신규 입주민이 우리 모임에 합류하기도 했다.

가정의 식탁을 정기적으로 개방하는 일은 입양 윤리(adoption ethic)를 모방하는 기독교적 삶의 흐름을 만든다. 가족의 문은 닫혀 있지 않고 열려 있다. 외로운 사람을 가족의 테두리 안으로 초대하는 것보다 값진 선물은 거의 없다. 이런 일은 저절로 일어나지 않는다. 그러나 일단 식사 모임을 규칙적으로 가진다면 남은 건 여분의 의자를 놓는 일이다. 식탁을 중심으로 정기적으로 함께 모이는 습관과 자리를 계속해서 개방하는 습관이 결합할 때 우리는 외향적인 삶, 즉 이웃을 사랑하는 삶을 이어 가는 가장 행복하고 강력한 방법 중 하나를 경험하게 된다.

식사 모임의 리듬을 지속하는 일로 인해 외부인과 멀어져서는 **안 된다.** 다행히 그럴 필요가 전혀 없다. 회복된 식탁은 외부인을 안으로 초대하는 곳이다. 아마도 더 중요한 것은 그들을 동참할 가치가 있는 곳으로 초대하는 것이다.

식사 공동체를 의도적으로 꾸리지 않으면 누군가를 초대할 자리가 많지 않다. 그러나 우리가 식사를 중심으로 풍성한 공동체를 조성하면, 하나님과 그분의 백성에 대해 말로 표현할 수 있는 것 이상의 힘을 지닌 무언가가 드러난다. 크리스틴 폴(Christin Pohl)은 이렇게 적었다. "우리가 어떻게 함께 사는가가 우리가 할 수 있는 최고의 설교일지도 모른다."[1]

세속화 시대에 빛이 되는 습관들

내가 좋아하는 문화 비평가 중 한 명인 켄 마이어스(Ken Myers)는 우리가 미국에서 경험하는 무신론은 이성적 판단이 아닌 감정에 해당한다고 주장한다.[2] 이는 매우 중요한 통찰이다. 만일 세속주의가 판단이 아닌 감정이라면 우리는 논증으로 멈춰 세울 수 없다. **우리는 세속주의를 존재(presence)로써 멈춰 세워야 한다.**

사실 우리는 사람들이 대부분 언어로 선포되는 복음을 듣는 걸 몸서리치며 거부하는 문화 속에서 살고 있다. 더욱이 그들 중 일부는 복음의 언어를 실제로 전혀 들을 수 **없다.** 진리가 존재하는지, 무엇을 선하다고 말할 수 있는지, 사랑의 의미가 무엇인지를 소통하기 위한 공통의 용어를 우리는 더 이상 공유하지 않는다.

그래도 문제없다. 하나님은 크게 놀라시지 않는다. 이 세속화 시대가 전도의 장벽이 되지는 않는다. 이 시대는 단지 전도할 장소일 뿐이다.[3]

중국에서 돌아온 후 지금껏 다음 질문에 대한 내 관심이 사라진 적이 없다. "어떻게 서구 사회가 재복음화될 수 있을까?"[4] 내가 습관에 따른 삶에 이렇듯 몰입하는 이유 중 하나는 습관이 어둠의 시대에 빛으로 살아가는 방법이라고 생각하기 때문이다.

초월적인 습관으로 삶을 일구는 것은 우리의 평범한 생활 방식이 마치 어두운 심지 위에서 춤추는 불꽃처럼 우리 문화 속에서 두드러져야 한다는 뜻이다.

매들린 렝글(Madeleine L'Engle)은 언젠가 이렇게 적었다. "사람들을 그리스도께로 이끄는 방법은 그들이 믿는 것을 대놓고 불신하는 것이 아니라 … 그들에게 정말 아름다운 불빛을 보여 주고 그들이 그 빛의 근원을 진심으로 알고 싶게 하는 것이다."[5]

나는 이웃 사랑을 위한 공동 규칙에 담긴 각각의 습관이 어떻게 "정말 아름다운 불빛"의 역할을 감당하는지 보여 주려 애쓸 것이다. 그리고 이 노력은 식탁에서 시작된다.

세속화 시대에 식사는 복음화를 위한 최고의 기회일지 모른다. 로사리아 버터필드(Rosaria Butterfiled)는 이 강력한 윤리를 그녀의 저서인 『복음은 집 열쇠와 함께 온다』(*The Gospel Comes with a House Key*)에서 서술했다. 그녀 자신이 기독교 신앙에 대한 공격적인 적대자에서 신실한 예수님의 제자로 회심했다. 그녀를 식사에 꾸준히 초대했던 한 목사님과 그 가족과의 우정 덕분이었다.

돈 에버츠(Don Everts)와 더그 샤우프(Doug Schaupp)는 그들이 공저한 『포스트모던보이 교회로 돌아오다』(*I Once Was Lost*)에서 예수님을 모르는 이웃에게 필요한 중요한 것 중 하나는 그저 그리스도인을 신뢰하는 것이라고 적었다.[6] 그 신뢰는 즐거운 대화와 여분의 의자, 정성껏 마련된 식탁에서 시작된다.

성찬의 문화

요즘 그 어느 때보다 많은 미국인이 줄곧 혼자 밥을 먹는다. 음식은 우리를 하나님, 이웃, 창조물과 묶어 주는 수단이지만, 지금 우리는 식습관이 서로 멀어지게 하고 소외를 심화하는 문화 속에서 살고 있다. 다른 사람과 한 끼 식사하는 공동 규칙을 이해하는 가장 좋은 방법은 이 습관을 어두운 소외 문화 속에서 불을 밝히는 수단으로 여기는 것이다.

모든 습관이 그렇듯 여기서 초점은 복음의 리듬을 우리의 일상생활에 적용하고 그 리듬이 우리와 우리 이웃에게 복이 되게 하는 것이다.

구원의 주된 약속은 예수님의 죽음과 부활로 인해 하나님과 사람이 다시 함께 식사한다는 것이다. 세상의 종말은 구름 속에서 들리는 하프 소리가 아니라 잔치에서 절정에 이른다. 어린양의 혼인 잔치가 열리면 식탁에서 신적 임재가 우리에게 회복된다.

그러나 우리가 식탁에 초대된 이유는 우리가 행한 일 때문이 아니다. 예수님이 행하신 일 때문에 우리가 초대받는다. 이것이 그리스도인들은 정기적으로 성찬에 참여하여 그리스도의 몸과 보혈을 마시는 이유다. 이는 그리스도 덕분에 우리가 다시 음식을 두고 하나님과 교제할 것임을 일깨운다.

매일 음식을 통해 서로를 발견하는 일은 우리 가정, 사무실, 이웃에 친교의 문화를 심고 일구는 일이다.

내 친구 드루는 왕국의 일이 식탁에서 시작된다고 말하는 것을 좋아한다.

나도 동의한다. 그러니 먹자!

매일 습관 2

다른 사람과 한 끼 식사하기

한눈에 보는 습관

우리는 먹도록 지음 받았으므로 식탁은 반드시 우리의 무게 중심이어야 한다. 매일 한 끼 식사를 함께하려면 서로의 일정과 공간을 재조정하는 일이 불가피하다. 식탁이 우리 삶의 중심이 될수록, 더 많은 이웃을 복음 공동체로 끌어들인다.

시작하는 세 가지 방법

가족 식사. 가족과 함께 아침이나 점심 식사를 하며 리듬을 익히는 것이 최선의 출발일 수 있다. 하루 중 언제 식사를 하는 것이 가정에 가장 적합한지 정하고 그 시간을 일정에 확실히 고정하라.

직장 동료와 점심 먹기. 동료와 점심시간을 규칙적으로 함께하면 관계가 형성될 뿐 아니라 의미 있는 휴식 시간을 보낼 수 있다. 그룹을 만들고 시간을 정해 보라. 모든 사람과 매일 이럴 필요는 없지만, 함께 식사할 수 있다는 것을 다른 이들이 알 수 있도록 시간을 지정해야 습관을 형성하고 공동체 문화를 만드는 데 큰 도움이 된다. 신입 사원이나 외로운 동료는 일대일 만남보다는 탄탄한 모임에 초대하는 것이 더 쉬울 것이다.

혼자일 때는 사람들이 모인 곳에서 먹기. 혹시 당신이 가족이나 친구와 함께 식사하고 싶지만 혼자인 경우 이 장은 읽기 힘들었을 수 있겠다. 나는 당신이 어린양의 혼인 잔치가 당신을 기다리고 있음을 알기 바란다. 그날은 모든 외로움이 영원히 사라지는 날일 것이다. 미혼인 내 친구 중 한 명은 적어도 일주일에 한 번은 매번 같은 식당 카운터에서 식사하는 습관이 있다. 그곳의 단골손님이 된 그는 종업원이나 카운터에 앉은 이들과 이야기를 나눈다. 혹시 당신이 혼자라면, 어느 식당이든 가서 휴대전화나 헤드폰 없이 식사하는 규칙적인 리듬을 만들고 다른 사람들과 대화의 창을 열어 그들에게 복이 되려고 시도해 보라.

▶ **독서 자료** 『어린양의 만찬』(*The Supper of the Lamb*), 로버트 패러 카폰, 『복음은 집 열쇠와 함께 온다』(*The Gospel Comes with a House Key*), 로사리아 버터필드(Rosaria Butterfield)

세 가지 고려 사항

공간 만들기. 공간은 중요하다. 당신이 집에 있다면 음식과 대화를 위한 식탁에 놓인 잡동사니를 치우라. 그 위에 초를 올려놓으면 좋겠다. 바(bar)나 조리대라도 마찬가지다. 당신은 자신을 끌어들일 공간이 필요하다.

형성하는 식탁. 우리 가족이 의도적으로 관계를 위한 식사 시간을 만드는 몇 가지 방법은 초를 밝히고, 기도 제목을 나누어 공유하고, 꾸준히 서로에게 묻고 답하는 것이다. 아침에는 "오늘 하고 싶은 게 뭐야?"라거나 "오늘 일어나지 않았으면 하는 건?"이라고 묻는다. 저녁에는 "좋았던 일, 안 좋았던 일, 재밌었던 일 하나씩 말해 보자"라고 한다. 친구들과 식사할 때는 한 가지 대화 규칙(One Conversation Rule)을 늘 염두에 둔다. 즉, 식사 도중 어느 시점이 되면 여러 가지 부수적인 대화 대신 모두가 하나의 주제에 집중하는 것이다.

외부를 지향하는 식사로 전환하기. 내 친구 톰은 금요일 저녁을 늘 개방하려고 노력한다. 그의 가족은 매번 저렴하고 간단하게 집에서 만든 피자를 금요일 저녁으로 먹는다. 이런 식사는 준비할 것이 많지 않아 아무도 어렵게 여기지 않는다. 그들은 매주 금요일 새로운 사람을 초대한다. 규칙적인 저녁 식사의 리듬을 익히고 그 시간을 이웃과 공유하는 아주 좋은 방법이다. 또 다른 방법이 있다면 식사를 뒤뜰이나 뒤편 베란다 대신 앞뜰이나 앞 베란다에서 하는 것이다.

> 만일 세속주의가 판단이 아닌 감정이라면
> 우리는 논증으로 멈춰 세울 수 없다.
> 우리는 세속주의를 존재로써 멈춰 세워야 한다.
> 이것이 식탁의 본질이다.

"내가 주의 낯을 뵈옵지 못하리니
 내가 땅에서 피하며 유리하는 자가 될지라"(창 4:14).
가인

나랑 놀아요.
내 아이들

"보라 하나님의 장막이 사람들과 함께 있으매"(계 21:3).
보좌에서 난 큰 음성

저스틴?
내 아내

휴대전화
한 시간 끄기

함께 있는 사람과 온전히 함께 있도록

나는 여기 없다

오후 2시가 되면 사무실 전화벨이 울린다. 로렌이 오후 연락 시간이 되어 전화하는 것이다. 나는 아내가 이제 막 아이들을 낮잠 재웠거나 아이 돌보미에게 맡기고 모임에 가는 중일 거라고 짐작한다. 나는 노트북을 덮고 스피커폰으로 아내와 통화한다.

우리가 이야기할 때 나는 사무실을 여기저기 돌아다닌다. 아내는 아침에 있었던 일을 말해 준다.

워싱턴 내셔널스(Washington Nationals, 미국 메이저리그 내셔널리그에 소속된 프로야구팀-역주)가 어젯밤 경기에서 정말 간신히 이겼다. 물론 구단주는 선동적인 말을 꺼냈고 모든 매체가 일제히 대이변이라고 (무시하는 대신) 보도했다.

댄은 우리가 어제 이야기한 기사에 관해 문자를 보냈다. 나는 크리스에게 전화해 다음 주 목요일에 만날 수 있는지 물었다. 누군가 나를 리트윗했는데, 아마도 그 기사에 관한 내용이었을 것이다.

"그래서 어떻게 생각해?" 로렌이 묻자 기사에 온통 몰입했던 내 정신이 다시 돌아왔다. 아내가 지금껏 무슨 말을 하고 있었는지 아무 생각이 나질 않았다. 무의식적으로 아이폰을 꺼내 들고 알림 내용을 스크롤하며 읽기 시작했기 때문이다.

내가 사랑하는 사람을 무시했던 게 당혹스러운지, 아니면 이런 일이 매번 일어난다는 게 더 당혹스러운지 말하기 곤란하다. 이렇게 (아내와 통화할 때든 고객과 전화 회의를 할 때든) 딴생각하다 멈추면 언제나 묘한 죄책감에 사로잡히곤 한다. 누군가와 말할 때 말은 상대방에게 건네면서도 다른 일에 주의를 기울인다. 어쩌면 내가 지금 어디 있는지 그들에게 거짓말을 한 것이다. 아니면 내가 다양한 방법으로 여러 곳에 있으면서도 여전히 누군가와 함께 있을 수 있다고 스스로를 속이는 것일지 모른다.

어떤 경우든 사소한 속임 때문에 내 마음은 불편하다. 나는 동시에 두 곳에 있으려 했고, 결국 어느 곳에도 있을 수 없었다.

이것이 스마트폰의 핵심 경쟁력이다. 스마트폰은 우리가 시공을 초월해 소통하게 해 준다는 점에서 매우 놀랍다. 그러나 동일한 이유로 스마트폰은 위험하다. 스마트폰은 아무것도 남지 않을 때까지 시공을 넘나들며 우리의 존재를 부수어 나눈다. 이런 일은 보통 습관처럼 일어난다. 내가 아내와 통화하는 와중에 두세 가지 일을 동시에 한 것처럼 말이다.

우리는 부재의 삶을 살고 싶지 않지만, 진중하게 거부하는 습관이 없으면 스마트폰에 시선을 두지 않을 수 없다. 아무것도 하지 않으면 우리는 분명 부서진 존재의 삶을 살게 된다. 이건 인생이라고 하기 곤란하다. 존재가 삶의 본질이기 때문이다.

삶으로서의 존재, 존재로서의 삶

존재는 우리가 누구인가의 핵심이다. 존재는 우리와 하나님의 관계 중심에 있기 때문이다. 창조부터 구원에 이르기까지 성경의 이야기는 본질적으로 존재에 관한 이야기다. 에덴이 에덴이었던 이유는 그곳에 하나님이 중재자 없이 임재하셨기 때문이다. 죄가 그 임재의 축복을 깨뜨리기 전까지 하나님은 아담과 하와와 **함께** 계셨다.

아담과 하와는 선악과를 먹은 후 갑자기 자신들을 옷으로 가리고 숨고 싶어졌다. 우리가 아는 것처럼 이것이 바로 삶의 특징이다. 우리는 서로에게서 숨고, 하나님으로부터 숨는다. 우리는 하나님의 얼굴을 갈망하지만 그분의 시선을 견딜 수 없다.

죄가 존재하며 살아야 할 사람들을 부재하며 살도록 만들었지만, 다행히 성경의 이야기는 거기서 끝나지 않는다. 사람들이 먼저 하나님의 임재로부터 멀어져 에덴 동쪽으로 떠난 이래, 하나님은 성경의 나머지 이야기 내내 사람들을 계속해서 바짝 따라다니셨다.

우선 하나님은 사막과 광야를 지나는 그들을 따라가셨다. 연기 자욱한 구름과 타오르는 떨기나무 속에서 나타나셨고, 깊은 밤 꿈과 불기둥으로 그들을 찾아가셨다. 하나님은 그분의 임재를 산, 장막, 성전에서 드러내셨다. 이스라엘 백성이 하나님의 백성으로 알려진 건 한 가지 이유 때문이다. 그들이 그들 안에 계신 하나님의 임재를 누렸기 때문이다.

  이것은 신약의 구원 이야기에서 절정에 달했다. 예수님은 임마누엘, "하나님이 우리와 함께하신다"로 불리셨다. 예수님은 이 땅에 오셔서 하나님과 사람이 다시 함께할 수 있음을 보여 주셨다. 그분은 죽음과 부활로 이를 이루셨다. 십자가에서 우리 죄를 사해 주시고 부활로 죽음의 권세를 깨뜨리셔서 하나님의 임재로 나아가는 길을 여시고 우리 현실의 모퉁잇돌이 되셨다. 이제 그리스도인은 이스라엘 백성처럼 **하나님이 우리와 함께하신다**고 정의되며, 이런 이유로 성령이 우리와 함께하신다.

  더욱이 우리의 큰 소망은 이 임재가 완성되는 것이다. 다가오는 하나님 나라 안에서, 하나님은 우리를 살피시고 우리는 되돌아볼 것이다. 그분의 시선 속에서 우리는 삶의 의미와 만물의 의미를 발견할 것이다.

  이런 이유로, 그리스도인에게 존재는 모든 것의 핵심이다.

스마트폰과 부서진 존재

  J. K. 롤링(J. K. Rolling)이 쓴 해리포터 시리즈에서 내가 가장 좋아

하는 개념 중 하나는 볼드모트(Voldemort)의 호크룩스(horcrux)다. 볼드모트는 죽음을 정복하는 과정에서 자신을 7개의 호크룩스로 나누어, 하나가 죽더라도 여전히 어딘가에서 생명을 유지하게 된다. 그가 깨닫지 못한 점은 그가 이곳저곳에 존재하려 할 때 자신의 온전한 영혼을 나눈다는 사실이다. 결국 편재하려는 바로 그 노력이 부재를 야기하는 원인이 된 것이다.

존재를 나누려는 우리의 노력도 이와 유사하다. 하나님의 형상을 담은 우리에게는 다른 이들에게 줄 수 있는 강력한 존재가 있다. 그러나 편재하신 하나님과 달리 우리는 제한된 존재다. **편재**하려는 갈망은 거짓이며, 하나님처럼 되려는 왜곡된 욕망이다. 우리는 이를 위해 만들어지지 않았다. 하나님처럼 되려는 모든 노력이 그렇듯, 편재하려는 노력 역시 우리를 무너뜨린다.

어디에나 존재하려 할 때 우리는 결국 어디에도 존재하지 않게 된다. 존재의 한계에서 벗어나려 할 때 항상 부재의 노예가 되고 만다. 그러나 한 장소에만 존재할 수 있다는 현실을 수용할 때 우리는 어떤 곳에 존재한다는 큰 기쁨을 누리게 된다.

이런 이유로 우리는 현재 익숙한 스마트폰 습관에 주의를 기울여야 한다. 스마트폰은 많은 일을 해낼 수 있는 도구지만 우리가 이곳저곳에 존재하게 해 주지는 않는다. 우리가 스마트폰을 그런 용도로 사용하려 할 때는 부재만 가져올 뿐이며, 이러한 부재는 세상에 더 많은 파탄을 야기한다.

스마트폰으로 우리 존재를 잘게 부수어 나누는 모든 사용법에 대해 생각해 보라. 휴가 중에 일하기, 데이트 중에 이메일 확인하기, 만난 적 없는 사람과 섹스팅(sexting)하기, 아이들과 노는 중에 전화 받기, 저녁 식사 중 알림 확인하기, 갈등 상황을 누군가와 의논하지 않고 온라인상에 알리기, 곤경에 빠진 사람을 돕는 대신 사진 찍기, 몰래 누군가를 사진 찍기, 찍히기 싫어하는 누군가가 찍힌 영상 보기, 실제 내 곁에 있는 사람들을 제외한 모두와 **함께하기** 위해 하루 종일 소셜 미디어 피드에서 살기 등. 이런 일들은 모두 부서진 존재의 다양한 모습이며, 우리와 우리 이웃에게 심각한 피해를 입힌다.

부재에 저항하는 습관

부재를 거부하는 목적은 다른 사람들에게 우리의 존재를 제공하기 위해서다.

친구와 가족과 함께할 때 휴대전화 끄기 내 매부인 댄은 어느 날 밤 두 아들과 함께 집에서 있었던 일을 이야기했다. 그들은 거실에서 "라이온 킹"(Lion King)의 사운드 트랙을 따라 부르고 있었다(이렇게 화요일 밤을 즐겁게 보내고 내가 알려 준 것이다).

불행하게도 그들이 한창 노래하고 있을 때 시리(Siri)가 블루투스 스피커에 연결된 댄의 아이폰에 등장해 누군가에게 무작정 전화한다고 알렸다. 그들이 "서클 오브 라이프"(Circle of Life, "라이온 킹"의 곡 중 하나-역주) 가사를 바꾸어 부르다가(솔직히 무슨 말인지 누가 알겠는가) 어떤 부분이 거의 "시리야"(Hey, Siri)처럼 들려 주방에 있던 아이폰이 응답한 모양이었다.

어린 제임스와 엘리는 추던 춤을 멈췄고, 댄은 휴대전화가 있는 곳으로 급히 달려가 시리가 주소록에 있는 10년 된 연락처로 전화를 걸어 그날 밤 파티로 초대하지 못하도록 했다.

댄이 이 이야기를 해 주었을 때 우리는 함께 웃었다. 휴대전화가 그들의 즐거운 순간을 망쳤다고 볼 수는 없지만(그들은 즉시 놀이에 다시 빠져들었다), 곰곰 생각해 보니 휴대전화 때문에 잠시 멈춘 건 재미있는 만큼 흥미롭기도 했다. 댄이 볼 때 그 사건은 계시의 순간이었다. 댄이 내게 말했다. "휴대전화가 우리의 관심을 간절히 바라나보다." 이번 일을 보면, 정말 그런 듯하다.

관심은 우리의 소중한 상품이다. 우리의 삶은 우리가 무엇에 관심을 기울이는가에 의해 정의된다. 이는 우리의 삶이 관심을 바라는 여러 상황 중 우리가 관심을 주는 것에 의해 정의된다는 뜻이다. 만일 우리가 시리의 요청을 중요하게 여긴다면, 휴대전화가 우리의 관심을 끌어 그 관심을 광고주들에게 팔도록 신중하게 만들어졌음을 인정할 수밖에 없다.

모든 기기의 기능을 구성하는 강력한 금전적 인센티브가 있다. 이것이 기기들을 어떻게든 사악한 자본주의의 기계로 만드는 것은 아니지만, 그 기기들이 결코 중립적이지 않다는 것을 명확히 나타낸다. 이 말은 곧 우리가 기기들을 지배하려면 온갖 노력을 기울여야 한다는 뜻이다. 기기들은 자신들이 아니라 우리를 지배하려 들기 때문이다.

연구에 따르면 휴대전화를 무음으로 해 두거나 방 안에 두는 것은 그것을 꺼 두거나 보이지 않게 하는 것과는 완전히 다르다.[1] 그래서 공동 규칙에서는 휴대전화를 한 시간은 꺼 두라고 제안하는 것이다.

지금 바로 해 보라. 실험이라고 생각하고 해 보라. 당신에게 강력히 권한다. 휴대전화가 꺼질 때까지 기다렸다가 꺼지고 나면 다음 문단을 읽어 보라.

우선, 휴대전화를 끄려는 순간 당신은 아마도 여러 알림 때문에 머뭇거렸을 것이다. 만약 끄는 데 5분도 걸리지 않았다면, 정말 감동이다.

둘째, 이제 당신의 휴대전화는 꺼졌고, 당신은 아마도 혼자라는 느낌이 실감날 것이다(마치 방에 있다가 나온 것처럼). 어쩌면 일종의 염려나 공포일 수도 있다. 우리가 휴대전화를 끈다는 것은 다른 사람들의 시선에서 우리의 존재를 차단한다는 뜻이기 때문이다. 이제 연락을 할 수도 받을 수도 없다. 이것이 바로 두려운 부분이며, 바로 이것 때문에 매일 습관으로 휴대전화를 꺼 두어야 하는 것이다.

목표는 아무나, 누구나 연락해 오는 것을 정기적으로 차단하는 것이다. 이렇게 제한함으로써 우리는 누군가에게 완전히 집중할 수 있게 된다. 내 경우에는 우리 아이들에게 집중할 수 있다. 아이들과 노는 일은 엄청난 집중력과 에너지를 필요로 하며, 당신이 여러 가지 일을 동시에 하고 있을 때 아이들은 바로 그걸 알아차린다. 나는 초음파 비명을 질러 내 관심을 끄는 데 탁월한 아들 콜터(Coulter)가 내가 휴대전화를 보고 있을 때는 비명을 지르지 않는다는 사실을 발견했다. 그 대신 무언가를 치거나 가끔은 나를 때린다. 다른 상황에서는 절대 그러지 않는다. 콜터는 아직 말을 못하지만, 그 녀석 안에 있는 무언가가 이미 아빠가 휴대전화 화면에 집중할 때면 프라이팬이나 기타에 집중할 때와 다르다는 사실을 알고, 상황에 따라 반응한 것이다.

퇴근하고 집에 온 후부터 휴대전화를 꺼 놓는 시간이 시작된다. 이때가 하루 중 가장 힘든 때다. 아이들이 내 주의를 끌려고 마구 뛰어다니는데, 나는 아직 업무 모드에서 빠져나오는 중이기 때문이다. 내 습관은 옷을 갈아입고, 이메일을 마지막으로 확인해 남은 업무가 잘 정리되었는지 확인하고(그렇지 않은 경우, 그날 밤늦게라도 가겠다고 연락하고), 휴대전화를 끈 후 옷장 서랍에 넣어 둔다. 그때마다 아주 이상한 기분이 든다. 마치 값비싼 물건을 매트리스 밑에 숨기는 것 같다. 서랍에 두고 나오는데 마음은 아직 거기 머물러 있다. 어둠 속에 놓인 휴대전화를 생생하게 떠올릴 수 있다.

그러나 아이들과 내가 자전거를 타고 공원으로 가든, 거실에서 정신없이 쿵쾅거리든, 식탁을 함께 배치하든, 그 시간만큼은 근본적으로 특별한 순간이다. 나는 그들과 함께 있다. 우리가 무엇을 하든 함께하고 있다는 것이 중요하다.

부모가 되는 것은 매우 어려운 일이다. 아이들은 관심을 끝없이 요구하기 때문이다. 그러나 나는 그런 상황에 정말 잘 대처하고 싶다. 내가 할 수 있는 최선은 하늘에 계신 하나님 아버지의 모습을 반영하는 것이다. 아이들이 고개를 들고 "저랑 놀아요!"라며 비명을 지를 때 아이들을 내려다보는 내 시선과 마주치기를 바란다. 시선이 휴대전화에 묻혀서 아이들이 과격한 행동으로 내 관심을 얻거나 방해하고 싶은 느낌이 들지 않게 하고 싶다. 아이들이 내 관심을 받고 있다는 사실을 알면 좋겠다. 그래서 내가 아이들과 함께할 때, 나는 그들과 실제로 **함께** 있다. 아이들에게 내 시선이 집중된다는 것은 내 관심이 아이들에게 쏠렸다는 말이며 내가 아이들을 사랑한다는 말이다.

이런 상황은 내가 친구나 지인에게 바라는 점과 전혀 다르지 않다. 예를 들어, 우리가 함께 식사할 때 우리는 서로에게 주의를 집중한다. 이렇게 해서 휴대전화를 들여다보지 않고 그 시간을 온전히 누린다.

예상했을지 모르지만, 나는 아이들이나 친구들 곁에서 휴대전화를 사용하기도 한다. 개인적인 판단으로 휴대전화를 켜 두거나 저녁 식사 중에도 내 옆에 둘 때가 있다. 직장에 급한 일이 있거나 휴대전화만 믿고 사무실에서 나온 경우가 그렇다. 아내와 멀리 떨어졌는데 아내가 이 사실을 알지 못할 경우에도 휴대전화를 꺼 두지 않는다.

나는 누군가와 이야기 나누는 동안 휴대전화를 사용해야 할 때 양해를 구하고 상대방에게 휴대전화로 무엇을 하고 있는지 말해 주는 걸 규칙으로 정했다. 상대방과 이야기하는 도중에 휴대전화를 살피며 "음, 음" 중얼거리는 것과 "미안해요, 지금 아내에게 언제 귀가할지 알려줘야 해서요"라고 말하는 것은 천지차이다.

나와 로렌은 이런 규칙을 아이들과 함께 있을 때도 적용한다. 내가 휴대전화로 뭔가 하고 있는 동안 아이들에게 기다려 달라고 할 만한 이유가 충분할 때가 많다. 나는 우리가 무얼 하고 있는지, 왜 이 일이 끝날 때까지 기다리는 게 중요한지 아이들에게 말해 준다. "아빠, 중요한 업무 메일을 다 확인하셨어요?" 아이들이 자주 하는 질문이다. 그러나 이건 내가 계속 휴대전화를 보고 있기 때문이 아니다. 내가 휴대전화를 볼 때 기다려야 할 이유를 정확히 말해 주기 때문이다.

만일 내가 누군가에게 왜 기다려 줘야 하는지 그 이유를 말하고 싶지 않은 경우는, 대개 그렇게 부탁할 만한 적절한 이유가 없기 때문이다.

일할 때 휴대전화 끄기 언젠가 한 고객이 금요일 오후에 내게 전화를 걸어 월요일 일정이 어떤지 물어보았다. 나는 안도의 한숨을 쉬었다. 누군가 내 일정을 물을 때마다 긴장된다. 그 고객이 **이번 주말** 내 일정이 어떤지 묻지 않은 것이 참 기뻤다.

그의 회사는 캐나다의 엔지니어링 사업체를 인수했는데 그는 계약서를 써 준 캐나다의 로펌이 계약서를 제대로 구성했는지 완전히 확신하지 못했다. 그를 위해 우리가 여러 차례 국내 기업 인수를 진행했기에, 그는 내가 그들의 작업을 다시 한번 확인해 주길 바랐다. "그들이 월요일 아침에 계약서를 보내 줄 겁니다. 계약서를 당신에게 바로 보낼 경우 검토하고 정리하는 데 얼마나 걸릴까요? 90쪽이

넘습니다."

여기서 잠깐 말할 것이 있다. 나는 과거 90쪽 분량의 주식매매계약서를 처리할 때 3일 이상 걸렸고, 일하면서 마신 커피 구입비도 만만치 않았다.

내가 말했다. "세 시간이나 네 시간이면 됩니다."

"좋습니다." 그가 대답했다. "월요일 이른 오후까지 당신의 의견이 필요하거든요."

월요일 아침 계약서가 도착했고, 나는 컴퓨터를 끄고 휴대전화는 책상 위에 남겨 둔 채 펜이랑 계약서 프린트물 한 뭉치를 챙겨 들고 카페로 향했다. 나는 잘해 내지 못할 것 같은 느낌에 사로잡혔지만 고객에게 잘 처리해 주겠다고 말했다. 그렇게 약속하고 나면 다른 요청은 모두 거부할 수밖에 없고 집중이 흐트러지지 않을 거라는 사실을 나는 잘 알고 있었다.

한 시간도 채 지나지 않아 나는 중요한 임무에 집중하며 일할 때만 생기는 강렬한 즐거움을 느꼈다. 보통 이렇게 일하는 것을 깊게 일하기(deep work)나 몰입(flow)이라 부른다.[2] 진정한 일이 벌어지는 상황이고, 휴대전화를 앞에 두고서는 결코 일어날 수 없는 상황이다. 사람들이 내게 전화를 걸어 대고 새 이메일이 메일함에 도착하고 있다는 걸 알았지만, 일은 오후까지 마무리해야 했다. 그리고 나는 여러 선택지를 침묵시키지 않고 어떤 일에 집중한다면, 불필요한 방해와 집중력 저하로 인해 3시간이면 해낼 과제가 3일간의 산만한 프로젝트로 변하고 만다는 걸 배웠다.

정오에 나는 '논점 목록'이라고 쓴 종이를 들고 사무실로 돌아왔다. 그리고 이 목록을 정리해 이메일로 보낸 후 오전에 왔던 전화에 회신하기 시작했다.

내가 이 이야기를 하는 것은 개인적으로 이런 일이 흔치 않기 때문이다. 나는 동일한 요청을 자주 받지만 다르게 끝을 맺을 때가 많다. 휴대전화를 챙겨 갔다가 중요한 요청인 척하는 긴급한 요청을 자꾸 받다 보니 몰입이 안 되어 결국 고객에게 아무것도 주지 못하고 사과하며 시간을 더 달라고 겸연쩍게 부탁하곤 했다.

우리는 매일같이 이런 이메일을 보낸다. "죄송합니다. 정신없는 아침인 데다, 일이 좀 있었어요. 계획서를 내일 드리면 안 될까요?" 정말 가끔은 이런 말을 해야 하는 상황에 놓이기도 한다. 그러나 거의 대부분은 변명에 불과하다. 정신없었던 건 아침이 아니라 다름 아닌 나였다. 내가 집중력을 발휘해 일에 몰입할 수 없었기 때문에 정신없는 아침이 된 것이다.

스마트폰 시대에는 몰입을 방해하는 요소를 의도적으로 거부하는 능력이 가장 중요한 업무 기술일 뿐 아니라 우리가 업무를 통해 이웃을 사랑하느냐 못하느냐의 문제이기도 하다. 하나님이 그러셨듯 이웃을 섬기기 위해 세상에 질서를 부여하므로 우리의 일이 근본적으로 선하다는 것이 사실이라면, 이웃 사랑에 관해 다음과 같이 질문할 수 있다. 나는 이웃을 실제로 섬기기에는 정신이 너무 산만한 것 아닌가?

사랑은 다양한 방법으로 표현할 수 있다. 음료수를 마시며 동료의 이야기에 귀 기울이기, 당신의 인사 정책이 사람들을 인간보다는 자원처럼 다루는지 살피기, 누군가가 한 일을 폄하하는 대신 격려하고 건설적으로 비판하기를 배우기 등으로.

이런 방법이 모두 멋진 사랑의 표현이긴 하지만 더 근본적인 사랑 표현이 있다. 우리는 실제 의뢰인, 고객, 관리자 들을 위해 정말 제대로 일하고 있는가? 그들에게 좋은 제품이나 서비스를 제공하는 한 가지, 즉 전적인 관심을 기울이고 있는가?

이웃에 대한 관심 외에 이웃 사랑은 없다. 이는 막다른 골목에서나 사무실 안에서나 맞는 말이다. 일하는 동안 일정 시간 휴대전화를 꺼 두는 것은 일을 통해 이웃을 사랑하는 핵심 습관이다.

침묵을 위해 휴대전화 끄기 불안 장애에 시달린 지 두어 달이 지날 무렵 나는 친구 조시가 우편으로 보내온 한 소식지를 집어 들었다. 거기 실린 그림을 들여다보다가 블레즈 파스칼(Blaise Pascal)의 유명한 문구를 보았다. "인간의 모든 문제는 혼자 방에 조용히 앉아 있지 못하는 데서 비롯한다."

나는 아일랜드 식탁 위에 얼른 소식지를 엎어 놓고 극심한 공황이 덮쳐 오는 것을 느끼며 주방에서 나왔다. 마치 그 문구가 나를 아프게 한 것 같았고, 그게 눈에 띄지 않아야 했다. 나는 왜 두려워했을까? 그 말이 통렬한 진실임을 알았기 때문이다.

내가 감정적으로 가장 깊이 무너졌던 건 내 마음을 두려워하기 시작할 때였다. 보통 혼자 있을 때마다 내 마음은 마구잡이 욕망과 자기 비난을 나이아가라 폭포처럼 요란하게 쏟아 냈다. 생각은 통제 불가능했고, 공황 장애로 고통을 겪던 기간에는 그 요란한 소음이 참을 수 없을 만큼 커졌다.

우리의 괴로운 감정생활에 관한 비극적 아이러니는 산만함이 가장 빠른 해결책 중 하나이자 문제의 여러 근원 중 하나로 기능한다는 점이다. 산만함이 사라지고 침묵의 함성이 시작되면 우리는 돌연 우리를 괴롭히는 문제에 직면하게 된다. 아무도 보지 않는 지금, 우리는 정말 누구일까?

침묵 속에 평화롭게 앉아 있으려면, 자신의 영혼을 알고, 자신이 정말 누구인지를 알며, 아는 일이 근본적으로 괜찮고 편안해야 한다. 바로 이 점이 우리가 침묵 속에 앉아 있는 걸 기피하는 이유다. 우리는 자신이 정말 누구인지 모른다. 만일 그렇지 않다면, 우리는 자신이 두려운 것이다. 침묵은 우리를 그 사실과 대면시키기에, 우리는 침묵을 피한다면 어떤 짓이든 할 것이다.

침묵 속에 머물 수 없는 상황에 관한 파스칼의 글을 읽은 후 수년이 지나, 나는 침묵에 대한 두려움을 직면해야 함을 깨달았다. 나는 우선 지루함을 두려워하지 않아야 했다. 그리고 심박수가 올라가지 않고도 벽을 응시할 힘을 길러야 했다.

그 무렵 나는 침묵 속에서 하루를 보내기 위해 다른 사람들과 함께 1년에 두 번 리치먼드힐(Richmond Hill)이라는 수도원 같은 요양 센터에 다니기 시작했다. 방에 처음 들어가서 리더가 그곳에 모인 사람들에게 곧이어 20분 동안 침묵의 시간을 가질 거라고 말했을 때 나는 진심으로 두려웠다. 시작은 끔찍했다. 내 마음은 노르망디

해변을 휩쓰는 폭풍 같았다. 자기혐오와 회의감으로 마음이 갈기갈기 찢겼다.

그래도 나는 살아남았다.

당신에게 좋은 것이 무엇이든 처음에는 아프다. 침묵도 마찬가지다. 하지만 그날 하루가 끝날 무렵 침묵이 내 마음의 복잡한 매듭을 풀어 주기 시작하는 듯했다. 이제 나는 정확히 어떤 일이 일어났는지 안다. 끊임없는 산만함과 부주의함이 애초부터 나를 옭아맸기 때문이다.

이웃 사랑인 침묵

침묵은 개인적인 실천으로 시작되지만 언제나 공공의 덕으로 마무리된다.

소셜 미디어를 생각해 보라. 소셜 미디어는 우리가 그곳으로 들어가기 전에 자신이 누구인지 모르지만 마치 아는 것처럼 존재한다. 우리는 침묵 속에서 자신이 누구인지 대답하지 못한다면 대중 앞에서도 대답할 수 없다. 그리고 우리의 불안정한 상태는 교묘하게 세상으로 흘러나온다.

우리는 혼란스러운 마음을 끊임없는 공격적인 자세 뒤로 숨긴다. 우리가 누군가나 무언가에 반대하려면 하루짜리 정체성을 만들면 된다. 이는 우리가 다른 사람들을 이용해 우리에게 필요한 일시적인 정체성을 얻는다는 말이다. 우리는 자신이 누군지 모르므로 우리의 불안정이 야기한 고통을 다른 사람들이 느끼게 한다.

우리는 자신이 누구인지 알 때만 다른 사람들을 이용하지 않고 사랑할 수 있다. 그때에만 우리는 그들을 실제로 귀여겨들을 수 있다. 카일 데이비드 베넷(Kyle David Bennett)은 그의 책에서 영적 훈련이 세상의 사랑을 위해 얼마나 중요한지 적었다. "우리가 항상 수다를 떨기 때문에 그녀가 자신을 드러내도록 허락하지 않는다면 우리가 어떻게 이웃을 사랑할 수 있을까?"[3]

더구나 내적인 침묵의 리듬을 개발할 때 우리는 양심의 소리, 세상을 향한 하나님의 사랑이 내는 소리, 이웃의 필요를 알리는 소리에 귀 기울이게 된다. 하지만 단순히 우리는 결코 조용하지 않기 때문에 자신의 양심과 대면하지 않을 수 있다.

마틴 루서 킹(Martin Luther King Jr.)이 한밤중에 주방에 있는 모습을 그려 보라. 그는 죽음의 위협과 압박 때문에 잠을 이룰 수 없었다. 만일 그가 고통에서 벗어나려고 꺼내 든 스마트폰 때문에 너무 산만해져서 "정의를 위해 일어서라, 진리를 위해 일어서라. 내가 영원히 네 곁에 있을 것이다"라는 하나님의 음성을 못 듣게 되었다면 어찌할 뻔했는가. 우리는 얼마나 엄청난 이웃 사랑을 놓치고 말았을 것인가.

하나님이 우리나라의 인종 관계를 위해 차세대 선지자로 누구를 부르실지 알겠는가? 소셜 미디어의 목소리보다 하나님의 조용한 목소리에 귀 기울이는 그들을 상상해 보라. 나는 그들이 그렇게 귀 기울이기를 기도한다.

존재하는 삶 개발하기

로렌과 매일 오후 연락하는 시간에 관해 생각하니 결혼이라는 놀라운 역설을 느낀다. 결혼은 매우 놀라운데, 지루하고 평범하며 매일 일어나는 일과가 두 삶을 절대 분리될 수 없는 하나로 묶기 때문이다. 평범한 것이 비범한 것을 자아낸다. 보통인 것이 특별한 것의 길을 열어 준다. 나는 매일 오후 2시가 되면 다른 사람과 연락하지 않고 아내와 통화하며 하루가 어떤지, 저녁 계획은 어떻게 할지 이야기하고 "나도 사랑해"라고 말하며 통화를 마친다.

이 아름다운, 무의식에 가까운 일과는 휴대전화가 없었다면 불가능했을 것이다. 그럼에도 나와 휴대전화의 무의식적인 상호작용은 일상의 삶을 위협한다.

당신의 휴대전화를 한 방향으로 사용하라. 그러면 당신이 열망하는 사랑하고 존재하는 삶에 연료를 공급받을 것이다. 휴대전화를 다른 방향으로 사용하라. 그러면 당신이 지음 받은 목적 전부를 잃어버릴 것이다.

휴대전화가 중립적이지 않다는 사실을 기억하라. 잘못된 방향으로부터 보호해 주는 습관 없이는 올바른 방향으로 사용할 수 없다. 우리가 아무것도 하지 않으면, 휴대전화는 우리가 부재하는 삶으로 기울게 한다.

이런 이유로 우리는 부재에 저항하는 습관을 길러야 한다. 우리는 존재하기 위해 지음 받았기 때문이다. 매일 한 시간 휴대전화를 꺼 두는 습관을 기르는 것은 휴대전화에 관한 당신의 생각을 바꾸고, 당신을 존재하는 삶으로 안내할 새로운 일과를 만드는 핵심 습관이다.

매일 습관 3

휴대전화 한 시간 *끄기*

한눈에 보는 습관

우리는 존재하도록 지음 받았지만 휴대전화는 자주 우리가 부재하게 한다. 동시에 두 장소에 있는 것은 어디에도 없는 것이다. 하루에 한 시간 휴대전화를 꺼 두는 습관은 아이든 동료든 친구든 이웃이든 그들과 서로 들여다보게 한다. 주의 집중하는 습관은 사랑하는 습관이다. 부재에 저항하는 것이 이웃 사랑이다.

시작하는 세 가지 방법

집에서 보내는 시간. 나는 매일 같은 시간에 집에 존재하는 리듬을 만드는 일이 쉽지 않다는 걸 깨달았다. 우리 집에서는 오후 6시 30분이나 7시 30분쯤이 대화하고 놀이하고 존재하기 위해 휴대전화를 꺼 두는 최적의 시간이다.

직장에서 보내는 시간. 직장에서 매일 아침 휴대전화를 꺼 둘 만한 시간을 정하는 게 좋은 출발점이 될 수 있다. 연락이 되지 않아도 괜찮은 시간이나 집중하고 창의적인 일을 해야 할 시간을 선택하라.

침묵을 위한 시간. 하루의 시작이나 마지막 시간을 휴대전화를 꺼 두는 시간으로 정할 수 있다. 이때를 통해 혼자 침묵할 수 있는 의미 있는 공간을 만들 수 있다. 휴대전화에 방해 금지 모드나 이와 유사한 모드를 설정해, 휴대전화 없는 정기적인 시간을 마련하라. 이 주제와 관련해 지금도 높이 평가받는 저서 『기술-지혜 가족』(*The Tech-Wise Family*)을 쓴 앤디 크라우치는 잠들기 전에 휴대전화를 재우고, 휴대전화가 일어나기 전에 일어나라고 제안한다.

세 가지 고려 사항

소통의 기술. 소통을 잘하면 많은 문제가 해결된다. 만일 당신에게 힘든 일이 생겨 휴대전화 없는 시간을 만들기가 어렵다면, 매일 그럴 수밖에 없는지 곰곰이 생각해 보라. 가끔은 정말 힘들 때가 있다. 특히 우리가 하고 있는 일을

▶ **독서 자료** 『외로워지는 사람들』(*Alone Together*), 셰리 터클(Sherry Turkle) (청림출판 역간), 『딥 워크』(*Deep Work*), 칼 뉴포트(Cal Newport) (민음사 역간), 『멈추지 못하는 사람들』(*Irresistible*), 애덤 알터(Adam Alter) (부키 역간), 『당신의 머리 밖 세상』(*The World Beyond Your Head*), 매슈 크로퍼드(Matthew B. Crawford) (문학동네 역간)

전달하는 것이 두려울 경우 그렇다. 가족이나 동료들에게 연락이 안 될 거라고 말하는 것이 특히 힘들지 모른다. 어떤 경우든 사람들에게 말하는 게 열쇠이다.

숙련을 위한 도구. 휴대전화를 꺼 두는 것을 넘어, 휴대전화를 당신의 존재를 나누는 대신 존재를 전달할 가능성이 더 높은 기기로 설정할 수 있다. 나는 모든 알림 기능을 꺼 보라고 제안한다. 일주일이 지난 뒤 정말 확인하고 싶거나 필요한 기능을 다시 켜라. 가능하다면 음성 명령 기능을 사용하라. 그러면 한 가지 일만 해야 할 때 굳이 휴대전화를 열어 열 가지 일로 주의가 분산되지 않을 것이다.

휴대전화를 두는 곳. 직장이나 집에 휴대전화를 둘 곳을 생각해 보라. 충전기를 설치하고 휴대전화를 그곳에 두라. 직장에서, 나는 사무실을 가로질러 손이 닿거나 눈에 보이지 않는 곳에 휴대전화를 둔다. 집에서는, 벽난로 선반 위나 옷장 서랍 안에 둔다. 충전 거치대를 현관에 두면 친구들이 방문할 때마다 휴대전화를 그곳에 두라고 제안할 수 있다. 휴대전화를 둘 곳을 정하면 휴대전화를 내려놓는 데 큰 도움이 된다.

> 스마트폰은 많은 일을 해낼 수 있는 도구지만
> 우리가 이곳저곳에 존재하게 해 주지는 않는다.

이제 한 시간 후에 나는 다시 밖에 있을 거야.
눈을 들어 1.2미터 너비 복도를 내려다볼 거야.
외로운 10초 동안 나는 내 전 존재를 증명할 거야.
그런데 그럴 수 있을까? … 나는 패배의 두려움을 잘 알고 있어.
하지만 지금은 이기기에는 너무 두려워.

"불의 전차"(Chariots of Fire)의 해럴드 에이브러햄스(Harold Abrahams)

자연 상태의 나는 나 자신이 바라는 만큼 그렇게 대단한 사람이 아니다.
내가 '나'라고 부르는 것은 대부분 매우 쉽게 설명될 수 있다.
그리스도께 돌이킬 때, 그분의 인격 앞에서 나 자신을 내려놓을 때,
나는 처음으로 나의 진정한 인격을 갖기 시작한다.

C. S. 루이스(C. S. Lewis)

휴대전화 보기 전
성경 읽기

사랑받는 자녀라는 정체성

런던의 부름

인수합병 변호사로 일하던 첫해에 나는 미국에 있는 사무실보다 시차가 5시간 앞서는 런던 사무실과 함께 작업했다. 이는 매일 아침 내가 일어날 때쯤이면 그들이 보낸 반나절 분량의 메일이 이미 내 받은메일함에 도착해 있다는 뜻이다.

런던 사무실과의 협업은 고된 일이었지만 신참 변호사로서는 괜찮은 프로젝트였다. 우리는 한 에너지 회사를 런던 증권거래소의 주니어 마켓에 올리려 했고, 그 와중에 나는 공개 시장, 에너지 기술, 국경 간 거래를 한꺼번에 배우고 있었.

나는 이 일을 잘해 내고 싶어 런던 사무실 업무를 일상의 최우선 위치에 놓았다. 그렇게 매일 아침 규칙적인 일과가 시작되었다. 아침에 깨면 데굴데굴 굴러 일어나 런던 사무실에서 온 이메일을 확인했다. 잠에서 완전히 깨지 않았어도 그 업무를 그날 해낼 수 있는지, 이를 위해 어떤 일을 제쳐 두면 되는지 판단하고 있었다. 어떤 면에서 그 일이 처음 마시는 커피 같았다. 그 일이 내 마음을 작동시키고 나를 잠에서 깨웠다.

물론 서너 주를 이렇게 보내고 나니 아예 습관이 되었다. 프로젝트가 일시 중단된 날에도 아무 생각 없이 일어나 받은메일함 아이콘을 눌러 그날 해야 하는 업무를 확인하려 했다. 한 달 후 아들 중 한 녀석이 우는 소리에 잠이 깬 어느 날 아침까지, 나는 내 깊은 차원에서 어떤 일이 일어나고 있는지 알아차리지 못했다. 나는 아들을 달래러 가기 전에 휴대전화부터 열어 메일을 훑으며 하루 업무를 파악했다.

불행하게도 예상했던 것보다 업무가 더 많았다. 머릿속에 업무 목록을 만드는 데만 일이 분이 지났다. 나는 그중 하나에 답장하기 시작했다. 그때 설명할 수 없는 스트레스가 높아지는 걸 느꼈다. 내가 무슨 걱정이라도 했나?

보낸 사람조차 몇 시간 안에 내가 답장할 거라고는 예상하지 않았을 메일을 읽는 동안, 그때 내 아들이 아직도 울고 있다는 생각이 떠올랐다. 그런데도 내 안에는 즉시 메일을 읽고 답장하고 싶어지는 간절한 무언가가 있었다.

나는 어쩌다가 아들의 울음소리보다 사무실의 외침에 먼저 반응하는 지경이 된 걸까? 그것은 잠에서 깨어나는 순간이 강력한 형성의 순간이기 때문이다.

여러 달 동안 내 머리는 휴대전화에 매우 실용적인 질문을 던지고 있었다. **내가 오늘 해야 할 일은 뭐지?** 하지만 동시에, 레이더망 밑에서 내 마음은 휴대전화에 훨씬 심오한 질문을 던지고 있었다. **나는 오늘 어떤 사람이 되어야 할까?**

나는 누구인가? 그리고 나는 어떤 사람이 되고 있는가?

나는 누구인가? 그리고 나는 어떤 사람이 되고 있는가? 이것은 우리의 아침 일과가 우리에게 필연적으로 묻고 답하는 질문이다. 그러나 성경 말씀 외에 그 어떤 말도 이 질문에 대한 답변의 무게를 감당할 수 없다.

성경의 이야기는 명확하다. 우리는 우리를 만드신 하나님을 떠나서는 자신이 누구인지 모르며, 우리를 다시 새롭게 하시는 하나님을 떠나서는 우리가 어떤 존재가 되어 가는지 알 수 없다. 우리는 우리가 누구인지 알기를 열망한다. 우리는 자신이 되고자 하는 모습에 대해 몽상한다. 그러나 예수님을 떠나서는 이 둘 중 아무것도 할 수 없다.

깨진 거울을 그려 보라. 땅에 흩어진 유리 파편을 그려 보라. 그것이 바로 우리 인간이다. 부서진 반사체 말이다. 우리 혼자서는 하나님이 누구신지 극히 일부만 반영할 뿐이다. 그리스도와 함께하고 그리스도께서 구속하시면 우리는 하나님을 온전히 반영하게 된다.

이는 내면을 깊이 들여다보고, 진정한 정체성을 발견하고, 순수한 의지력을 지닌 사람의 모습과 더 가까워진다고 해도 우리 자신이 누구인지 알 수 없다는 뜻이다. 이것은 **전혀** 그렇게 이루어지는 일이 아니다.

내면을 들여다보면 갈등하는 자아, 서로 투쟁하는 정체성의 덩어리를 발견하게 된다. 이는 우리가 하나님의 형상대로 지음 받았지만 타락했기에 우리 안에서 선과 악이 싸우기 때문이다. 그리고 우리가 큰 것을 반영하기 위해 만들어진 작은 거울이지만, 우리의 내적 정체성은 우리가 평생 보았던 다른 많은 것을 (좋든 나쁘든) 반영하기 때문이다.

결과적으로 우리는 서로 의견이 맞지 않는 천 가지 버전의 자신을 갖게 되었다. 스스로 그렇게 되어야 한다고 생각하는 우리 자신의 버전, 배우자가 생각하는 우리 자신의 버전, 부모가 생각하는 우리 자신의 버전, 문화가 강요하는 우리 자신의 버전… 이외에도 수두룩하게 열거할 수 있다. 여기에 **없는** 버전은 참으로 옳다. 그 버전은 바로 우리 자신이기 때문이다. 그것은 신화, 인기 있는 신화다. 하지만 모두 같은 신화다.

이는 우리가 가장 선호하는 정체성을 들여다보고 선택해서 우리 <u>스스로</u> 형성될 수는 없음을 의미한다. 그것을 실제로 밖을 내다보는 것이다. 우리는 우리가 반영하는 대상이나 사람처럼 된다. 즉, 우리가 주의를 기울이는 대상이 된다. 우리는 스스로 우리 자신이 될 수 없다. 우리 자신을 발견하는 길은 다른 누군가를 눈여겨보는 것이다.

이는 위험할 수 있다. 또 다른 유리 파편을 눈여겨보는 것은 우리를 더욱 깨지게 만들 뿐이다. 그러나 우리가 예수님을 향해 눈 돌리면 오직 그곳에서만 우리가 닮아야 할 대상을 보게 된다. 우리는 온전히 사랑받는 왕의 자녀다. 그저 **우리 자신**이어서가 아니라 그분이 우리를 만들고 계시기 때문이다.

예수님은 그분의 죽음과 부활을 통해 우리에게 우주에서 그분의 자리를 주셨다. 우리가 새 하늘과 새 땅을 다스리시는 왕의 상속자가 된 것이다. 우리의 가장 진정한 정체성은 우리가 어떤 사람이 되고 있는지에 대한 이야기 속에서만 발견되며, 그 이야기는 성경에서 발견된다.

우리는 그 이야기를 응시해야만 우리 자신이 될 수 있지만, 매일 아침 다른 이야기들이 우리의 정체성을 두고 경쟁을 벌인다. 휴대전화 보기 전 성경 읽기는 그런 이야기들에 저항하고 진정한 이야기를 받아들이는 습관을 기르기 위한 것이다.

업무 메일 그리고 징딩화를 위한 아침 예전

나는 종종 정체성을 찾기 위해 일과 직업으로 눈을 돌린다. 나는 직업상 성공을 해서 누구에게나 인정받는 사람이 되면 좋겠다. 이 말은 내가(정체성의 반사체로서) 다른 사람들의 얼굴을 봐야 하고, 그들이 나와 내 일에 만족하는지 아닌지에 따라 내 정체성이 결정된다는 의미다.

매일 아침 업무 메일을 가장 먼저 확인하는 습관은 이같이 그릇된 정체성 찾기를 부추겼다. 하루를 이런 질문으로 시작하게 했기 때문이다. **나와 함께 있는 누군가를 행복하게 하려면 뭘 해야 하지? 오늘날 이 세상에서 내 존재를 어떻게 정당화할 수 있을까?**

아들이 울고 있는 상황에도 메일을 읽은 그날 이후, 나는 무언가 더욱 실존적인 일이 아침 일과 중에 일어나고 있음을 깨달았고, 그것을 바꿔야 하나 고민하기 시작했다.

어린 시절 나는 매일 아침 일어날 때마다 아버지가 무언가 읽고 계시는 것을 보길 기대하며 자랐다. 아버지는 주로 성경을 읽으셨다. 아버지가 **매일** 그러시지는 않았던 것이 분명하지만, 나는 아침에 일어나면 아버지가 성경과 공책이 놓인 책상에 앉아 계시는 것을 보리라 예상했다. 사실 글을 쓰고 있는 바로 지금도 아버지의 성경이 내 책상 위에 놓여 있다.

그 성경을 그냥 펼치니 골로새서가 나온다. 각 장에는 날짜가 주욱 적혀 있다. 2002년 1월 7일, 아버지는 1장을 읽으셨다. 1월 8일, 2장을 읽으셨다. 그렇게 계속되었다.

그 무렵이 아버지가 버지니아 주지사 선거에서 패배한 지 몇 달 후였다는 사실이 놀랍다. 아버지는 내가 자라는 15년 동안 정치인이었고, 그 선거는 아버지에게 가장 큰 선거이자 처음으로 패배한 선거였다. 그날 밤 울면서 잠들었던 기억이 난다(그건 명백히 버지니아 주지사 공관에 살면서 개인 경호원을 두고 싶었기 때문이다).

자기 분석('나는 지금 누구인가?')을 해 본다면, 주 전체 선거는 패배할 듯했다. 정계에서 사람들은 군중 앞에 서서 이렇게 말한다. "저를 인정해 주십시오! 저를 여러분의 사람으로 선택해 주십시오!" 나였다면, 선거 패배가 단지 내 경력을 무너뜨렸다고 생각하지 않았을 것이다. 아마 나 자신을 무너뜨렸다고 생각했을 것이다.

그러나 선거에서 패배한 다음 날 아침 아버지가 가장 먼저 해 주신 일은 우리에게 팬케이크를 만들어 주시고 그날 아침 읽은 성경에 대해 이야기해 주신 일이었다. 아버지는 신나셨다. 그다음 어떤 일이 일어날지 궁금해하셨다. **자신이 누구인지 알았기** 때문에 아버지는 아무렇지도 않았다.

아버지는 매일 아침 세상을 바라보기 전에 하나님의 사랑을 바라보는 습관 덕분에 성공과 실패의 롤러코스터를 타면서도 안정된 정체성을 유지하실 수 있었던 것 같다. 당신이 하나님 안에서 누구인지를 알기만 하면, 사랑 안에서 세상을 향할 수 있다. 그렇지 않으면 사랑을 찾아 세상으로 눈 돌릴 것이다. 우리 정체성의 상당 부분은 이 순서에 달려 있다.

뉴스 그리고 분노와 두려움의 아침 예전

런던 사무실과의 협업 기간이 끝난 직후, 나는 잠에서 깨자마자 침대에서 업무 메일을 확인하기는 안 하기 시작했다. 내 직업상(다른 수많은 직업도 마찬가지지만) 나는 고용 계약을 충실히 이행할 책임이 있다. 그래서 내가 아침에 이메일을 아예 확인하지 않았다는 건 아니다. 침대에서 확인하지 않았다는 말이다. 그러나 어떤 일을 가장 먼저 해야 할지는 결정하지 못했다.

이 점이 저항과 수용이 짝을 이뤄야 할 지점이다. 침대에서 업무 메일을 보지 않는 것은 그 자체로 효과가 있었지만, 정체성의 공백은 금세 다른 것으로 채워졌다. 그것은 뉴스였다.

많은 일이 우리 세대에 가장 불미스럽고 떠들썩한 선거 기간이었던 2016년에 일어났다. 전국 무대에 선 두 대통령 후보는 이상하게도 서로 비슷했다. 두 후보 모두 엄청난 부를 지녔고, 개인적인 추문이 이어졌고, 상대방 진영의 순수한 증오를 부추기는 불안한 능력을 가지고 있었다. 언론은 기뻐했다. 이 두 사람보다 더 극적인 헤드라인을 장식한 사건은 없었다.

그러는 동안 나는 몹시 화가 났다. 두 후보에 대한 보도가 쏟아져 나왔고, 그들 각각은 좋은 지도자라고 자임하고 나섰다. 사방에서 파멸과 공포의 외침이 끊임없이 이어졌다. 무엇보다도, 어떤 사람들에게는 누가 당선되어도 그다지 중요하지 않으리라는 사실이 가장 화가 났다. 경제적으로 안정된 우리는 우리의 이익을 보존할 방법을 찾아낸다.

그러나 우리 중 가장 취약한 사람들(태아, 빈민, 미혼모, 이민자, 망명자, 소수자, 재소자 등)에게는 많은 문제가 될 것이었다. 불행히도, 어떤 후보가 당선되느냐에 따라 다른 방식으로 문제들이 일어날 것이 분명했다. 그러나 뉴스는 무너진 우리 정치로 인해 가장 큰 타격을 받을 사람들에 대해서는 침묵했다. 그 대신 정치인들을 유명 인사처럼 다루면서 그들의 성 스캔들, 돈, 권력에 대한 외설스러운 내용을 상세히 보도했다.

이것이 아이러니다. 나는 너무 화가 나 잠에서 깨면 뉴스 헤드라인을 읽고 싶은 마음을 참을 수가 없었다! 나는 걸신들린 듯 트위터와 뉴스 속보를 스크롤했다. 이 일이 나의 새로운 아침 일과가 되었고, 새로운 정체성으로 자리 잡았다. 나는 정의로운 판사다. 다른 이들에게는 이 정체성이 없다.

분노와 두려움에는 공통점이 있다. 우리는 사물의 중심이 된다. 그래서 헤드라인에 관한 우리의 대화가 대부분 **믿겨져?**로 시작한다. 이해하기 어려운 세상에 우리는 경악하고 분개한다.

이것이 얼마나 자연스러우면서도 부자연스러운지 깨닫는 것이 중요하다. 모든 사람은 보통 두려워하고 판단하므로 이것은 자연스러운 일이다. 죄가 우리를 그런 존재로 만들었다.

그러나 미디어 기업이 바로 이것을 먹이로 삼으므로 부자연스러운 일이다. 뉴스는 재정적인 이유로 분노와 두려움을 부추기도록 맞춰졌다. 분노와 두려움처럼 우리를 더 많은 헤드라인으로(따라서 광고로) 돌아오게 만드는 것은 없다. 그들은 부유해지고, 우리는 화가 난다.

그해 여름 어느 날, 나는 오래전에 한 전직 교수님이 주신 이사야서 주석을 집어 들었다. 나는 한동안 이사야서를 읽지 않았기에 살펴보기로 마음먹었다. 나는 이사야서의 역사적 배경을 잊고 있었다. 두 진영(이사야서에서는 두 나라)이 서로 이스라엘의 구세주가 되려고 싸우는 동안, 하나님은 어느 쪽도 상대방에게 항복하지 말라 하시고 그분이 그들의 구세주가 되겠다고 말씀하셨다. 무언가가 아주 깊이, 심지어 무의식적으로도 울려 퍼졌다.

나는 아침마다 이사야서를 시작했고, 당시 일어난 일들에 관한 몹시, **몹시** 다른 이야기에 푹 빠졌다. 그것은 가난한 자와 취약한 자들을 사랑하고 보호하시는 하나님, 불의의 희생자**와** 불의를 행한 자 모두에게 온유하시면서도 불의에 의롭게 분노하시는 하나님에 관한 이야기였다.

이사야서는 나와 동일한 이해를 지니지 않은 이들에게 화내는 사람이 되지 않도록 나를 빚기 시작했다. 이사야서는 내가 무엇을 해야 할지 아는 사람인지 의심하게 했고, 내 정의의 나침반이 선지자들의 말씀에 따라 매일 다시 조정될 필요가 있는지 궁금하게 했다. 무엇보다 이사야서는 파멸에 대한 나의 두려움을 꾸짖으면서, 여전히 의로운 분노의 목소리를 내었다. 하나님이 모든 불의를 갚으실 것이다. 그건 의심의 여지가 없다. 이 때문에 우리는 의로운 분노를 표출할 때도 평안할 수 있다.

전문가들이나 예언자들이 아침에 우리의 정체성을 교정하게 할 것인가 하는 질문은 이웃 사랑과 직결된 긴급한 문제다. 우리가 자신의 정체성을 위해 뉴스를 보는 한, 우리는 그 정보에 이웃을 향한 진정한 돌봄과 관심으로 반응하지 않을 것이다. 우리는 분개로 반응할 것이다. 분개는 감지한 잘못에 맞서는 무리와 우리가 동일한 태도를 취할 때 비로소 완화되는 감정이다. 당신은 그저 한쪽 편을 들면 된다. 편리하게도, 회개할 필요도 없다.

우리의 정체성을 (나라를 넘어) 왕에게 일치시키는 건 근본적으로 다른 일이다. 다시 오셔서 모든 잘못을 바로잡으실 왕의 자녀라는 정체성이 확고할 때에야 우리는 자신의 부족함이 아닌 이웃의 필요를 위해 뉴스를 읽을 수 있다. 그래야만 우리는 회개할 수 있고, 다른 쪽을 탓하지 않을 수 있다.

우리가 우선 그리스도인이 되면 좋은 시민도 될 수 있다. 윌리엄 슬론 코핀 주니어(William Sloane Coffin Jr.) 목사의 말에 따르면, 이것이 우리가 국가에 대한 무비판적 사랑이나 사랑 없는 비판을 피할 수 있는 유일한 방법이다. 우리가 먼저 하늘나라의 시민이 될 때 비로소 국가를 사랑하며 비판할 수 있게 된다. 이것이야말로 진정한 애국심이다.

이 새로운 이해의 결과로 나는 침대에서 뉴스를 읽는 것이 좋은 생각이 아니라는 결론을 내렸다. 내 선택지는 점점 좁아졌다.

소셜 미디어 그리고 부러움 및 허영의 아침 예전

나는 허영심이 많은 사람이기 때문에 소셜 미디어는 언제나 큰 유혹거리였다. 내 생각과 마음이 즉시 움직이지 않는 이상 소셜 미디어에 가입할 수 없었다. **팔로어는 몇 명이고 '좋아요'는 몇 개일까? 아니 왜 항상 바보 같은 애들 콘텐츠를 올리는 이 사람이 더 많을**

까? 게다가 저 애들이 보이는 것처럼 저렇게 차분하고 예의 바르게 행동하는 애들이 아니라는 걸 다 아는데 말이야. 잠깐, 이 사람은 언제 승진한 거지? 이 사람이 새로 받은 직함이 나보다 좋은가?

내 정체성은 급격히 소용돌이친다. 이런 이유로 나는 지금껏 소셜 미디어를 어떻게든 피하며 살아왔다. 페이스북 비밀번호를 잊어버리거나 인스타그램 앱을 지우는 것은 소셜 미디어로 골치 아픈 일 없이 잘 살아갈 수 있는 방법이며, 실제로 나는 수년간 그렇게 해 왔다. 소셜 미디어와 기분 좋게 떨어져 있었다.

물론 출판사와 초기에 몇 번 통화하면서 이런 대화를 나눈 것은 아이러니의 극치였다.

> 출판사: 이 책을 마케팅할 때 중요한 요소 중 하나는 소셜 미디어를 적극적으로 활용하는 겁니다.
> 나: 아, (한참 있다가) 음. '적극적'이란 게 얼마나 '적극적'이라는 뜻이에요?
> 출판사: 많은 홍보보다는 꾸준한 홍보가 낫지만, 하루에 두 번 트윗하거나 페이스북에 한두 글 정도 포스팅하는 거죠.
> (무언의 말풍선: 내 책이 무슨 내용인지 읽어 보시긴 한 건가요?)

물론 일부 소셜 미디어 활동이 더 많은 사람이 자신들의 공동 규칙을 적용하게 하는 좋은 방법이 되리라는 것은 쉽게 알 수 있었다. 그러나 불편한 현실이 남았다. 세상에서 자신을 제거하면 세상을 판단하기가 한층 수월해진다. 이것이 내가 오랜 기간 살아온 거룩하고 안전한 길이었다. 관여하지 않음으로 순수함을 유지하라.

내 안의 수도사적 충동은 내게 소셜 미디어와 계속 거리를 두라고 말했지만, 내 안의 선교적 충동은 그곳이 하나님의 사랑이 필요한 이웃이 있는 곳이라고 말했다. 나는 두 충동에 모두 진실의 참 요소가 있다고 인정하고 싶다. 인생의 다른 시기에 있는 많은 사람이 서로 다른 선택을 할 것이지만, 이제는 내가 선택할 때였다. 만일 내가 세상에 사랑을 이야기하고 싶다면 소셜 미디어는 세상이 귀 기울이게 하는 좋은 방법이 될 것이다. 중국에서 선교사로 지낼 때 만다린어를 배워야 했던 것처럼 이제는 소셜 미디어의 언어로 말하는 법을 배울 필요가 있었다.

소셜 미디어와 관련한 내 습관 중 다수가 이런 갈등에서 나온 것이다. 나는 이것이 자신이 미국에 파송된 선교사라 자처하는 우리 미국인을 포함해, 어느 곳에서든 선교적 자세의 전형일 거라고 생각한다. 나는 궁금하다. **어떻게 우리는 세상을 잘 사랑할 수 있을 만큼 세상과 멀리 떨어져 있을까? 어떻게 우리는 문화를 위해 문화에 맞설까? 어떻게 우리는 이 영역에 속하면서 이 영역에 속하지 않을까?** 살면서 맞닥뜨리는 대부분의 문제처럼, 이 문제 역시 해답을 찾기 전에 신중하게 머리를 맞대고 생각할 (그리고 자주 실패할) 필요가 있다.

친구들은 내가 소셜 미디어를 적절한 위치에 둘 수 있는 간단한 실천 방법을 생각하도록 도와주었다. 내가 배운 몇 가지는 다음과 같다.

첫째, 콘텐츠를 올리거나 대답할 필요가 있을 때만 미디어 사이트를 열어 본다. 심심하거나 여유가 있다고 열어 보지 않는다. 여유가 있으면 차라리 벽을 주시하는 것이 훨씬 더 유익하다. 다시 말해, 소셜 미디어를 일처럼 다루려 한다. 아침에 한 번, 이른 오후에 한 번, 저녁에 한 번 소셜 미디어에 들어가서 누군가에게 도움이 될 만한 콘텐츠를 게시하거나 건강하게 반응하는 누군가와 교류한다.

둘째, 계획에 없다가 소셜 미디어에 접속해 스크롤하는 것을 피한다. 이것은 보통 내 눈을 사로잡을 만한 무언가에 굶주려 있다는 뜻이며, 소셜 미디어의 희한하고 어둡고 특이한 많은 콘텐츠는 사람들의 시선을 기꺼이 사로잡는다. 계획에 따른 접속은 매우 다를 수 있다. 피드에 **무엇**이 올라와 있고 **언제** 접속해 스크롤할지를 신중히 선별할 경우 그 위력은 근본적으로 바뀐다. 전반적으로는 화면을 엄지손가락으로 획획 넘기는 것을 조심해야 한다고 생각한다. 쉴 새 없이 움직이는 엄지손가락은 쉴 틈 없는 마음과 연결되어 있을 때가 많다.

셋째, 알림을 해제한다. 내가 올린 콘텐츠를 누가 언제 얼마나 좋아하는지를 내가(또는 다른 사람이) 꼭 실시간으로 알아야 할 이유는 없다. 이런 통계에는 몇 가지 유용한 목적이 있지만 매 순간 그런 것은 아니다.

넷째, 침대에서 소셜 미디어를 이용하지 않는다. 침대는 휴식과 성관계에(때로는 독서에) 가장 유용하다. 소셜 미디어에는 많은 것이 있지만 휴식을 위한 공간이 **아니며** 성관계를 위한 공간이어서도 **안**

된다(이 두 용도로 이용하고 싶은 강렬한 유혹이 있다 해도). 소셜 미디어와 침대를 뒤섞으면 이 둘을 혼동하도록 유혹받게 되는데, 이런 불공정한 싸움에서 벗어날 쉬운 방법이 있다. **침대에서 휴대전화를 던지는 것이다.**

다섯째, 나나 내가 사랑하는 사람에 대한 비열한 말을 우연히 접할 때는 노련한 부모님의 변치 않는 전략을 사용한다. **치밀어 오르는 짜증을 무시하라.** 말은 침묵만큼 유용하지 않다. 소셜 미디어는 어떤 것에는 유용한 매체이지만 분노에는 그렇지 않다.

나는 이를 실천하는 데 어김없이 실패하고 말지만, 이것들은 여전히 훌륭한 경험칙이다. 아직도 나는 질투로 몸부림친다. 나는 나보다 더 많은 팔로어가 있는 지인의 이름을 얼마든지 열거할 수 있다. 가끔 나는 화면에 시선을 고정하고 손가락으로 여기저기를 들락거리며 속으로 이야기한다. **그저 '좋아요' 수를 확인하려는 목적으로 휴대전화를 열지는 말자.** 그러고는 '좋아요'가 몇 개인지 보려고 화면을 연다.

그러나 소셜 미디어를 많이 사용하면 할수록 과도하게 사용하는 것이 아니라 소셜 미디어를 **통해 살아가는 것**이 더 위험하다는 사실을 깨닫는다. 문제는 소셜 미디어로 시간을 낭비하는 방식이 아니라 시간을 **규정하는** 방식이다. 아무 제한 없이 우리는 우리의 모든 삶을 소셜 미디어를 통해 보기 시작한다. 우리는 적당한 콘텐츠를 통해 하루 전체를 본다. 연신 주변을 둘러보며 사진에 담을 만한 것이 뭐가 있는지 고민한다. 말하고 있는 사람을 이해하기 위해서가 아니라 트위터에 인용하기 위해 모든 대화에 귀 기울인다. 공개적인 의견 충돌은 기피하지만, 정성스러운 페이스북 댓글이나 강하게 외치는 트위터 메시지에는 가장 열렬히 감정을 표출한다.

이것은 삶의 방식이 아니다. 사실 비참한 삶의 방식이다. 이런 삶에는 이웃 사랑이 없으며, 성경의 사랑 이야기 안에서 형성되는 것 외에 이에 대한 해결책은 없다.

만일 우리가 매일 아침 소셜 미디어를 찾는다면, 부러움, 자기 의에 초점을 둔 미디어의 렌즈를 통해 우리가 형성될 것이다. 그러나 다행히 다른 길이 있다. 성경은 우리가 관찰하고 관찰당하거나 판단하고 판단받도록 만들어진 사람이 아니라 사랑하고 사랑받도록 만들어진 어린아이라는 이야기를 우리에게 들려준다. 우리가 이 사실을 뼛속까지 느낄 때만 이웃의 사랑을 얻으려는 대신 이웃을 사랑하기 위해 소셜 미디어를 이용할 수 있다.

왕의 자녀 되기

내가 아버지의 성경에 대해 아직 하지 않은 이야기가 있다. 무작위로 펼쳐 본 페이지에 적힌 여러 날짜에는 '저스틴과 함께'(w/Justin)라는 메모도 함께 적혀 있었다.

1월 7일, 9일, 10일(내가 우연히 펼쳐 본 바로 그날들)은 2002년, 내가 아버지와 함께 겨울의 아침을 함께 보낸 날이다. 나는 고등학생이었고, 매일 아침 아버지는 나를 깨워 등교 전에 성경을 함께 읽자고 하셨다.

그때 나는 딱 당신이 상상하는 그런 고등학생이었다. 나는 정체성의 혼란을 겪고 있었다. 어떤 친구, 어떤 파티, 어떤 게임, 어떤 여자 친구, 어떤 성적, 어떤 밴드가 나 자신에 대해 기분 좋게 느끼게 할 정체성을 제공해 줄지 두리번거리며 찾고 있었다.

그 무렵(내가 부모님을 좀처럼 따르지 않던 바로 그 무렵) 아버지는 나를 매일 아침 기도 시간에 초대하는 데 가장 주의 깊은 태도를 보이셨다. 나는 비록 공개적으로 인정하지는 않았지만, 내가 간절히 원했던 안정된 정체성이 아버지에게 있다는 사실을 알고 있었기에 초대받고 싶었다. 그러나 침대에서 나올 수 없는 날이 너무 잦았고, 나와서 앉아 있더라도 기도 중에 졸기 일쑤였다. 15년 지난 지금, 나는 아버지와 함께 읽었던 성경 구절을 한 구절도 떠올릴 수 없다.

그러나 기억하는 것이 있다. 정말 중요한 것 말이다.

내가 기억하는 건 나와 함께 있고 싶어 한 아버지가 있었다는 것이다. 내가 기억하는 건 우리와 함께 있고 싶어 한 하나님에 대해 아버지와 함께 읽었다는 것이다. 그 많은 아침 시간에, 습관으로써, 아버지는 내가 아버지의 아들이고, 우리는 하나님의 소유며, 세상에서 어떤 일이 일어나든 우리 둘은 지극히 사랑받는 하나님의 자녀임을 가르쳐 주셨다.

매일 아침은 우리에게 이런 질문을 던진다. 나는 누구인가? 그리고 나는 어떤 사람이 되고 있는가? 매일 아침, 성경은 하나님의 말씀을 통해 매번 같은 답을 준다. "너는 나의 아이며 나를 닮아 가는 중이다." 이걸로 우리는 하루를 견뎌 낸다.

  우리는 내면을 본다고 해서 우리 자신이 될 수 없고, 화면에 이상하게 비친 모습을 주시한다고 해서 우리 자신이 될 수 없다. 우리는 말씀을 들여다보아야 한다. 사도 베드로가 말한 것처럼, "영생의 말씀이 주께 있사오니 우리가 누구에게로 가오리이까"(요 6:68).

  휴대전화를 보기 전에 성경을 읽는 습관을 기르는 것은 당신이 누구인지를 물어볼 올바른 장소를 찾는 것을 의미한다. 당신은 성경을 펴고, 당신이 아버지와 함께 있다는 것을 알게 된다. 페이지에 적힌 당신의 이름을 발견하게 된다. 당신이 사랑받고 있음을 알게 된다. 그리고 나서 당신은, 당신이 만들어진 것처럼 그 사랑을 반영하기 시작한다.

The Common Rule

휴대전화 보기 전 성경 읽기

한눈에 보는 습관

성경을 한 구절이라도 읽기 전에 휴대전화 확인하기를 거부하는 것은 "오늘 나는 무엇을 해야 하지?"라는 질문을 "나는 누구지? 그리고 나는 어떤 사람이 되고 있지?"라는 더 좋은 질문으로 대신하는 방법이다. 우리는 예수님 외에는 안정된 정체성을 지닐 수 없다. 매일 성경에 몰입하면 이메일에 대한 염려, 뉴스에 의한 분노, 소셜 미디어로 인한 부러움에 저항할 수 있다. 지극히 사랑받는 왕의 자녀라는 진정한 정체성 안에서 우리가 매일 형성되어 간다.

시작하는 세 가지 방법

읽기 계획. 매일 묵상집이나 기도서 같은 예전적 도서를 구해 날마다 읽기 시작하면 좋다. 이런 책이 없을 경우, 한 달 동안 다음과 같이 해 보라.

- **시편.** 첫 장부터 순서대로 읽든 다른 방법으로 읽든, 아침에 시편 읽기는 시작하기에 좋다.
- **마태복음.** 마태복음은 28장으로 이루어져 있다. 한 달 동안 매일 한 장씩 읽어 보라.
- **로마서.** 로마서는 16장으로 이루어져 있다. 한 달 동안 매일 반 장씩 읽어 보라.

매일 기도 앱. 나는 감촉을 느낄 때 집중이 잘되기 때문에 실제 종이 성경을 읽는 게 더 좋다. 그러나 아침 독서에는 종종 휴대전화에 설치된 성경 앱이나 기도 앱이 매우 유용한 것 같다. 여행 중이거나 집에서 일찍 나서야 할 때 특히 그렇다. 매일 기도 앱(Daily Prayer app, 애플의 앱스토어에 있는 무료 앱-역주)으로 시작하면 좋다. ESV 성경 앱의 성경 읽기 계획 기능도 괜찮다.

새로운 일과 만들기. 이 습관을 실천하는 최선의 방법은 당신의 휴대전화를 아침 일과에서 완전히 배제하는 것이다. 한 주 동안 매일 아침 첫 시간을 휴대전화 없이 지내 보라. 커피를 마시고, 성경을 읽고 나면 일기 쓰기나 묵상이나

▶ **독서 자료** 『성공회 기도서』, 『팀 켈러, 오늘을 사는 잠언』(God's Wisdom for Navigating Life: A Year of Daily Devotions in the Book of Proverbs), 팀 켈러(Tim Keller), 캐시 켈러(Kathy Keller) (두란노 역간)

독서나 운동도 시도해 보라.

세 가지 고려 사항

때. 우리 중 다수는 아침에 무엇보다 주의 집중이 필요한 직업을 가지고 있다. 나도 그럴 때가 있다. 프로젝트가 매우 중요하거나 밤낮으로 작업해야 할 때는 매일 아침 업무 사항을 확인해야 한다(매일 이런 삶을 살고 있다는 생각이 든다면 중요성에 대한 당신의 이해를 가만히 재평가해 보라). 혹시 당신이 이 기간을 보내고 있다면, 내가 이미 경험한 바가 있다. 나는 주로 시편을 읽고 나서 이메일을 확인한다. 도착한 이메일이 있으면 아침에 그 일을 한다. 이메일이 없으면 휴대전화를 다시 위에 올려놓고 내가 바라던 아침 일과를 이어 간다.

긴 공부. 예수님을 따르는 사람이면 누구나 성경을 깊이 공부해야 한다. 그러나 소명 받은 목회자가 아니거나 주말여행 중이라면 그러기 쉽지 않을 것이다. 염려하지 않아도 된다. 긴 시간 관련 도서나 주석서를 읽거나 한 구절을 깊이 묵상하는 작업이 규칙적으로 성경을 읽는 동안 싹트도록 하라(규칙적인 성경 읽기를 방해하지 않는 것이 중요하다). 기억하라, 이런 습관은 새롭고 놀라운 무언가가 그 위로 자라나는 격자 지지대를 만들어 준다. 매일 잠깐씩 읽는 습관은 긴 공부를 약화하지 않고 그 기초를 세운다.

일기 쓰기. 일기 쓰기는 당신 삶의 모든 것을 바꿔 놓는 핵심 습관이다. 책을 읽거나 기도하는 동안, 혹은 휴대전화를 집어 들기 전 침묵하는 동안 한 장의 빈 페이지를 채우는 습관을 들이면, 당신의 삶은 바뀔 것이다.

> 성경의 이야기는 명확하다. 우리는 우리를 만드신 하나님을 떠나서는
> 자신이 누구인지 모르며, 우리를 다시 새롭게 하시는 하나님을 떠나서는
> 우리가 어떤 존재가 되어 가는지 알 수 없다.

소통이 없으면 공동체는 존재할 수 없다. … 그래서
대화나 토론이나 이야기가 말하기나 듣기의 중요한 형태인 것이다.

모티머 J. 애들러(Mortimer J. Adler)

"이제부터는 너희를 종이라 하지 아니하리니
종은 주인이 하는 것을 알지 못함이라 너희를 친구라 하였노니
내가 내 아버지께 들은 것을 다 너희에게 알게 하였음이라"(요 15:15).

예수

외출할 때마다 함께 걷고, 목적지에 도착하면 함께 머물라.

성 아우구스티누스의 규칙

친구와
한 시간 대화하기

취약함을 드러내는 우정

알려진다는 것

어느 가을 나는 절친한 친구와 함께 거실에 앉아 있다가 안 좋은 소식을 전화로 전해 들었다. 우리 둘이 아는 사람이 처방약에 심각할 정도로 중독되었다는 소식이었다. 이런 소식이 무서운 건, 우리가 이런 문제를 자주 듣기 때문이 아니다. 사람들에 관한 끔찍한 비밀을 알기 전에는 그들이 지극히 **평범해** 보이기 때문이다. 자기 자신의 안팎을 서서히 죽이는 무언가를 숨기면서도 겉으로는 문제없어 보이게 하는 능력이 우리 모두에게 있는 듯하다.

우리가 충격과 슬픔에 휩싸인 채 앉아 있을 때 서로 아무 말도 **하지 않았다**는 사실을 눈여겨볼 필요가 있다. 우리는 "어떻게 이런 일이 일어난 거지?"라고 말하지 않았다. 우리는 "이 충격적인 일의 내

막은 뭘까?"라고 말하지 않았다. 우리는 "우리는 이런 일과 씨름할 일이 없으니 정말 다행이다"라고 말하지도 않았다.

훨씬 개인적인 무언가가 거실 안에 감돌았다. 그것은 입 밖으로 꺼내지 않은 질문이었다. **너 혹시 나한테 말하지 않은 거 있어?**

이런 질문은 무너져 가는 삶 속에서 묻지도 않으며 답을 듣지도 못하는 질문이다. 이런 질문을 솔직하게 던지고 솔직한 답을 듣는다면, 이 질문으로 전체 삶의 방향이 바뀔 수 있다. 비밀은 거론되지 않을 때 유지되고, 어둠은 빛이 없는 곳에서만 존재한다.

저 질문이 우리가 서로에게 던진 질문이었다. 세상이 마치 멈춘 것처럼, 아이들은 위층에서 잠들어 있는 시원한 가을 저녁 조용한 거실에서 저 질문을 던졌고 답을 들었다. 우리가 서로에게 한 답은 "아니, 넌 다 알고 있잖아"였다.

한 시간 동안 대화하는 습관은, 당신은 가장 가까운 이들을 알고 그들은 당신을 아는, 이런 종류의 삶을 일구려는 목적이 있다.

우정을 위해 창조되었다

"너 혹시 나한테 말하지 않은 거 있어?"라는 질문은 우정의 핵심이다. 우정은 누군가에게 알려지는 것이며 어쨌든 사랑받는 것이다. 취약한 인간의 우정은 삶을 만들어 가거나 무너뜨린다. 우정이 있으면 우리는 자라고, 우정이 없으면 우리의 중요한 일부분이(전부는 아니더라도) 죽는다.

기독교 신앙의 본질적인 특징 중 하나는 삼위일체 하나님은 세 위격이시라는 사실이다. 삼위일체에 관한 수많은 급진적인 함의 중 내가 좋아하는 건 하나님이 연합(fellowship)이시라는 함의다. 이는 우리가 연합하신 하나님의 형상대로 지어졌다는 뜻이다.

이 같은 사실은 우리가 들어 오고 보아 온 것보다 우리가 누구인지에 관해 전혀 색다른 이야기를 전해 준다. 이는 우리가 혼돈에서 유래하지 않았다는 뜻이다. 우리는 어쩌다 보니 어둠에서 어둠으로 이동하게 된 우연한 생명체가 아니다. 우리는 외로움에서 생겨난 존재가 아니다. 애정에 굶주린 신이 찬양받기 위해 하등한 존재가 필요했던 것이 아니다. 우리는 **우정**으로부터 왔다.

우주에 존재하는 모든 것은 우정에 뿌리를 두고 있다. 다른 사람이나 사물과 올바른 관계를 맺으려는 마음이 존재하는 모든 분자(molecule)의 중심에 있다는 뜻이다. 그리고 그 마음은 우리의 가슴에도 가장 강력하게 존재하고 있다.

우리는 알지 못하거나 알려지지 않을 때 행복할 수 없다. 우리는 삼위일체 하나님의 우정이라는 형상을 따라 지어졌기 때문이다. 이는 창조 기사에서 하나님이 '좋지 아니하다'(not good)라고 단 한 번 말씀하신 이유를 설명해 준다. 아담이 혼자 있는 것을 하나님이 보시고 하신 말씀이다(창 2:18). 이전에 창조된 모든 만물은 '좋았다'(good)고 선포되었다. 하나님은 수소와 산소의 결합체를 보시고 **좋다!**고 하셨다. 북극 해안을 보시고 **좋다!**고 하셨다. 아시아 야자수를 보시고 **좋다!**고 하셨고, 영양을 보시고 **좋다!**고 하셨다.

그러나 모든 피조물 중에 가장 뛰어난 대상은 무언가가 **좋지 않 았다**. 하나님은 사람이 홀로 지내는 것이 좋지 않다고 보신 것이다. 어쩌면 우리는 하나님만 필요로 한다는 점을 나타내는 것 같지만, 창세기는 하나님이 우리를 그분의 형상대로 만드셨기 때문에 우리 가 관계를 위해 창조되었다고 말한다. 에덴동산에서조차 아담은 하 나님이 하와를 주시기 전까지 외로웠다. 그래서 아담이 하와를 보 자 노래가 흘러 나왔다. "내 뼈 중의 뼈요 살 중의 살이라"(창 2:23). 이 노래는 남자와 여자에게 들려주는 송가일 뿐 아니라 우정을 위한 송가이기도 하다.

아담은 자신이 이를 위해 지음 받았다는 것을 알았다. 이는 친구 와 함께하는 행복이 하나님의 영광과 자비로운 계획을 향한 노래나 기도와 같다는 뜻이다. 하나님은 우리가 우정을 구현할 때 좋아하 신다. 그렇게 할 때 우리는 삼위일체 하나님을 구현하기 때문이다. 그리고 우리는 그분의 즐거움을 느낀다.

우정이 피어난 대화

내가 막 고등학교에 입학한 그해 여름, 우리 가족은 버지니아주 체서피크에서 같은 주의 리치먼드로 이사했다. 오랜 기간 익숙했던 도로가 저만치 멀어지는 걸 보며 두려워했던 기억이 아직도 남아 있 다. 나는 가장 친한 친구의 바로 옆집에 살았는데, 이제는 모든 게 사라졌다. 새로 이주한 도시에서의 고등학교 생활은 외로움과 두려움에 대한 적잖은 걱정과 함께 시작됐다. 이런 걱정은 세상에 나와 우리 곁으로 다가와 주는 친구가 없을 때 우리 모두를 힘들게 한다.

이 때문에 내가 10학년 때 (지금도 여전히) 가장 절친한 친구 스티브를 만난 순간을 아직도 기억한다. 그 순간은 C. S. 루이스가 우정이 생기는 순간에 대해 설명한 내용과 정확히 일치한다. 그에 따르면 우정이란 "한 사람이 다른 사람에게 '뭐라고, 너도? 나만 그렇게 생각하는 줄 알았어'라고 말할 때"[1] 생겨난다. 우리 둘은 스케이트보드를 탔고, 드럼을 쳤다. 우리 둘은 마음속 깊은 불안감을 감추려고 거짓된 신념을 보여 주었다. 우리 둘은 인기를 많이 얻고 싶었고, 같은 청소년 모임에 참석했다. 최선의 경우든 최악의 경우든 우리 둘은 **너도?**라는 상호 감탄사 속에서 우정의 씨앗을 발견했다.

그러나 이런 공통점들은 우정의 씨앗에 불과했다. 캠프파이어를 하며 밤늦게까지 이야기를 나눈 기억이 난다. 콘서트장에 가기 위해 장거리를 이동했고 그곳에서 또 많은 이야기를 나눴다. 침낭에 들어가 누운 채 다른 사람들이 모두 잠든 후에도 이야기를 나눴다. 고등학교에서 다른 친구들과 여러 모험과 불운을 겪었던 기억도 많지만 나와 스티브가 뗄 수 없는 관계를 유지했던 이유는 함께한 활동을 넘어 서로 이야기를 나눴기 때문이다. 당신의 깊은 희망을 인정받고 당신의 가장 큰 비밀이 드러나는 진정한 대화가 없다면 관계는 지인들의 공통 관심사쯤에서 그칠 것이다.

취약함과 시간은 관계 맺은 사람들을 우정을 지닌 사람들로 변화시킨다. 우정이란 그런 것이다. 시간에 따른 취약함과 직결되어 있다. 대화가 우정의 기반이 되는 이유는 우리가 대화 중에 서로에게 노출되기 때문이다.

공유된 정체성, 공유된 활동 같은 우정을 촉발하는 다른 여러 가지 일의 중요성을 무시하려는 것이 아니다. 이 모든 것은 대화가 곁들 때 완성된다고 말하려는 것뿐이다. 대화 속에서 우리는 우리가 사랑하는 것들을 드러내고, 그렇게 우리의 자아를 드러낸다.

대화는 우리 자신을 두 가지 방식으로 표현한다. 첫째, 대면하는 대화는 위험을 가져온다. 실시간으로 대면할 때 우리는 예측하거나 보호받기 어려워진다. 셰리 터클(Sherry Turkle)은 『대화를 잃어버린 사람들』(Reclaiming Conversation)에서 문자 보내기와 온라인 채팅이 진정한 우정을 위협하는 점에 대해 기술한다. 우리가 대화할 때 끌어오는 우리의 모습을 문자와 채팅이 계획하고 조정하게 만들기 때문이다. 우리는 얼굴 표정, 몸짓 언어, 목소리 톤을 알 수 없다. 댓글의 내용을 고민하고 편집할 시간이 주어질 때 우리는 대면하는 대화가 자연스럽게 가져오는 위험에 직면하지 않는다. 그래서 우리는 덜 완벽한 사람으로 알려지는 위험을 사전에 차단한다.

터클은 디지털 세대의 대학생들과 인터뷰한 내용을 기록한다. 그들은 "연습해 보지 않은 실시간 대화가 '불필요할 정도로' 취약하게 만든다"[2]는 사실을 알아차린다. 그러나 취약해지는 시점이야말로 대화할 시점이다. 취약함 속에서 우리가 결국 제대로 알려지기 때문이다.

대화가 우리를 표현하는 두 번째 방식은 대화 속에서 일어나는 진실 말하기(truth-telling)이다. 이는 대면하는 위험을 넘어 나와 스티브가 그날 밤 거실에서 물었던 질문의 위험과 연결된다. **너 혹시 나한테 말하지 않은 거 있어?**

당신이 누구인지 당신의 치부를 가리지 않고 친구에게 말하는 것보다 무섭고도 구속(redemptive)의 성격을 띠는 건 없다. 그것이 무서운 이유는 우리 자신이 바라는 모습이 현재의 모습은 아니기 때문이다. 그것이 구속의 성격을 띠는 이유는 공동체 생활에서 복음을 세우는 핵심이기 때문이다.

> 취약함과 시간은 관계 맺은 사람들을 우정을 지닌 사람들로 변화시킨다.
> 우정이란 그런 것이다. 시간에 따른 취약함과 직결되어 있다.

우정은 복음의 능력을 독특한 방식으로 구현하는데, 우리가 우정이라는 테두리 안에서 복음의 진리를 서로에게 실행하기 때문이다. 예수님이 우리가 얼마나 깨어졌는지 아시면서도 어쨌든 우리를 사랑하시기 위해 우리 주변에 계신다는 사실을 제외한 복음이 존재하는가? 우리가 얼마나 깨어졌는지 알면서도 어쨌든 우리를 사랑하기 위해 우리 주변을 지키는 사람을 제외하면 도대체 누가 친구라는 말인가?

대화는 이 모든 일의 출발점이다. 대화는 우리가 제대로 알려지는 곳이기 때문이다. 스티브가 친구가 된 해를 되돌아보면서 나는 우리 사이에 실제로 만발한 우정의 꽃을 본다. 그 꽃은 공통 관심사가 아니라 함께 나눈 대화 속에서 피어났다. 그 우정은 우리가 남들에게는 절대 말하지 않았을 내용을 서로에게 말하기 시작하면서 생겼다. 살면서 꼭 하고 싶은 일, 되고 싶은 인물, 좋아하는 사람, 두려워하는 것 등을 함께 나눌 때 우정의 꽃이 피었다.

대부분의 우정은 대놓고 이야기하면 당신을 깨지기 쉬운 존재로 만드는 것들을 받아들일 때 비로소 생긴다. 우정이 어려운 이유가 여기에 있다. 취약함은 위험천만하고, 시간은 제한되어 있다.

우리에게 이야기를 나눌 용기도, 시간도 없다면 어떻게 우정의 삶을 꾸릴 수 있을까? 용기를 훈련하고, 우선순위를 매기는 것이 그 방법이다.

우리는 두려운 세상에서 취약함을 과감히 받아들이는 용기가 필요하다. 또한 산만한 세상에서 시간 내는 일을 우선시할 필요가 있다. 매주 한 시간 대화하는 습관은 이 두 가지를 길러 줄 수 있다.

취약함의 힘

나와 스티브가 함께 거실에서 앉아 서로에게 "너 혹시 나한테 말하지 않은 거 있어?"라고 물었던 서두의 그 지점으로 돌아가 보자. 그다음 날 밤 누군가가 문을 두드렸다. 문을 열어 보니 스티브가 현관에 서 있었다. 요즘은 노크만 하는 사람이 거의 없으므로 문을 열고 현관 앞에 가만히 서 있는 스티브를 보았을 때 나는 무언가 잘못됐음을 직감했다.

스티브가 말했다. "우리 얘기 좀 하자." 로렌은 잠에서 깨어 있었고, 나는 마실 것 두 잔을 준비해서 스티브와 현관 앞에 앉았다.

나는 스티브의 눈에 찬 두려움과 용기의 조합을 잊을 수가 없다. 그가 말했다. "어젯밤 우리가 서로에게 아직도 말하지 않은 것이 있는지 물었던 거 기억하지?"

나는 어떤 상황인지 파악했다. 왜냐하면 눈에 비친 그의 모습이 10년 전 내가 경험한 느낌을 상기시켰기 때문이다. 당시 대학생이었던 나는, 아버지와 식당에 앉아 아버지께 지금껏 거짓말을 했노라고, 그것도 오랜 기간 거짓말을 했노라고 용기 내어 말할 기회를 찾고 있었다. 진실을 말하는 것이 아무리 힘들다 해도, 진실을 말한 적이 **없다고** 누군가에게 말하는 것이 훨씬 더 힘들다는 것을 유의할 필요가 있다.

내 친구가 바로 그런 모습이었다. 무언가 그가 비밀로 한 것이 **있었다.** 전날 밤 스티브가 내게 거짓말을 한 것이다. 대담하게 내 앞에서 말이다. 하지만 이제 **훨씬 더 대담한 마음으로** 진실을 말하기 위해 돌아왔다.

물론 스티브의 실토는 나와 그 사이에 이루어진 것이다. 그러나 그것은 매우 심각하면서도 깊고 어두운 투쟁에 가까웠다. 대화의 빛에 노출되지 않았다면 그 투쟁이 그를 압도했을지도 모른다.

돌이켜 보면, 우리 중 누구의 마음이 더 상했는지 말하기 어려운 상황이었다. 스티브는 죄책감으로 속상했고 나는 배제된 느낌으로 속상했다. 그날 밤 나는 서랍장에 엎드려 펑펑 울었다. 울고, 울고, 또 울었다. 어떤 면에서 내가 울었던 이유는 거짓말 때문이었다. 거짓말은 항상 관계의 생명줄을 위협한다. 그러나 더 큰 이유는 악의 위협 때문이었다. 나는 자주 삶이 그렇게 중요한 건 아니라는 생각에 빠진다. 또한 악이란 우리를 삼키려고 **문 앞에 웅크리고 앉아** 기다리는 사자보다는 언제든 막대기로 쫓아낼 수 있는 고양이에 가깝다는 생각에 빠진다(창 4:7과 벧전 5:8을 보라).

우리가 아무리 열심히 노력해도 나와 내 친구들에게 삶의 유혹과 고갈에서 비롯되는 위험한 중독에 대한 충분한 면역력이 없다는 것은 고통스러운 현실이다. 우리는 고통에서 비롯된 통제 불능의 분노에도 면역력이 없다. 삶에 대한 두려움 자체에서 비롯된 위험천만한 거짓말에도 면역력이 없다.

스무 살 무렵 나와 친구들을 위한 미래를 두고 이리저리 생각하고 있을 때 나는 더불어 사는 삶이 얼마나 어려운지 잘 몰랐다. 서른 살이 되기 전 친구들이 내게 "나는 더 이상 예수를 믿지 않아"라고 말할 줄도 몰랐다. 친구들이 내게 전화를 걸어 전날 밤 나이트클럽에서 일어난 일을 말할 줄도 몰랐다. 친구들이 나를 앉혀 놓고는 술, 처방약, 음란물, 그리고 더 나쁜 일에 중독되었다고 고백할 줄은 몰랐다. 더 심각하게는, 내가 스물아홉 살 때 친구들에게 전화를 걸고 잠들 때마다 알약이나 술이 필요하다고 고백할 줄은 몰랐다.

나이를 먹는다는 건 세상에 존재하는 엄청난 악을 붙잡게 된다는 뜻이었다. 창세기에서 하나님은 가인에게 죄가 문에 엎드려 그를 지배하려 한다고 말씀하셨다(창 4:7). 나는 이 이야기가 다른 사람에 관한 이야기라고 생각했다. 이제는 이 이야기가 우리 모두에 관한 이야기라는 사실을 알고 있다. 나는 본문을 읽을 때 나 자신과 내가 가장 사랑하는 사람들이 보인다. 나는 세상을 우리를 찢고 싶은 사자가 돌아다니는 곳으로 여긴다. 그런데 필연적인 사실은 가장 악한 사자가 우리 안에 존재한다는 점이다. 이 사자는 아무도 알 필요 없을 정도로 작은 비밀로 태어나 우리 안팎을 산산조각 내는 괴물로 자란다.

이것이 내면에 존재하는 어둠에 관한 진실이다. 그러나 어둠은 절대 빛처럼 강하지 않다.

바로 여기에 취약하기 짝이 없는 우정의 힘이 있다. **우리는 함께 어둠을 빛에 노출시켜 물리친다.** 우리 삶의 어두움이 취약한 대화의 빛에 노출될 때 우리는 그 어두움을 복음의 능력으로 물리치는 일에 참여한다. 식당에서 내가 아버지께 고백하고 아버지가 나를 용서하신 그날 밤 내 삶 전체가 바뀌었다. 스티브가 진실을 털어놓으려고 다시 돌아와 현관 앞에 앉아 있던 그날 밤 그의 삶은 송두리째 돌아섰다.

내가 예상치 못한 내용을 친구들로부터 들었다고 언급한 모든 경우를 관통하는 공통 맥락을 알아차렸는가? **그 내용 모두 말로 표현되었다.** 친구들은 빛으로 인도되었다. 한 친구는 예수님을 다시 믿는다. 다른 친구는 나이트클럽 출입을 끊었다. 중독에서 벗어난 친구도 있다. 나는 도저히 잠을 이룰 수 없는 밤이라 해도 책임감 있게 음주하는 방법을 배웠다. 그리고 지금은 잠 못 이루는 밤이 거의 없다(하나님께 찬양을).

어둠은 우리 안에서 휘몰아치지만, 정직한 대화는 빛을 발하는 실천이다. 어둠 속의 빛에 관해 놀라운 점은 빛이 어둠을 언제나 이긴다는 사실이다.

시간의 힘

　복음을 구현하는 취약한 우정은 우리가 갖고 싶다고 해서 피어나지 않는다. 우정은 시간을 두고 노력할 때 생긴다. 우정을 꽃피우게 하는 습관의 격자 지지대를 놓았기에 우정이 자라는 것이다.

　당신이 함께 보낼 시간이 없다면 우정은 피어나기 어렵다. 그래서 우정은 취약함뿐 아니라 시간과도 관련 있다. 로렌과 함께 선교사로 중국에서 지내고, 후에 로스쿨을 다니며 워싱턴 DC에서 지내는 동안 내 친구 대부분은 리치먼드로 이주했다. 리치먼드가 좋은 곳인 건 맞지만, 그들이 옮긴 까닭은 그 도시 때문이 아니라 서로들 때문이다.

　내가 법률 공부를 시작했을 때, 나와 로렌은 어디든 가장 선망받는 일을 제안하는 곳으로 갈 거라고 상상했다. 그곳이 뉴욕이거나 어쩌면 다시 상하이일 수도 있다고 생각했다. 그러나 당시 어린 두 아들이 우리의 자유 시간을 대폭 앗아 가면서 질문이 거듭 생겼다. 납득할 만한 이유도 없는데 왜 굳이 친구들과 멀리 떨어진 곳에서 살려는 거지?

　더 일반적으로 말하자면, 왜 우리는 친구들과 함께 시간을 보내기 어렵게 만들면서까지 우리의 지리적 위치와 일정을 조정하는가? 내 경우는 직업 때문이었다. 나는 최고의 직업을 원했지만, 최고의 직업을 가졌다면 최고의 친구가 없는 삶이라도 괜찮은 건지 의문이 들었다.

하나님은 나를 중국으로 부르셨고, 나중에는 로스쿨로 부르셨다. 이 부르심에 대해선 그 어떤 의심도 없다. 그때는 친구들을 떠나야 할 충분한 명분이 있었다. 그러나 로스쿨을 졸업할 무렵 하나님이 나를 어느 곳으로 부르시는지 전혀 듣지 못했다. 부르심의 부재 상황에서 나와 로렌은 직업보다 친구를 택하는 길을 고려하기 시작했다. 나는 우정을 위해 내 삶을 조정하라는 명료한 부르심을 느꼈고, 그래서 우리는 친구들이 사는 리치먼드로 가기를 선택하고 그곳에서 직업을 찾기로 마음먹었다.

우리 둘째 아들은 우리가 이사한 달에 태어났다. 당시 나는 우정의 중요성을 깊이 체감했기에 둘째 아들의 이름을 애셔 스티븐 매슈 얼리(Asher Stephen Matthew Earley)로 지었다. '애셔'는 '하나님의 행복' 혹은 '하나님의 축복'이라는 뜻이고, 스티븐과 매슈(애칭은 '맷'-역주)는 가장 친한 친구들의 이름에서 가져왔다. 이 두 이름은 로렌의 남동생과 가까운 친척의 이름이다. 이렇게 하니 가족 같은 느낌이 드는 친구들과 친구 같은 느낌이 드는 가족 사이의 경계선이 흐려져서 좋았다. 애셔는 찬양과 기도로 지은 이름이었다. 우정 안에서 우리가 발견한 하나님의 행복을 찬양하며, 동일한 행복이 아들에게도 있기를 기도하는 마음으로 지은 이름이다.

친구들이 사는 도시에 나도 살게 된 일에 깊이 감사하지만, 완벽한 상황과는 거리가 멀다. 친구들에게 물어보라. 우리 모두 이제는 아이들이 있고, 직업에 매진하고 있으며, 새로운 친구들을 만날 때마다 새로운 의무가 생긴다. 그래서 우정이 요구하는 시간을 내기가 정말 너무 어렵다. 우리 사이가 지나치게 얄팍해진 느낌이 자주 들기도 한다.

이런 이유로 우정에 시간을 들이는 습관을 기르는 것이 아주 중요하다. 세상은 우리가 다른 것에 신경 쓰도록 만든다. 미국에서 일반적인 삶은 급해 보이는 일을 바쁘게 처리하는 것을 중시하는데, 우정은 절대 급한 일처럼 보이지 않는다. 너무 늦었다는 생각이 들 때에야 정말 가장 중요한 일이 눈에 띈다.

친구와 한 시간 대화하는 습관은 이러한 몸부림을 직접적으로 겨냥하고 있다. 이 습관은 아무리 삶이 복잡하고 연약해도 창조 목적에 따라 관계 중심적인 사람을 만들어 주는 핵심 습관을 길러 준다. 시간이 꼭 필요한 경우(신생아, 가족의 경조사, 어마어마한 업무 프로젝트, 연로해져 가는 부모님 등), 우리는 친구와 보내는 시간을 희생시키는 경향이 있다. 그러나 친구들이야말로 우리에게 가장 필요한 존재다.

내 친구들은 대화를 위한 접촉점을 매주 확보하기 위해 다양한 방법을 활용한다. 나와 스티브는 매주 잠깐 커피 타임을 갖는다. 친구들은 세 그룹으로 나뉘어 매주 점심이나 저녁을 먹는다. 어떤 커플들은 격주로 모이는데, 한 주는 남자들이, 다음 주는 여자들이 만나 이야기를 나눈다.

이런 만남을 마련하는 방법은 대화의 주제만큼 다양하다. 요점은 우리의 삶이 일과 아이들로 인해 점점 복잡해질수록 마음을 터놓고 대화하는 매주의 접촉점이 시간을 초월하는 우정의 끊임없는 원천이 된다는 것이다.

이런 접촉점이 없다면 우리는 그저 한때 친구였던 사람일 뿐이다. 접촉점과 더불어 우리는 **지금** 누군가의 친구가 된다.

우정의 고리 열기

내가 고등학교 2학년 때 나와 스티브가 친구의 자동차에 올라타 도심으로 가려던 참에 어떤 친구가 갑자기 나타나 동승하자고 부탁했다. 그는 우리가 잘 모르는 1학년생이었지만 안 된다고 말할 적당한 명분이 없었다.

그 친구를 태우고 가면서 그가 음악에 조예가 있고 유머 감각이 제법 뛰어나다는 사실을 알게 되었다. 그러나 이동하는 내내 그가 어떻게 우리 차가 있는 곳으로 왔는지 알 수가 없었다. 더구나 우리는 그의 이름도 몰랐다.

분명한 점은 그에게 친구가 필요했다는 사실이다. 그러나 나와 스티브는 선뜻 마음을 열지 않았다.

하나님이 선하게 만드신 성(性), 음식, 일, 기술 등과 같이 어떤 것이든 좋아지면 좋아질수록 더욱 일그러질 수 있다. 우정과 관련해 가장 어두운 왜곡은 배타적인 우정 관계를 통해 우정을 파괴하려는 성향이다. 우리 대부분이 알고 있듯이 우정 관계에서 배제되는 느낌보다 아픈 상처는 거의 없다. 불행히도 그것이 바로 나와 스티브가 저지른 잘못이다. 우리는 우정을 지켜야 하는 대상으로 여긴 나머지 다른 사람을 위한 위험을 무릅써야 한다고 생각하지 않았다.

내 기억에 그 시간은 우리 모두에게 고통스러운 시간이었다. 그 1학년생에게도 괴로운 시간이었을 것이다. 그도 우리처럼 친구가 필요했는데 우리가 처음에 거절했기 때문이다. 한편 나와 스티브도 괴로웠다. 우리를 위해 비축해 놓고 싶은 복이 손상되기 시작했던 것이다. 다른 사람들을 축복하기 위해 복을 사용하지 않을 때 우리는 복이 지닌 선함을 파괴한다.

우정의 문을 닫아 두려는 것은 참된 우정이 무엇인지를 왜곡하는 것임을 기억하는 것이 정말 중요하다고 나는 생각한다. 우정에 관한 근본적인 진실은 사랑이 제한적이지 않고 무한하다는 사실이다. 우리가 이 점을 아는 이유는 삼위일체 하나님의 우정이 더 적은 사랑 대신 **더 많은** 사랑을 자아내셨기 때문이다. 창조 때 하나님은 우리를 당신과 같이 만드시고 우정 관계의 영역을 **확장하셨다.** 이제 예수님이 우리는 친구라 부르시며, 우리를 구원하셔서 삼위일체 하나님의 잔치 **안으로** 우리를 초대하신다. 사랑의 영역은 열려 있으며 확장되고 있다. 참된 우정의 본질은 외부인을 차단하지 않고 그들을 안으로 끌어들이는 것이다.

나와 스티브가 그 친구와 시간을 더 보내며 대화를 나누다 보니, 그와 적정 거리를 두려는 우리의 이기적인 의도에도 불구하고 우리 사이에서 우정을 향한 불꽃이 타오르는 걸 모두 느끼기 시작했다.

"너도?"라고 말하는 순간이 우리에게 찾아왔다. 우리의 공통적인 관심사가 함께 나누는 대화로 이어지면서 그 새 친구는 우리 안에 있는 온갖 선과 악을 보게 되었다. 무엇보다도 우리가 품고 있다고 주장했던 믿음에 따라 살거나 살지 않았던 모습을 보게 되었다. 이건 부끄러운 이야기가 아니다. 가장 친한 친구로 변해 가는 과정 중에 우리 모두는 서로에게 많은 상처를 준다. 우리도 큰 실수들을 저질렀다.

이는 한 사람의(예수님의 제자들도 포함된) 삶을 자세히 들여다볼 때 드러나는 진실이다. 아름다움과 어둠이 서로 얼마나 가까이 있는지를 알면 누구나 놀랄 것이다. 이를 설명해 주는 유일한 해답은 예수님의 구속의 빛 가운데 존재하는 우리의 타락에 있다. 하나님을 찬양하자. 은혜가 지배했고 우정이 자랐다.

새 친구는 이 모든 것을 보았고, 우리의 최선과 최악을 본 후 예수님에게 매력을 느꼈고, 우리에게 실망하면서 우리가 아닌 예수님을 보게 되었다. 적잖은 즐거움과 슬픔을 겪은 후 이 친구는 세례를 받았다. 그 친구의 이름은 우리 아들 애셔의 이름과 같은 매슈다.

세상의 친구가 되어 주기

내가 버지니아주 넬슨 카운티에 있는 집필실에서 현재 페이지를 작성하는 동안 매슈는 가족과 함께 이삿짐을 꾸렸다. 그들은 지금 플로리다에서 버지니아로 오는 중이다. 매슈는 미 해군으로 10년간 복무하고 우리와 함께 살려고 고향으로 돌아오고 있다.

나는 내일 밤 그를 보러 갈 생각에 좋은 와인을 몇 병 사 두었다. 그를 찾아가면 그 집의 세 살배기 딸도 만날 테고, 모두 즐거워하며 대화를 나눌 것이다. 우리가 같은 도시에서 함께 살았던 것이 벌써 15년 전 이야기다. 그리고 이곳에서 다시 함께 살게 되었다. 매슈는 스티브와 내가 매주 커피 마시는 시간에 합류할 것이다.

매슈와의 우정은 우정이라는 불꽃이 전염된다는 불변의 사실을 일깨워 준다. 마음의 문을 바깥으로 여는 것은 우정을 위한 가장 올바른 지침이다. 우정의 범위가 넓어진다. 이때 1 더하기 1은 3이나 4까지 된다. 우정의 원은 완전하지만 여전히 열려 있다. 사랑은 수학과 기하학을 무시한다.

만일 우정이 복음이 무엇인지를 우리에게 일깨워 주는 실천 방법이라면, 그것은 동시에 복음을 세상을 드러내 주는 실천 방법이기도 하다. 외로움과 개인주의의 문화 속에서 참된 우정의 관계라는 반문화를 구현하는 것보다 삼위일체 하나님을 더 잘 증언하는 방법은 없다.

여기에 "불을 사랑스럽게 밝히라"는 매들린 렝글의 또 다른 습관이 있다. 우정은 어둠을 밝힌다. 그런 이유로 나는 우정을 작은 불꽃과 같다고 생각한다. 이런 우정은 복음의 진리를 밝히고, 사람들을 그 따스함에 초대하고, 그 불꽃 주위로 많은 이가 함께 모일 수 있게 한다.

매주 친구와 한 시간 대화하는 습관을 기르는 것은 그 불꽃이 계속 타오르게 한다. 그 불꽃은 차갑고 어두운 세상을 바라보며 빛과 따스함과 앉아 이야기할 자리를 내어 준다.

친구와 한 시간 대화하기

한눈에 보는 습관

우리는 서로를 위해 창조되었고, 시간이 지나도 취약함이 지속되는 친밀한 관계 없이는 하나님과 이웃을 사랑하는 사람이 될 수 없다. 서로 얼굴을 마주하고 대화하는 습관 속에서 우리는 복음의 실천을 목격한다. 그래서 우리는 서로에게 있는 그대로 드러나며 그럼에도 사랑받는다.

시작하는 세 가지 방법

고정된 시간에 만나기. 친구와 언제나 함께 만날 수 있는 고정된 시간(예를 들어, 매주 화요일 저녁이나 금요일 아침)을 정해 보라. 종종 그 시간을 놓친다고 낙심할 필요 없다. 함께 모이는 규칙은 가끔 그 시간을 놓치는 예외와 공존한다는 사실을 생각하며 기운 내라.

부부를 위해. 나와 로렌은 시도 때도 없이 스티브와 린지를 만난다. 매주 부부가 함께 만나기도 하고, 남편들을 한 집에 보내고 아내들을 다른 집에 보내 육아를 남에게 맡기는 상황을 피한다.

룸메이트에서 우정으로. 음식을 나누며 대화하거나 음료를 나눌 시간을 매주 정하면 단순한 룸메이트에서 진정한 친구로 변하는 핵심 습관이 된다. 함께 사는 사람들과 가사 노동에 관한 이야기 대신 아무 방해 없이 인생에 관해 이야기 나눌 수 있는 시간을 정해 보라.

세 가지 고려 사항

비밀 털어놓기. 여기서 문제는 어떻게 비밀을 털어놓는가이다. 그건 누구나 알고 있다. 여기서 관건은 비밀은 털어놓을 필요가 있는가이다. 당신이 신뢰하거나 당신을 사랑하는 이에게는 언제나 그럴 가치가 있다. 당신의 비밀을 알리라. 오늘 밤에 해 보라. 그러면 당신의 삶이 변하고 당신의 친구도 비밀을 털어놓을 것이다. 비밀을 털어놓는 것보다 깊은 관계로 이끄는 촉매제는 없다.

▶ **독서 자료** 『영적 우정』(Spiritual Friendship), 웨슬리 힐(Wesley Hill), 『우정을 위해 만들어진』(Made for Friendship), 드루 헌터(Drew Hunter), 레이 오틀런드(Ray Ortlund)

좋은 질문의 힘. 좋은 대화는 종종 좋은 질문을 던지는 기술이 능숙한 사람으로부터 비롯된다. 당신이 그런 사람이 아니라면 서로에게 정기적으로 던질 수 있는 좋은 질문을 친구들과 함께 구상해 보라.

개방적인 우정. 매주의 대화 습관은 친밀함에서 시작해 개방성으로 끝난다. 복음적인 우정의 목표에는 우정의 결실을 즐기는 것도 있지만 그 열매로 세상을 풍요롭게 하는 것도 있다. 우정의 영역을 당신이 새롭게 만나는 사람을 초대하는 첫 번째 영역 중 하나로 삼으라.

> 어둠은 우리 안에서
> 휘몰아치지만,
> 정직한 대화는
> 빛을 발하는 실천이다.

우리는 어둠 속에서 불을 발견하기 위해 쓴다.
존 그린(John Green)

예술이란 … 무질서와 죽음에 맞서고 예측 불허에 맞서는 게임이다. …
[그것은] 파멸을 지연시키는 가치를 역설하고 또 역설하고 …
세대를 거쳐 인간다움에 필요한 것을 재발견한다.
존 가드너(John Gardner), 『도덕적 소설에 관하여』(*On Moral Fiction*)

미디어가 메시지다.
마셜 매클루언(Marshal McLuhan)

매주
습관
2

미디어 네 시간 선별하기

좋은 이야기를 고르는 덕목

 이야기에 관한 나의 관점이 갑자기 그리고 영원히 바뀐 것은 내가 바닥에서 천장까지 뻗은 책장들 가운데 경외감 속에 서 있을 때였다. 어마어마한 양의 책이 구석에 잔뜩 쌓여 있었고 벽을 가득 메웠다. 1층에서 2층으로 올라가는 계단을 따라서도 책이 줄지어 있었다. 이 중고 서점은 중고 책 매매만을 위한 곳이 아닌 듯했으며, 마치 책으로 지은 기반 시설 같았다. 더 많은 책을 받치기 위한 책들이 즐비했고, 그렇게 책들이 겹겹으로 쌓여 있었다.

 나는 버지니아주 샬러츠빌의 다이달루스 서적(Daedalus Books) 안에 서 있었고 최근에는 모티머 J. 애들러(Mortimer J. Adler)의 『교사 없는 독서법』(*How to Read a Book*)을 읽었다. 나는 읽고 싶은 마음으로 부풀어 올랐다. 하지만 그 순간, 기쁨이 공포로 변했다. 이유도 모르게 갑자기 숫자의 진실이 뇌리를 스쳤다. 그 이전 해에 나는 30권쯤의 책을 읽었다. 내 입장에서 한 해에 30권은 신기록이었다. 그리고 계산을 해 보았다. 나는 20대 초반이었고, 운이 좋으면 50년은 더 살 것이다. 그렇게 되면 한 1,500권쯤을 읽게 될 것이다.

내가 바라보고 있는 한쪽 벽에만 그보다 더 많은 책이 있었다.

그때 나는 나의 필멸성을 깨달았다. 내 욕망은 현실을 앞질렀다. 나는 내가 읽고 싶은 책을 읽을 만큼 살 수 없다.

갑자기 서점에서 책을 고르는 일이 결정을 내리는 심오한 행위가 되었다. '결정하다'(decide)의 라틴어 어원(cise나 cide)은 '잘라 내다' 혹은 '죽이다'이다. 이 개념에는 무언가를 고르는 것은 달리 선택할 수도 있었던 선택 사항을 단절시킨다는 뜻이 담겨 있다. 그날 나는 하나의 이야기를 선택함으로써 다른 이야기를 잘라 내야 한다는 사실을 깨달았다. 나는 다른 많은 것을 잃으면서 하나를 선택해야 했다. 신중히 선택할 필요가 있었다. 내 이야기들을 관리해야 했다.

겨우 10년 전 내가 다이달루스 서적에서 '계시'를 받고 여러 해가 지나, 우리가 이야기를 소비하는 방식이 급격히 바뀌었다. 스마트폰은 아직 시중에 나오지 않았다. 아마존과 넷플릭스 같은 회사는 아직 도서와 DVD를 배송해 주는 업체였다. 내가 '스트리밍 이야기'(streaming story)라고 부르는 것은 아직 현실화되지 않았다.

그 경험을 한 지 10년이 채 안 되어 기술과 문화의 변화가 일어났고, 그 변화는 이야기가 더 이상 책꽂이에 놓여 있다가 선택받기를 기다리지 않는 방식으로 충돌해 왔다. 이야기가 우리에게 온다. 종종 이야기가 미디어의 빠르고 공격적인 흐름에서 우리를 선택한다.

이야기를 선별하는 것은 사치스러운 일이었다. 이제는 필요하며 어쩌면 시급하다.

형성하는 이야기

우리는 우리가 소비하는 이야기가 된다. 이야기는 서점의 벽을 구성했던 방식으로 우리의 삶을 구성해 간다. 이것은 우연히 일어난 사실이 아니다. 우리가 이야기 안에서 살도록 만들어졌기 때문에 사실이다.

우리의 이야기는 세상의 창조와 함께 시작된다. 에덴은 모든 만물이 있어야 할 자리에 존재하는 영화의 첫 장면이다. 그리고 나서 우리는 인간의 타락 및 하나님과의 단절이라는 비극에 사로잡혔다. 그리고 추격과 갈등이 벌어진다. 하나님은 어떻게 그분의 백성을 구출하시는가? 하나님은 구약의 극적이고 낭만적인 장면, 그들을 사막을 통과해 추적하시고 전쟁에서 구원해 내심을 통해 그들을 향한 그분의 사랑을 보여 주신다.

이후 줄거리가 복잡해진다. 상황이 더 이상 나빠질 수 없을 때, 우리는 하나님은 그분의 백성을 **위해** 오실 뿐 아니라 그 백성이 **되신다**는 사실을 깨닫게 된다. 예수님은 세상을 구원하러 오신 원형적인 영웅이다. 그러나 그분은 싸워서 세상을 구원하시지 않는다. 그분은 죽음으로 세상을 구원하신다. 복음은 비극이다. 인류는 구원

얻을 것이지만 하나님은 돌아가셔야 한다.

그러나 반전이 있다. 부활이 모든 예상을 뒤엎는다. 악은 패배하고 선이 다스릴 것이다. 하나님은 결국 승리하시며 사랑이 승리할 것이다. 새로운 시대가 도래하고 하나님의 나라는 끝이 없을 것이다. 프레드릭 비크너(Frederick Buechner)의 말대로 복음은 비극에서 희극으로, 그리고 동화로 옮겨 간다.

요점은 이것이다. 우리는 그저 이야기를 보는 데 그치지 않고 하나의 이야기 안에서 산다.

우리는 역사상 가장 서사시적인 이야기에 나오는 등장인물이며, 이것은 실제다. 실시간으로 펼쳐지는 이야기이며, 우리가 보는 이야기들은 이 실제 이야기가 무엇인지 우리에게 설명하려 한다. 그 이야기들은 우리가 우리 자신의 이야기를 어떻게 살아야 하는지 알아내는 데 도움이 된다.

신학자 스탠리 하우어워스(Stanley Hauerwas)가 이야기는 "기독교 신앙에 필수 문법"이라고 주장했을 때, 그는 성경이 주로 옳고 그름에 관한 도덕적 메시지가 아니라 하나님이 어떻게 우리를 구원하고 계시는지에 관한 이야기라고 말했다.[1] 우리는 우리가 무슨 이야기에 등장했는지, 영웅은 누구인지, 우리가 어떻게 구출되고 있는지 이해하지 못하면, 이야기의 각 상황에서 도덕성을 이해할 수 없다.

『도덕적 소설에 관하여』에서 존 가드너는 좋은 이야기가 세상의 혼란을 물리친다고 썼다. 좋은 이야기는 처음과 끝이 있는 어떤 종류의 세계가 있으며, 어떤 일이 벌어지는 곳에는 그 일이 벌어지는 이유가 있다. 이야기는 모든 것이 결국 어딘가로 향하고 있다는 확신을 우리에게 심어 준다.

그래서 이야기는 어떤 윤리 강의나 주일학교 수업보다도 선한 삶이 무엇인지, 세상이 어디로 가고 있는지, 인간이 된다는 것은 무엇을 의미하는지에 대한 우리의 개념을 형성한다. 이야기는 무엇이 아름다운지, 무엇이 의로운지, 우리가 서로 어떻게 살아가야 하는지를 말해 준다.

이것이 우리가 단지 이야기를 보는 것만이 아닌 이유다. 우리는 이야기가 된다.

기술 그리고 스트리밍 이야기의 출현

이것은 새로운 것이 아니다. 이야기의 형성하는 힘은 고대로부터 진리다.

그러나 완전히 새로운 것이 있다면 미디어 이야기들(medium stories)이 꾸려진 것이다. 등장한 지 10년이 채 되지 않았지만 스트리밍 이야기(streaming story)는 각각이 줄거리를 통해 우리를 형성하려는 목적을 지닌 이야기들이 우리에게 전달되는 전체 구도를 완전히 바꿔 놓았다.

기술은 언제나 이야기와 얽혀 있다. 고대에 이야기를 들으려면 들려주는 사람이 있어야 했다. 이야기를 기억해 말이나 노래로 들려줄 사람(음유 시인)이 필요했다. 원형 극장은 더 많은 사람이 이야기를 들을 수 있도록 소리를 증폭하기 위해 건축과 공간의 기술을 활용한 초기의 사례다. 종이나 잉크와 같은 기술로 인해 이야기를 들려주는 사람에 대한 의존도가 줄어들었고 읽을 수 있는 사람이면 누구든 이야기에 접근할 수 있게 되었다. 그리고 인쇄기는 한 사람이 평생 마주할 수 있는 이야기의 수를 대폭 증가시켰다.

수 세기 후 기술이 향상되고 글을 아는 사람의 비율이 상승하면서 새로운 이야기 전달 방법이 시작되었다. 찰스 디킨스(Charles Dickens)와 같은 작가들은 대량으로 유포되는 이야기를 만든 첫 번째 작가들에 속했다. 역사상 처음으로 수많은 무리의 사람이 집단으로 이야기의 줄거리에 매달리기 시작했다.

그리고 기술은 다시 변화했다. 토머스 에디슨(Thomas Edison)은 그림들을 함께 나란히 두기 시작했고, 워너(Warner) 형제는 움직이는 그림으로 이야기를 전달하는 개념을 사업화했다. 세상은 물론 영원히 변했다.

영화는 이제 가서 봐야 하는 것이 되었고, 비디오테이프와 DVD는 영화를 집 안으로 옮겨 왔다. 갑자기, 이야기 예술과 관련해 일어났던 과거의 변화는 충분치 않았던 것인 양, 인터넷과 스마트폰은 우리가 어느 때든 소비할 수 있는 이야기의 양과 종류를 기하급수적으로 증가시켰다.

이야기의 근본적인 힘과 이야기를 듣고 싶은 마음은 고대로부터 내려온 것이다. 그러나 이야기가 전달되는 미디어는 언제나 기술과 얽혀 있으며, 현세대는 스트리밍 이야기가 급증하면서 전례 없는 변화를 경험했다.

'스트리밍 이야기'(streaming story)는 전문 용어가 아니라 내가 만들어 낸 말이다. 오디오와 비디오 콘텐츠는 우리가 지속적으로 접속할 수 있을 뿐 아니라 우리가 다른 것에 관심을 두려 할 때도 우리를 겨냥하고 있음을 말하고 싶었기 때문이다. 이제 이야기들은 이전보다 훨씬 더 접근하기 쉬워졌으며, 작가들이 갖가지 종류의 속셈을 종종 품기에 훨씬 더 침습적이 되었다.

그래서 내가 **스트리밍 이야기**라는 용어를 사용할 때는 짧든 길든 오디오와 비디오 콘텐츠를 의미한다. 우리가 원하든 원치 않든 우리의 관심 영역 안으로 들어오는 이야기들을 말하는 것이다. 여기에는 넷플릭스와 유튜브뿐 아니라 미국 공영 라디오 방송(NPR), 폭스 뉴스, 아마존 프라임(Amazon Prime), 「뉴욕타임스」도 포함된다. 이것들은 이제 스포츠 바(sports bar)의 벽이고, 커피숍의 카운터다. 우리가 다운받은 기타 수많은 앱도 마찬가지다. 인스타그램은 그들의 피드 중 하나를 **스토리**(이야기)라고 부르는데, 그것이 금방 사라지고 마는 짤막한 삶의 한 장면을 공유하기 때문이다. 음란물은 금기시된 이미지뿐 아니라 우리의 육체적 탐욕 이상을 사로잡는 서사, 정체성, 가능성을 암시하는 비디오와 함께 그 타락성을 매매한다. 음란물은 우리 깊은 곳에 자리한 군림하고, 군림당하려는 욕구를 포착하기도 한다. 스트리밍 이야기는 어디에든 존재한다.

우리는 "왕좌의 게임"(Game of Thrones)이나 "로스트"(Lost)처럼 TV에서 장기간 방영되는 거대서사적 이야기와 몇 초 길이지만 우리의 시선을 빼앗는 미시적 이야기(주로 광고물)를 통해 일종의 르네상스를 겪고 있다. 리치먼드에 있는 한 마케팅 회사는 가이코사(GEICO, 미국의 보험 회사-역주)의 4초짜리 광고를 제작해 상을 탔다. 그 광고는 유튜브 영상이 시작되기 전 몇 초짜리 이야기를 들려준 후 '가이코'라는 큰 글자를 **펑** 보여 준다.

이제 이야기는 다이달루스 서적의 책들처럼 우리를 압박한다. 세상의 벽은 이야기로 만들어진 것 같다. 그리고 그 이야기들은 우리가 원하든 원치 않든 우리를 찾아온다.

미디어 비평가 마셜 매클루언이 1964년 "미디어가 메시지다"라고 썼을 때 그는 TV의 출현과 TV가 얼마나 빠르게 소통의 형태를 변화시키고 있는지 이야기하고 있었다. 이 현상은 더욱 사실이 되었다. 이제는 이야기의 내용만 우리의 관심사가 아니다. 미디어는 **더 형성적이지는 않더라도** 동일하게 형성적이다. 우리가 보는 **방식**은 우리가 보는 **내용**만큼이나 중요하다.

그날 서점에서, 나는 잘 살아가려면 나 자신의 한계를 고려해 이야기를 선별해야 한다는 점을 깨달았다. 하지만 어떤 책도 내게 달려들지 않았다. 내가 책으로 가야 할 때 선별하는 것은 충분히 어려웠다.

그러나 이제 우리는 이야기들이 우리를 선택하는 만큼 우리의 이야기를 선택하지 않는다. 우리가 아무것도 하지 않으면, 다른 누군가의 이야기들이 우리를 위해 우리의 삶을 선별할 것이다. 우리를 선택하려는 이야기들을 우리가 끊어 내지 않으면, 이야기들이 우리의 선택권을 앗아 갈 것이다.

그리고 만일 이야기들이 성경만큼 형성적이라면, 그리고 존 가드너와 일반적인 경험 모두 이야기들이 그렇다고 한다면, 그것은 지금 우리가 보는 곳마다 고장 난 수도꼭지에서 흐르는 물처럼 상충하는 형태로 형성되는 세상에서 살고 있다는 뜻이다. 냉철하게 선별하지 않으면 우리는 콘텐츠 소비로 형성될 것이 분명하다.

이야기 선별하기라는 새로운 덕목

스트리밍 이야기의 새로운 세상은 우리가 '선별'(curation)이라는 덕목을 시급히 길러야 한다는 뜻이다. 네 시간으로 한정하는 것은 아무래도 자의적이다. 당신은 두 시간이나 20시간으로 정할 수도 있다. 요점은 관리를 강제해 선택에 한계를 두는 것이다. 당신은 다른 사람 모두가 보거나 듣는 미디어 콘텐츠를 모두 보거나 들을 수 없다. 원하는 콘텐츠라도 모두 보거나 들을 수 없다. 그러나 당신은 몇 가지 혹은 많은 콘텐츠를 볼 수 있고, 그래야 한다. 당신을 사랑하지 않는 누군가가 당신을 위해 콘텐츠를 선별하지 않게 하려면 당신 스스로 선별해야 한다.

이렇게 미디어 섭취를 선별하는 습관은 공동 규칙의 중심에 영향을 미친다. 좋은 삶은 어떤 것이나 혹은 무엇이나 고를 수 있는 능력에서 오지 않는다. 좋은 삶은 제한함으로써 좋은 것을 선택하는 능력에서 온다.

제한은 자유가 발견되는 곳이다. 우리는 무제한적인 선택이 필요하지 않다. 그런 선택은 제대로 선택할 수 있는 능력을 사실상 제한한다. 우리는 선택을 제한할 필요가 있으며, 사실 이를 통해 제대로 선택할 수 있는 능력을 얻는다. 이야기 소비를 한 주의 특정 시간으로 제한하면 이야기를 잘 선택할 수 있는 능력이 자라기 시작한다.

선별은 좋은 것에 대한 감각을 가리킨다. 미술관 벽은 공간에 제약이 있다. 그래서 큐레이터는 좋은 예술에 대한 비전으로 그 벽의 공간을 최대한 활용하여 전시회를 계획한다. 나는 우리가 좋은 이야기에 대한 비전에 따라 이야기를 선별해 보자고 제안한다. 아름다움, 정의, 공동체를 위한 선별에서 시작할 수 있을 것이다.

아름다움을 선별하기 중국에 살 때 내가 자주 가던 곳 중 하나는 현대 중국 도자기 상점이었다. 거기에는 무거운 나무 선반을 지탱하는 노출된 콘크리트 벽이 있었다. 그 미니멀리즘 미학은 나무 선반에 놓인 훌륭한 백색 도자기 몇 점을 드문드문 있는 나무와 콘크리트 사이에서 갑작스럽게 나는 소리처럼 돋보이게 했다.

처음 상점에 발을 들여놓았을 때 나는 한 시간 동안 방해하지 않으려는 듯 도자기를 하나하나 보며 조용히 살금살금 걸었다. 다수의 디자인이 자연에서 영감을 얻었다. 그 도자기들은 **이 도자기는 남다르다**는 느낌을 유지하면서도 완벽히 기능적이었다. 디저트 접시는 단풍잎의 질감이 살아 있었고, 찻주전자는 복숭아처럼 부드러워 보였다.

나는 그곳에서 걸어 나올 때마다 원인 모를 허기가 해결되는 것

같고 영혼이 풍성해지는 것 같은 묘한 느낌을 받았다. 이런 경험을 위한 영어 표현이 있다. 우리는 이렇게 말한다. "맘껏 보고 즐기라"(feast your eyes on this). 우리는 아름다움에 굶주려 있다는 사실을 직관적으로 알기 때문이다.

어느 날 나는 창세기를 읽고 나서야 도자기 상점에서 일어났던 일을 신학적으로 이해할 수 있게 되었다. "여호와 하나님이 그 땅에서 보기에 아름답고 먹기에 좋은 나무가 나게 하시니"(창 2:9). 이 구절이 내 눈길을 끌었다. 나의 도자기 여행을 묘사하는 데 채택한 바로 그 은유(시각과 음식)를 이 구절이 설명해 주기 때문이다. 배는 음식에 굶주리도록 만들어졌고, 눈은 아름다움에 굶주리도록 만들어졌다. 우리는 아름다운 것들을 소비하도록 만들어졌다. 훌륭한 음악, 위대한 영화, 대단한 공연 등은 모두 허기진 영혼을 위한 양식이다.

아름다움을 선별하는 것은 우리가 그 메시지를 토대로 이야기를 선택해야 한다는 생각을 넘어 우리에게는 아름다움이 필요하다는 생각을 수용한다는 뜻이다. 그리고 그 아름다움은 예측하지 못한 곳에서 발견될지도 모른다.

나와 로렌은 영화 감상을 좋아하지만 과중한 업무와 네 명의 어린아이들 때문에 우리가 추천받은 영화를 모두 본다는 것은 있을 수도 없고 권장할 만한 선택도 아니다. 결국 로렌은 "영화 촬영"(Filmspotting)이라는 영화 팟캐스트를 듣고, 그녀가 평소 신뢰하는 수많은 평론을 읽는다. 그리고 나면 로렌은 내게 어떤 영화는 정말 잘 만들어졌으니(아름다움의 표지) 무시당하면 안 된다고 말해 주거나,

어떤 영화는 관중을 즐겁게 하므로(보편적 진실의 표지) 모두 반드시 봐야 한다고 말해 준다.

그 영화는 최우수 작품상 후보작인 영화일 때도 있고, 거의 알려지지 않은 영화제에서만 들어 본 영화일 때도 있다. 100번 중 99번은 로렌이 옳았다('딱 한 번', 언젠가 로렌이 휴가 때 온 가족이 볼 영화를 고른 적이 있는데 너무 재미가 없어서 우리 모두 로렌에게 과일을 던지고 싶은 충동이 들 정도였다. 그것만 유일한 예외였다).

아름다움을 선별하지 않고 산만한 욕구를 충족시키거나 메시지에만 근거해서 고를 때 우리는 **세상을 깊이 느끼고 싶어 하는** 인간의 본질적인 필요를 놓치고 만다. 메시지에 집중하는 것은 전혀 나쁘지 않다. 다만 불완전할 뿐이다. 진실을 말로 듣는 것만으로는 충분하지 않다. 당신의 영혼 안에서 진실을 느껴야 한다.

아름다움을 선별하는 일은 진실을 머리에서 가슴으로 옮긴다.

정의를 위해 선별하기 정의를 위해 선별하는 것은 세상이 무너지는 모습으로 우리의 마음을 찢는 이야기와 세상이 갖추어야 할 모습을 사랑하게 만드는 이야기를 찾아 나서는 것을 의미한다. 성경이 정의에 관해 이야기할 때는 정부가 범죄에 관해 말하는 것보다 훨씬 큰 방식으로 이야기한다. 정부가 범죄에 대해 하는 이야기는 성경에 나오는 정의에 관한 광대한 비전에 비하면 매우 사소하다. 성경은 세상이 **반드시** 그래야만 할 모습을 포괄적인 방식으로 이야기한다. 성경은 히브리어 '샬롬'(shalom)을 사용해 **모든 만물이 제자리에 있다**는 개념을 암시한다.

변호사로서 나는 정의를 직물이나 짜임새가 훌륭한 태피스트리라고 생각한다. 정의의 태피스트리가 찢어질 때, 사람들, 특히 가장 연약한 사람들은 그 틈으로 빠진다. 정의의 태피스트리를 짜는 것은 취약한 사람을 위해 구멍을 메우는 것이다. 그러나 더 있다. 태피스트리라는 개념은 우리에게 정의는 아름답다는 사실을 일깨운다. 제대로 짜인 정의의 태피스트리는 세상의 벽에 걸어 놓을 가치가 있다. 전시된 정의는 입이 떡 벌어질 정도로 아름다우므로 우리는 꼭 구경할 필요가 있다. 그래서 미가는 우리가 정의를 행할 뿐 아니라 인자(kindness)를 **사랑해야** 한다고 기록한 것이다(미 6:8).

이 세상에서 이야기보다 정의를 향한 우리의 사랑(이나 무관심)을 길러 주는 것은 없다. 모든 좋은 이야기는 세상에서 무엇이 잘못되었는지 우리에게 말해 주려 한다. 태피스트리가 찢어진 곳은 어디일까? 샬롬이 무너진 곳은 어디일까? 누가 그 무너진 틈으로 떨어졌으며, 무엇을 할 수 있을까?

모든 좋은 이야기는 또한 우리가 그 무너짐에 대해 무엇을 해야 하는지를 알려 준다. 이 문제를 풀 수 있는 영웅은 누구일까? 그리고 샬롬의 태피스트리를 고치려면 누가 패배해야 할까? 회복된 세상은 과연 어떤 모습일까? 이것들은 모두 정의의 질문이다.

그래서 모든 이야기는 우리가 무언가에 좌절하게 하고, 그 해결책과 사랑에 빠지게 한다. 문제는 이야기들이 잘못된 것에 두려움을 느끼게 하고 틀린 해결책과 사랑에 빠지게 하는 것이다.

여기서 우리는 미디어, 특히 뉴미디어(new media)의 이야기들에 세심한 주의를 기울여야 한다. 뉴스 미디어의 스트리밍 이야기는 우리를 자극하고 계속 돌아오게 하는 짧은 이야기를 만들어 내도록 재정적으로 인센티브를 받는다. 이야기가 자유주의적인지 아니면 보수적인지는 중요하지 않다. 수선이 필요한 세상을 가리키기보다 더 많은 미디어의 소비를 가리킨다면 이 둘 모두 정의를 공격하기 마련이다.

정의를 위해 선별하는 우선적인 방법 중 하나는 매주 미디어를 접할 때 짧은 형식의 뉴스 대신 긴 형태의 자료를 읽는 데 시간을 할애하는 것이다. 이런 자료는 시장이 당신에게 공격적으로 강요하지 않기 때문에, 당신이 찾아보거나 비용을 지불해야 할 것이다. 긴 형태의 기사, 팟캐스트, 다큐멘터리는 취약한 이웃에 관해 알려 주고, 마음이 그들을 향하게 하며, 우리를 더욱 많은 미디어로 부메랑처럼 던지는 대신 세상으로 보낸다.

정의를 위해 선별하는 두 번째 방법은 그리스도의 몸의 다양한 소리에 세심한 주의를 기울이는 것이다. 나는 자주 아프리카계 미국인인 매부 댄에게 무엇을 보거나 들어야 할지 조언을 구한다. 그가 세상을 보는 견해와 나의 견해는 중요한 면에서 차이를 보이는데, 이를 경청할 필요가 있기 때문이다. 댄이 미디어 정보를 추천해 주는 사람 그 이상이라는 사실에 유의하는 것이 중요하다. 댄은 내 형제이자 친구다. 댄이 꼭 팔로우해야 할 트위터나 "반드시 들어야 할" 팟캐스트가 무엇인지 말해 주지 않았다 해도 우리의 삶은 유쾌하게 엮여 있다. 그러나 나는 흑인인 댄이 그리스도 안에서 한 형제로서 세상에 관해 내가 신뢰하는 성숙한 관점을 발전시켜 왔다는 것 역시 알고 있다. 그래서 나는 세상을 더 포괄적이며 공정하게 볼 수 있도록 그를 비롯한 많은 사람에게 의지하고 싶다. 우리는 우리 자신만의 시각으로 이야기를 볼 때 정의를 위해 선별할 수 없다. 우리는 하나님의 모든 자녀의 다양성과 많은 목소리가 들려주는 집단적 지혜가 필요하다. 이는 언제나 진실이지만, 특히 뉴스 미디어가 우리를 반향실(echo chamber)로 밀어 넣도록 설계된 순간에는 더욱 시급하다. 부족 중심주의로 미끄러지는 것에 저항하려면 다양성을 인정하는 역(逆)형성적 습관이 필요하다.

정의를 위해 선별하는 세 번째 방법은 취약한 사람들에게 마음이 향하게 하는 이야기나 자료를 찾는 것이다. 예를 들어, 나는 라디오 야구 중계를 듣는 것을 좋아하며, 이를 매주 듣는 미디어에 포함시킨다(나는 모든 스포츠를 우리 눈앞에서 펼쳐지는 생동감 넘치는 경쟁 이야기로 보며, 이런 이유로 우리는 스포츠를 몹시 사랑한다). 하지만 이런 야구 중계 청취는 휴식을 취하며 친구들과 유대감을 형성하기에는 매우 좋은 방법이어도, 정의를 사랑하는 내 감각에는 별 도움이 되지 않는다. 내가 워싱턴 내셔널스 경기만 내내 들을 때는 스포츠 사이트를 검색하고 불펜의 해결책에 관해 배우는 데 더더욱 몰입한다. 나를 둘러싼 동네에서 일어나는 오피오이드(opioid, 아편과 비슷한 작용을 하는 합성 마취약-역주) 위기에 관해 읽지 않으며, 취약 계층의 취업 문제에 영향을 미칠 동네의 새 버스 노선을 결정하는 투표는 내 관심을 끌지 못한다.

이야기는 정의를 사랑하는 데 방해가 될 수 있다. 우리는 종종 부드러워지기보다 둔해지기 때문이다. 이런 성향에 맞서는 방법 중 하나는 내가 선별한 미디어 목록에 스포츠 이외의 것들을 포함시키는 것이다.

예를 들어 마틴 루서 킹의 유튜브 연설 영상이나 형사 사법(criminal justice)의 현 문제점에 관해 신뢰할 만한 견해를 들려주는 브라이언 스티븐슨(Bryan Stevenson, 미국의 변호사, 사회 정의 운동가-역주)의 TED 강연 같은 것 말이다. 이 선별된 목소리들은 오히려 둔해지는 내 마음을 찌른다. 이들은 미디어를 제한하는 것이 세상의 문제점을 외면하는 것이 **아니라** 그 문제 속으로 들어가기 위해 눈을 뜨는 것임을 상기시킨다.

나는 우리 세대의 새로운 문제가 주류 뉴스(진보적이든 보수적이든)의 성난 어조나 공격적인 어조가 우리를 세상의 고통에 둔해지게 만드는 방식이라고 생각한다. 모든 것이 위기일 때, 어떤 것도 위기일 수 없다. 우리가 점점 많은 정보를 얻고 있다고 생각하지만, 사실 우리는 점점 둔해지고 있다. 무너진 세상에 대한 진정한 이해와 억압받는 이들에 대한 진정한 공감은 온라인상의 분노의 불길이 아니라 진정한 정의에 대한 사랑을 신중하게 관리할 때 찾아온다. 우리는 분노에 차서 정의를 말하는 사람이 되기를 저항하고 사랑으로 정의를 말하는 사람이 되기 위해 노력해야 한다.

우리가 특별히 취약한 이들에게 귀 기울이고, 그들을 사랑하고, 때로는 화면을 닫고 그들이 있는 곳으로 다가가지 않으면, 이 끝없이 스트리밍되는 미디어는 그들의 조용한 울음소리를 지워 버릴 것이다.

공동체를 위해 선별하기 공동체를 위해 선별하는 것은 우리의 이야기가 우리를 고립시키지 않고 고립으로부터 벗어나게 해야 함을 근본적으로 깨닫는 것을 의미한다. 중독성 강한 미디어의 막대한 양은 실제로 위험을 초래한다. 미디어는 정말 좋은 이야기로 우리의 마음을 사로잡지만, 우리의 삶을 내내 소파에서 보내는 대가를 치르게 한다. 새로운 투쟁은 아니다. TV가 이 역할을 오랜 기간 해 왔지만, 스트리밍 이야기로 인해 더욱 강화되었다.

기초적인 실천 방법 중 하나는 전부는 아니더라도 대부분의 미디어를 룸메이트, 배우자, 이웃, 친구 등 누군가와 **함께** 보는 것이다. 이야기는 공통의 유대감에 중요한 일부를 차지한다. 같은 이야기를 공유하고 사랑하는 건 우리가 사회 문화를 만드는 가장 중요한 방법 중 하나다. 공동체는 또한 우리가 보는 내용을 걸러 주기도 한다. 우리가 함께 선택할 때 더 분별력이 있다.

우리는 이웃을 초대해 TV 시리즈를 함께 보거나 친구들을 불러 모아 특별한 의미가 있는 영화를 함께 봄으로써 이러한 현실을 수용할 수 있다.

사람마다 모두 취향이 다르므로 공동체를 위해 미디어를 선별하는 것은 무언가를 함께 시청하기 위해 좀처럼 조정하고 싶지 않은 당신의 기준을 바꾸거나 잠정적으로 낮출 수도 있다는 뜻이다. 왜냐하면 공동체를 위해 선별하는 것은 또한 당신이 그러지 않았다면 함께하지 않았을 사람과 함께 있는 것을 의미하기 때문이다. 물론 여기에는 지혜가 필요하지만, 나는 우리를 묶는 지혜보다 갈라놓는 지혜에 더 회의적이다. 나는 항상 공동체에 속해 실수하는 편을 택할 것이다.

미디어를 통한 이웃 사랑

내가 다이달루스 서적의 책장 앞에 서 있던 때를 떠올려 보면, 그때 내가 본 것이 지금 컴퓨터 화면에서 보는 것과 놀라울 정도로 비슷하다는 사실을 깨닫는다. 그것은 다름 아닌 이야기들의 벽이다. 세상은 여전히 이야기로 이루어져 있지만, 내 관점은 근본적으로 바뀌었다. 그때는 내가 그 이야기들을 모두 소유할 수 없다는 점이 두려웠다. 이제는 가장 아름다운 이야기나 가장 옳은 이야기를 발견하고 싶은 욕망이 생겼다. 또한 나를 사람들과 더 멀어지지 않고 가깝게 만들어 주는 이야기를 추구하고픈 욕망도 생겼다.

이것은 습관에 의해 길러진 욕망이다. 나는 이것을 개인적인 덕목으로 생각하지 않는다. 이것은 세계를 보는 렌즈이고, 공적인 결과를 야기하는 행동이 된다.

이야기는 우리를 특정한 부류의 사람들로 세상에 보내기 때문에, 미디어를 선별하는 습관은 이웃을 사랑하는 습관이다. 아름다운 이야기를 선별한다는 것은 우리가 좀 더 아름다운 세상에서 산다는 뜻이다. 올바른 이야기를 선별한다는 것은 우리가 집단적으로 정의에 대한 감각을 조율하고 우리의 시선을 취약한 이들에게 돌린다는 뜻이다. 공동체를 위해 선별한다는 것은 고립에 저항하고 우리 이웃과 친구들에게 가까이 다가간다는 뜻이다.

이야기를 선별하는 것은 단순히 당신의 시간을 재배치하는 작업이 아니라 참된 이야기가 있다는 사실을 당신 자신에게 상기시키는 작업이기도 하다. 좋은 이야기라면 어떤 것이든 참된 이야기를 근본적으로 반영한다는 사실을 당신이 알도록 재교육하는 작업이다.

미디어를 선별하는 것은 비극과 희극이자 동시에 동화이기도 한 복음 이야기와 함께 울고 웃고 박수 치는 법을 배우는 삶을 한꺼번에 세우는 일이다.

매주 습관 2

미디어 네 시간 선별하기

한눈에 보는 습관

이야기는 매우 중요하므로 최대한 세심하게 다루어야 한다. 끊임없이 스트리밍되는 중독성 강한 미디어에 한 시간 제한으로 저항하는 것은 시청하는 것을 선별해야 함을 뜻한다. 이야기를 선별하는 것은 아름다움을 유지하고, 정의를 사랑하도록 가르치는 이야기, 우리를 공동체로 이끄는 이야기를 찾는 것을 의미한다.

시작하는 세 가지 방법

시간 감사. 시간 감사(time audit)는 위협적인 습관이 될 수 있으므로 여기서부터 시작하면 좋다. 이것은 내가 신경 쓰는 일이 무엇인지를 보여 주는 놀라운 방법이다. 한 주 동안 시청했던 미디어를 추적하고, 그다음 주에는 4시간이나 당신이 편하게 느끼는 합리적인 시간을 정하라.

목록 작성. 내 아내 로렌은 좋은 영화, 공연, 팟캐스트 목록을 계속해서 만들어 놓는다. 이렇게 목록을 작성하는 것은 선별을 시작하는 좋은 방법이다. 실시간 영상이나 넷플리스가 제안하는 콘텐츠를 보는 대신 시청할 만한 콘텐츠 목록을 만들고 그대로 지키라. 이런 일이 힘들 경우 당신이 신뢰하는 사람들이 만들어 놓은 온라인상의 목록을 검색하라. 온라인상에는 정말 좋은 목록들이 있다.

자동 플레이 기능 끄기. 대학 다닐 때 영화 수업에서 교수님은 엔딩 크레딧도 영화의 일부라는 주장을 열정적으로 펼치셨다. 당신이 이야기로부터 벗어나 그 이야기를 가만히 되돌아보려면 시간, 음악, 대사 등이 필요하다. 자동 플레이 기능은 이야기에 관해 숙고하지 못하게 할 뿐 아니라 다른 이야기를 선택해서 보고 싶은 마음을 강하게 부추긴다. '설정'에 들어가 자동 플레이 기능을 끄라.

세 가지 고려 사항

위대한 이야기들. 이야기를 선별하는 가장 좋은 방법은 위대한 이야기를 만나는 것이다. 위대한 이야기가 우리를 바꾼다. 또한 우리에게 만족을 주고 더 위

▶ **독서 자료** 『영화는 기도다』(Movies Are Prayers), 조시 라슨(Josh Larson), 『진리를 말하다』(Telling the Truth: The Gospel as Tragedy, Comedy, and Fairy Tale), 프레드릭 비크너 (비아토르 역간)

대한 이야기를 갈망하게 만든다. 때로 오랜 세월 동안 건재해 온 소설이나 영화가 좋은 출발점이 된다. 기록된 형태의 콘텐츠는 그 콘텐츠에 쏟아야 하는 시간 때문에 중독에 저항한다는 점을 주목하라. 위대한 소설이나 전기를 읽는 것으로 미디어 이용의 균형을 맞추라.

피드 읽기. 우리가 보는 이야기들은 우리에 관해 많은 것을 말한다. 특히 우리가 누구인지, 우리가 누구를 사랑하는지를 이야기한다. 당신이 보고 싶은 영상이 무엇일지 유튜브가 예측해 추천해 주는 영상과 인스타그램이 제시하는 당신의 선호 콘텐츠를 유심히 보라. 당신은 그런 존재가 되고 싶은가? 그것이 당신이 사랑하는 것인가? 그러나 자신을 너무 가혹하게 판단하지는 마라. 기분을 상하게 하려는 것은 아니다(그리고 어쩌면 피드가 당신에 대해 말하는 내용을 좋아할 수도 있다). 이것이 선별하기의 시작이다. 당신이 무엇을 시청하는지 살펴보고(빅 데이터가 당신보다 더 잘 안다), 거기서부터 추가하고 차단하고 선택하라.

비디오 앱. 나는 유튜브 영상을 수없이 시청하지만 유튜브 앱이 없을 때 영상을 더 신중하게 고른다는 것을 발견한다. 넷플릭스도 마찬가지다. 내가 휴대전화가 아닌 컴퓨터로 영상을 보는 이유는 휴대전화의 사적인 느낌에 거부감이 들기 때문이다. 나는 공적인 장소에서 더 잘 선택한다. 그런 이유로 나는 친한 친구 여럿과 함께 인터넷 검색 기록을 모두 공유하는 컴퓨터에 프로그램을 넣어 둔다. 여기서 요점은 우리가 사적인 공간에서 선별할 때 결과가 좋지 않다는 사실을 유념하고, 무엇이 최선의 선별을 돕는지 파악하는 데 있다.

좋든 나쁘든 우리는 우리 자신이 관심을 기울이는 이야기 자체가 될 것이다. 끊임없는 스트리밍 이야기의 세상에서 우리는 선별하고 한계를 설정해야 한다. 매주 미디어를 선별하는 습관은 이야기를 제대로 선택하는 능력을 길러 준다.

금식은 고통스럽다.
데이비드 윌리엄슨(David Williamson), 내 친구이자 매부

"금식할 때에…"(마 6:16).
예수

24시간 금식하기

세상의 필요에 눈뜨는 법

어느 봄날 주말 우리 친구들은 절친한 매슈와 카미를 보려고 플로리다주 잭슨빌로 긴 주말여행을 떠났다. 매슈는 나와 가장 친한 친구이며('매주 습관 1'에서 언급했던 그 친구) 잭슨빌에서 여러 해 동안 해군으로 복무 중이었다. 우리는 2년에 한 번씩 봄에 그곳으로 여행을 가는 전통을 만들었다. 친구들 중 일부는 자녀가 있지만, 어떤 친구들은 아직 자녀가 없고, 어떤 친구들은 미혼이다(이런 우리가 함께 내려간다). 긴 주말에 우리는 풀장 주위를 다니며 티키 음료(tiki drinks, 열대 과일로 만든 칵테일-역주)를 마시고 저녁에는 천천히 사치스러운 식사를 즐긴다.

그해 어느 날 저녁, 포도주와 집에서 만든 빵, 하루 종일 구운 바비큐를 즐기며 데크에 걸터앉아 늦은 밤까지 이야기를 나누었다. 오랜 기간 이어 온 우정이 주는 가장 행복한 때 식탁에 둘러앉아 천천히 우리만의 시간을 보내며 그동안 살아온 이야기를 나누었다.

그러나 우정이 그토록 아름답게 꽃피우던 시절이건만 삶이 종종 그렇듯이 슬픈 일이 다가왔다. 친구 중 두 명이(우리가 수개월 동안 기도해 왔던) 이번에도 임신이 불가능하다는 사실을 알게 되었다. 거의 한 해 동안 그들은 소망과 기도 속에서 오르락내리락했다. 그러나 특별한 일은 일어나지 않았고 슬픔만 찾아왔다.

우리가 계속 식탁에 둘러앉았을 때 다른 두 친구가 수개월 전 유산으로 인해 겪었던 슬픔과 이후 임신하기 위해 했던 힘겨운 노력에 대해 이야기했다.

차려 놓은 식사를 하기도 전에 눈물과 아픔이 분명하게 도드라졌다. 우리는 조명을 밝히고 칵테일을 만들고 우리 배를 채울 수 있는 모든 것을 사서 요리했다. 그러나 가슴의 공허함은 좀처럼 가시지 않았다.

음식으로 해결할 수 없는 아픔은 언제든지 일어난다.

음식과 금식

세상에 공허함이 있기 전에 음식이 있었으며, 이는 매우 중요한 사실이다. 아담과 하와를 위해 에덴동산을 만드셨을 때 하나님은 선악과를 그곳에 두시면서 그들에게 하루에 세 번 충분한 식사를 꼭 하지 않으면 몸이 제대로 말을 듣지 않을 거라고 말씀하시지 않았다. 하나님이 아담과 하와를 두신 동산은 이런 곳이었다. "보기에 아름답고 먹기에 좋은 나무가 나게 하시니"(창 2:9). 하나님의 사람들은 부족함 없이 음식을 먹었다. 하나님은 자비로우시며 놀라운 일을 행하시는 분이기 때문이다.

우리는 음식을 먹도록 만들어졌다. 배를 채우기 위함이 아니라 우리가 풍성해지기 위함이다. 우리는 식사를 통해 그 풍성함을 기념해야 한다. 공허함을 채우기 위한 식사는 온전한 식사가 아니다. 그것은 위기를 극복하려는 몸부림이다.

그러나 인간의 타락은 모든 걸 바꿔 놓았는데, 여기에는 식사도 당연히 포함된다. 타락을 가장 잘 이해하려면 하나님이 우리에게 주신 선한 것들을 우리가 신으로 만들어 버린다는 사실을 떠올리면 된다. 아담과 하와가 선악과를 먹었을 때 그들은 하나님이 주신 선물을 왜곡했다. 그들은 먹고 나서 하나님을 기념하는 대신 하나님이 되려 했다.

인간의 타락 이후 세상에 들어온 온갖 죽음과 고난 가운데 음식과 우리의 관계도 무너졌다. 이제 우리는 음식을 얻기 위해 땅에서 고생해야 한다. 희소성과 결실 없는 노동이 이 땅에 들어왔다. 음식을 먹지 않으면 죽을 수밖에 없는 몸을 지니고 있으며, 최초의 살인은 음식과 관련된 시기심 때문에 일어났다.

하나님과 더불어 생명을 한껏 기념하도록 만든 시간은 우리가 불가피하게 겪어야 하는 고난과 죽음의 표식이 되었다.

공허함을 음식으로 해결하기

고난과 죽음의 세상에서 우리가 받는 최대 유혹 중 하나는 음식을 통해 타락을 거듭 재현하는 것이다. 우리는 공허함을 채우기 위해 먹는다. 이런 까닭에 성경에서 금식이 그토록 자주 언급되는 것이다. 금식은 스스로 행복을 찾아 나선 원죄를 거부하고 우리의 풍성함의 근원이신 하나님을 바라보도록 강제하는 수단이다. 이런 의미에서 금식은 세상의 진리, 즉 우리는 하나님 없이는 공허하다는 진리를 수용하는 행위이다. "사람이 떡으로만 사는 것이 아니요"(신 8:3).

금식은 공복을 경험하며 시작해 세상의 공허함을 경험하며 마무리하게 된다. 성경에서 금식은 하나님의 필요성을 드러내고 명시하는 것이 전부가 아니다. 세상의 고통을 받아들이고 하나님이 그 고통을 해결해 주시기를 바라는 것이 금식이다. 그래서 에스더의 시대에 이스라엘 백성이 금식한 것이다. 이스라엘을 지배하던 왕좌의 타락과 부정을 그들이 알았기 때문이다. 그들은 하나님이 구속해 주시기를 바랐다.

예수님이 공생애 사역을 시작하기 전에 금식하신 것도 일부 이런 이유 때문이라고 할 수 있다. 예수님은 타락한 세상을 회복시키기 위해 보냄 받으셨고, 40일 간의 금식은 곧 시작될 그분의 사역을 통해 세상이 회복되기를 바라는 마음을 담은 행위였다. 예수님은 세상의 충만함을 위해 몸소 기도하시며 자신을 비우셨다.

이렇게 해서 금식은 만물의 줄거리를 추적한다. 우리가 충만해지려면 비워져야 한다. 그리스도께서 자신의 몸을 부인하셔서 우리가 그분의 몸에 참여할 수 있었다.

매주 금식하는 습관은 세상의 공허함을 있는 그대로 수용하는 일이며 세상의 충만함이 이루어지기를 바라는 기도다. 물론 세상은 금식이 아닌 잔치로 마무리된다. 이런 의미에서 우리가 금식하는 것은 어린양의 혼인 잔치를 간절히 바라기 때문이다.

금식이 내적 필요를 드러내는 방법

잭슨빌에서 친구들과 그날 밤을 보낸 뒤 우리는 함께 금식하기로 결심했다. 금식을 통해 포궁이 비어 있는 친구들의 공허함을 나누려는 목적도 있었지만, 세상과 그들의 포궁이 채워지기를 함께 바라는 마음도 있었다. 우리는 날짜를 정하려 했지만 고른 날짜가 모두 제각각이었다. 어떤 친구들은 임신했거나 육아 중이었고, 금식이 불가능한 친구도 있었다. 그래서 이런 친구들은 설탕이나 소셜 미디어를 24시간 끊는 금식을 선택했다. 어떤 금식이든 친구들이 간절한 소망을 갖게 하는 금식이면 충분했다. 어떤 친구들은 실질적으로 한 끼 금식만 가능한 몸이나 직업을 지니고 있었다. 어떤 친구들은 24시간 이상을 음식 없이 지냈다.

금식의 요점은 그 세부 사항이 아니다. 그 요점은 부족함을 받아들이는 데 있으며, 이러한 수용은 다양한 방식으로 이루어질 수 있다. 모든 방식은 급진적인 행동으로 나타나며, 미국에서는 특히 그렇다. 여기서는 금식이 아메리칸 드림과 반대 방향이기 때문에 기이하게도 반문화적이다. 아메리칸 드림을 추구하는 우리는 개인이 열심히 노력하면 신분 상승이 가능하다고 서로에게 말한다. 결국 그 꿈에 도달하면 행복할 거라고 말한다. 그러나 우리는 금식으로 의도적으로 공허함을 지향하고, 우리는 먹을 수 없다는 것, 즉 스스로 행복을 쟁취할 수 없다는 점을 인정한다. 우리는 하나님을 통해서만 행복할 수 있다.

미국식 편안함에 관한 이야기는 진부하기 짝이 없다. 어디를 가나 분명하게 드러나기 때문이다. 우리는 좋은 음식을 너무 배불리 먹어 사실상 과잉으로 인해 죽는다. 우리는 문제를 회피하기 위해 먹고, 과식이 야기한 문제를 해결하기 위해 먹는다.

금식은 이 모든 것을 드러낸다. 금식은 갑작스럽게 자신을 노출시킨다. 음식으로는 욕망을 누르거나 감각을 둔화시키거나 만족이나 행복을 느끼게 할 수 없다.

내가 금식하고 가장 먼저 깨달은 것은 나 자신의 공허함이었다. 얼마나 규칙적으로 금식하느냐와 상관없이 금식은 나를 깜짝 놀라게 한다. "안 돼, 오늘은 아무것도 먹을 수가 없어." 그리고 바로 깊은 좌절감에 빠진다. 어떤 날에는 아침 식사가 그날의 감정을 어떻게 결정하는지에 대해 생각하지 않는다. 금식하는 동안 아침을 먹지 않을 때는 **글쎄, 오늘은 어떤 가치가 있을까?**라는 진솔한 생각을 한다. 배고픔은 아직 밀려오지 않는다.

아침나절이 되면 짜증이 나기 시작한다. 고픈 배에 온통 신경이 집중될 뿐 아니라 평상시 같으면 해낼 일을 할 수 없게 된다. 점심이나 스낵 등을 고된 일의 고통을 가라앉히는 수단으로 기대한다. 결국 짜증은 분노로 바뀌고, 인내심의 한계가 곳곳에서 드러난다. 이것이 바로 금식을 실천할 때의 첫 번째 특징이다. 내가 누구인지 제대로 보는 것이다.

내가 금식할 때면 내면 깊은 곳으로부터 나 자신이 그렇게 인내심이 많은 사람이 절대 아니라는 사실을 알아차린다. 나는 사실 언제든 자족하는 사람이 아니다. 내가 생각했던 것처럼 독립적이지도 강하지도 않다. 나는 음식과 술로 치료를 기대하는 약하고 잘 참지 못하고 분내기 좋아하는 사람이다. 이를 직면하자니 고통스럽다. 그러나 금식 없는 삶은 내가 참으로 누구인지 모르는 채 사는 것과 같다.

여기서 끝이 아니다. 사람은 빵으로만 살 수 없는 존재다. "하나님의 입으로부터 나오는 모든 말씀으로 살 것이라"(마 4:4). 다시 말해, 진정한 공허함 안에는 진정한 삶이 있다.

금식할 때 나는 각 식사 시간의 일부를 기도하는 시간으로 떼어 놓는다. 기도 시간은 배가 아플 때 영혼이 놀라운 은혜로 채워지는 것처럼 나를 채워 달라는 기도로 시작된다. 금식은 당신의 욕망을 밖으로 드러내어 당신 자신을 관찰할 수 있게 만든다. 기도와 더불어 행하는 금식은 종종 금식 없이는 불가능한 영적인 확신으로 나를 이끈다. 내가 누구인지 더 분명히 알게 되고, 하나님이 누구신지 더 깊이 느끼게 된다.

세상과의 관계에서는 내가 취하는 태도가 느리면서도 분명하게 재조정된다. 나는 내가 원하는 것을 얻으려고 여기 있는 것이 아니다. 나는 다른 사람들을 사랑하려고 여기에 있다.

종종 저녁에 귀가할 때면 저녁 식사 메뉴가 무엇인지 궁금해 미칠 지경일 때가 있다. 그러나 내가 금식할 때면 기념비적인 변화가 일어난다. 집에 오면서 무엇을 먹을지 기대하지 않는다. 식구들이 먹을 때 도와줄 일을 생각한다. 가장 놀라운 점은 내가 실제로 그렇게 행복하다는 사실이다. 이전에는 언제나 음식이 나를 행복하게 만든다고 생각했지만, 이제는 사랑이 그렇게 한다는 것을 안다. 이런 변화가 일어나고 나서 내가 좋아하게 된 일 중 하나는 내가 금식하는 동안 다른 사람들을 위해 요리하는 것이다.

금식은 어떻게 세상의 필요를 드러내는가

잭슨빌에서의 모임 이후 친구들과 금식하던 어느 날 밤, 나는 산책하고 싶어졌다. 금식할 때는 저녁이 매우 힘든 시간이다. 해가 지고 나면 허기가 사정없이 몰려오기 때문이다. 그러면 어떻게 해야 할지 모를 때가 많다. 그리고 금식할 때는 되도록 밤에는 일하지 않으려 해서 주의를 분산시키는 것이 하나도 없다. 나는 허기를 해결하기 위해 뭐라도 하려고 무언가를 듣거나 산책하며 기도한다. 그날 밤에는 이 둘을 모두 시도했다.

내가 잭슨 워드(Jackson Ward)라고 불리는 리치먼드 도심의 북부 인근에서 살던 무렵이었다. 그곳은 내가 근무하던 로펌과 거리가 가까웠다. 걸어서 10분, 버스로 5분이면 남쪽에 위치한 사무실에 도착할 수 있었다. 그날 밤 걷다가 나는 문득 현관문을 나설 때마다 남쪽으로 향하는 것이 내 습관임을 알아차렸다. 그쪽에 사무실이 있기 때문에 남쪽으로 걸었던 것이다. 그곳에는 우리 아들이 수영하는 YMCA 건물이 있고, 책을 읽고 놀이도 즐길 수 있는 공공 도서관이 있다. 그곳에는 내가 즐겨 찾는 바도 많다. 멋진 카페와 빵집도 있고, 버스 정류장도 있다.

간단히 말해, 도시 생활은 우리 집의 남쪽에서 이루어지고 있었다. 그 생활은 매우 활기가 넘쳐서 내가 한 번도 북쪽으로 걸어간 적이 없다는 사실을 신경 쓰지 않았다. 나는 그날 밤이 되어서야 알아차렸다.

나는 마틴 루서 킹이 1967년 스탠퍼드에서 행한 연설을 다 듣고 북쪽으로 걸었다. 그 연설은 두 종류의 미국에 대해 언급했다. "우리나라의 온 도시에는 이와 같은 이원론이 있습니다. 이러한 정신분열은 다방면에서 분열을 가져오고, 온 도시가 하나가 아닌 두 도시로 나뉘고 맙니다. 두 개의 미국이 있는 것입니다."[1)]

그날 밤 그 연설을 들었을 때 나는 미국의 그 경계선에서 살고 있는 까닭에 그가 무엇을 말하려는지 알 수 있었다. 그래서 그날 밤 나는 남쪽 대신 북쪽을 향해 세 블록을 걸어 리치먼드에서 가장 큰 저소득층 주택 단지인 길핀 코트(Gilpin Court)로 갔다. 이 단지는 내 사무실보다 우리 집과 더 가까웠다. 나는 사무실로 매일 걸어서 출근했지만 길핀 코트로 걸어간 적은 없다. 단 한 번도 없다.

길핀 코트의 기대 수명은 여기서 남서쪽으로 3.2킬로미터 떨어진 인근 지역에 비해 20년이나 낮다. 길핀 코트에서 태어난 세 명의 남자아이 중 한 명꼴로 감옥에 간다. 인터넷은 '길핀 코트'라는 말이 주는 어감을 제대로 요약해 준다. 이 글을 쓰는 중에 구글에서 이 두 단어를 잠깐 검색하는 것만으로도 '대학살', '칼부림', '치명적인 총상', '대낮 총기 난사로 사망한' 같은 결과가 나온다. 브라우저 단어 수 조회에 따르면(실제 세어 보았다) 아프가니스탄이나 시리아를 검색했을 때 '죽음'에 대한 언급이 훨씬 적게 나왔다.

리치먼드 거주민들은 이웃 동네인 잭슨 워드가 한때 할렘(Harlem) 남쪽에서 가장 번화한 아프리카계 미국인 공동체였다고 말한다. 어떤 이들은 그곳을 흑인들의 월 스트리트(Wall Street)라고 불렀다. 1950년대 중반, 잭슨 워드 중심부를 관통하는 주간(interstate) 고속도로를 건설하자는 제안이 있었다. 그러나 아프리카계 미국인의 주택 상당수를 무너뜨려야 하는 공사였으므로 그 제안은 주민 투표에 의해 부결되었다. 그러자 주의회는 지역 주민들의 우려에는 아랑곳하지 않고 공사 계획을 밀어붙였다.[2] 리치먼드의 아프리카계 미국인의 문화적 생활과 상업적 생활의 중심지는 가난과 빈민 주택 단지의 교전 지역이 되었다. 1940년대와 50년대에는 공영 주택을 건설해 슬럼가를 정리하려 했다. 물론 그 이야기의 끝을 우리는 잘 알고 있다. 가난이 집중된 공영 주택과 경제적으로 번영하는 지역의 거주민을 단절시키는 주간 고속도로의 조합은 리치먼드의 플레전트빌에 제3차 세계대전 형태의 악몽을 자아냈다.

어쩌다 이런 지경에 이르렀는지는 매우 복잡하지만, 그 지역에서 살아가는 현실은 매우 분명하다. 우리가 그 도시를 무너뜨린 것이다. 이쪽 다리 부근은 안전하지만, 반대쪽은 교전 지역이다.

그날 밤 나는 두 블록을 걸어 내려가 주간 고속도로 위를 가로지르는 다리에 서서 마틴 루서 킹이 말한 두 개의 미국에 관해 계속 생각했다. 나는 그 미국을 들여다볼 수 있었다. 후드티를 입은 사람이 내 옆을 지나갔고, 나는 그의 움직임을 조심스럽게 살폈다. 그 역시 나를 관찰했다. 우리 중 누구도 서로의 눈을 볼 수 없었다. 다리 너머에는 나무 하나 없는 공터가 덩그러니 있다. 유일하게 영업 중인 가게의 맥주 광고 간판이 깜빡이고 있다. 창문 너머로 보이는 바에는 여러 남자가 서성이는 것이 보인다. 길모퉁이를 돌자 번쩍이는 파란 불빛이 보이더니 경찰 사이렌 소리가 들린다.

마틴 루서 킹은 약 50년 전 "또 다른 미국"에 관한 연설을 통해 완전히 다른 삶을 살며 기회의 차별을 겪는 미국인들의 현실을 호소하려 애썼다. 그러나 주간 고속도로를 가운데 두고 번영해 온 지역에 살고 있던 나는 그날 밤 그 다리 앞에서 걸음을 멈췄다. 노력을 기울였지만 그곳을 건너갈 수가 없었다.

우리가 지금껏 서로에게 행한 모든 일의 무게에 돌연 짓눌린 나는 한 블록 떨어진 벤치에 앉아 기도하기 시작했다. 이렇게 기도했던 기억이 난다. "주님 제가 무엇을 해야 할지 알려주소서. 주님은 아실 줄 믿습니다. 내게 말씀해 주소서. 이 현실에 대해 내가 할 수 있는 일을 알려 주소서. 바로 지금 제게 말씀해 주소서. 제가 듣겠습니다. 어떤 것이든 말씀해 주소서."

그리고 나는 기다렸다.

이를 위해 며칠 간 금식하면 하나님이 내게 말씀하실 거라는 확신이 생기고 그분과의 친밀감을 느꼈다. 나는 고요히 앉아 몸을 앞으로 기울이며 기도했다. "제가 모두에게 전하겠습니다. 우리가 할 수 있는 일을 지금 알려 주소서."

나는 갑자기 불빛이 온몸을 감싸는 걸 느꼈다. 고요한 분위기가 바뀌며 내 심장이 뛰기 시작했다. 무언가 일어나고 있음을 직감했다. 위를 올려다보니 빛이 보였다. 빨갛고 희고 푸른 빛이었고, 큰 소리가 몰려왔다. 구급차와 경찰차가 사이렌을 울리며 코너를 급하게 돌아 나왔다. 나는 두 차량이 뿜어내는 엔진 소리를 느낄 수 있었다. 두 차량은 속도를 내며 내 옆을 지나가고 불빛은 재빨리 길핀 코트의 어두운 밤거리로 사라졌다. 차들이 시야에서 사라지고 거리에는 다시 정적이 흘렀다.

이게 끝인가? 나는 침묵하며 길고 슬픈 시간을 보냈다. 들리는 거라고는 연신 울리는 사이렌 소리뿐이었다. 나는 두 블록을 걸어 집으로 돌아왔다.

다음 주 토요일 나는 아내와 아이들을 태우고 같은 장소로 갔다. 그 주간 고속도로로 말이다. 신호등이 빨강으로 바뀌어 차를 멈춰 세웠다. 차창 밖에는 내가 앉아 있던 벤치가 보였다. 해답을 기다렸지만 사이렌 소리만 들렸던 곳이다.

내가 그날 밤의 실망을 다시 떠올리고 있을 때 내 이름을 부르는 소리가 들리기 시작했다. 부드러운 소리는 끊임없이 반복되었다.

"아빠? 아빠? 아빠?" 나는 정신이 번쩍 들었다. 아들이 나를 부르는 소리였다. 바닥에 놓인 책을 달라는 거였다. 나는 뒤로 몸을 기울여 책을 집어 아들에게 건네주었다. 아들은 입을 다물고 책장을 넘기기 시작했다. 책장을 넘기며 독서의 즐거움을 한창 배우고 있는 두 살배기 아들을 물끄러미 바라보았다. 불현듯 나는 이 두 살배기 아이가 다리 너머에서 사는 어떤 사람보다 실제로 능력이 얼마나 더 큰가 하는 생각이 들었다. 아들은 누군가가 들어주는 힘을 누리고 있었기 때문이다. 그가 부르면 누군가가 대답한다.

그날 밤 하나님이 침묵으로 내게 대답하신 이유를 나는 분명히 알고 있다. 침묵은 취약한 이들의 특징이다. 취약한 이들이 그렇게 된 이유는 매우 많지만 이것이 대표적인 이유일 것이다. 그들이 부르면 아무도 대답하지 않는다. 그들이 말할 수 없어서도, 그들이 긴요하게 할 말이 없어서도 아니다. 우리가 그들의 소리가 들리지 않는 체계를 만들었기 때문이다. 정의의 태피스트리가 찢어진 것이 그들의 목소리가 희미해지는 데 직접적인 영향을 미쳤다.

그들이 왜 더 이상 목소리를 내지 않는지 이제는 이해할 수 있을 것이다. 그들은 그럴 힘이 더 이상 없다. 취약한 사람들은 침묵하며 앉아 들을 수 없는 권력의 귀에 들리도록 목소리를 낼 힘이 없다.

어쩌면 모든 사람은 취약하다고 말할 수 있을지도 모른다. 이 말은 그럴듯하다. 우리 모두는 실제로 취약하다. 그러나 그렇게 말하면 현실을 단순화하고, 은유로 세상의 진실을 호도하는 것이다. 은유는 진리를 정확히 겨냥한 그림을 그릴 때 쓰여야지 진리를 모호하게 만드는 데 쓰이면 안 된다. 따라서 모든 사람이 취약하다는 말은 이 상황에 어울리지 않는다.

물질적인 가난이 비인간화를 부추기는, **굳이 안 당해도 되는** 고통이 존재한다는 것은 현실이다. 이 현실이 존재하게 된 건 다름 아닌 **우리가 그렇게 만들었기** 때문이다.

이 사실을 밖으로 드러내고 분명히 밝힐 필요가 있다. 그리고 금식은 우리가 누구인지 영적으로 분명히 직시하게 하고, 현실을 밝히는 일이 아무리 불편하다 해도 진행하게 해 준다.

우리가 금식하면 좀처럼 바뀌지 않는 세상의 고통이라는 현실에 좀 더 귀 기울일 수 있게 된다. 현재 수많은 이웃의 고통이 밖으로 드러나는 중이며 많은 사람이 이를 목격해야 한다. 이를 직시하라. 분명히 밝히라. 그들처럼 고통당하지 **않는** 나와 같은 사람들은 특별히 그렇게 해야 한다.

우리가 무엇을 어떻게 해야 할지 모를 때라도 단순히 침묵을 깨는 일이 중요하다. 이 일이 정의를 사랑하는 한 걸음인 것이다.

그래서 금식에는 우리의 필요를 드러내는 부분이 있는 반면, 세상의 필요를 보여 주는 부분도 있다. 금식한다는 것은 우리 모두의 기저에 흐르는 공허함을 받아들이는 것이며, 그저 "그래 있어, 내 이웃을 봐도 있어"라고 말하는 것이다. 인류학자인 어니스트 베커(Ernest Becker)가 말하듯 금식은 세상의 소음을 차단하고 "만물의 바닥에서 세차게 흐르는 공황"[3]에 귀 기울이는 것이다.

이러한 금식은 나의 관심을 내가 지닌 과거의 공허함으로부터 다른 누군가의 공허함으로 전환하는 것이다. 이는 공감을 실천하고 다른 사람을 위해 고통 안으로 걸어 들어가는 것이다. 다른 사람을 위해 자신을 제한하신 그리스도를 본받는 것이다.

금식이 모든 필요를 맞닥뜨린 사람을 드러내는 방법

그들의 이름은 주니퍼와 너새니얼이다. 이 책을 쓰고 있는 현재 모두 한 살 반인 두 아기가 참 귀엽다. 이 둘은 잭슨빌로 이사 온 후 두 달 만에 세상에 나온 아기들이다.

시간이 흐르고 우리 부부가 금식하던 달의 마지막 날에, 유산을 경험했던 한 부부가 임신을 하게 되었다. 우리는 매우 기뻐 도저히 믿을 수 없었다. 그렇다고 그것으로 만족했던 것은 아니다. 우리는 다음 달에도 금식했고, 그 달에는 한 번도 임신한 적이 없는 부부가 임신했다. 우리는 놀랄 따름이었고 또 다른 기쁨을 맛보았다. 그래서 우리는 파티를 열었다.

인생이 늘 그렇게 순탄한 것은 아니지만, 주니퍼와 너새니얼은 우리에게 에벤에셀이나 다름없다. 두 아기는 하나님의 역사를 나타내는 표식이며 우리의 금식과 기도에 대한 응답이므로, 두 아기에 관한 경험을 나눌 가치가 있다고 생각한다. 너무 감사한 나머지 우리 부부는 세 번째 금식을 함께하기로 결심했다. 우리는 이렇게 말했다. "우리 기도를 들어주셨잖아. 이제는 세상의 필요를 위해 금식해 보자."

내가 길핀 코트의 변두리로 걸어갈 무렵이었다. 앞서 꺼낸 이야기의 막바지에 도달했다. 아무것도 바뀐 것이 없다. 내가 보지 못한 것이 아니다.

이제 나는 이전과 다른 방식으로 듣는다. 내가 바뀐 것이다. 그러나 이걸 잘못된 방향으로 왜곡해서는 안 된다.

나는 리치먼드라는 세상의 한구석에서 더욱 많은 문제가 해결되는 것을 보고 싶다. 가난과 취약함이라는 문제는 내가 거주하는 도시를 가로질러 흐르는 제임스강처럼 꿈쩍도 하지 않는 듯 보인다.

우리가 깊이 드린 기도 중 상당수가 그토록 바라던 기적으로 응답되지 않았다는 사실은 금식이 지닌 또 다른 현실이다. 건강한 두 아기도 있지만, 이웃의 가난은 여전히 존재한다. 연약한 자들에게 귀 기울인다는 의미를 새롭게 이해하게 되었지만, 사이렌 소리는 여전히 매일 밤 슬픈 노래를 부르고 있다.

공허함 가운데 계신 그리스도

금식하는 동안 기도가 응답되지 않을 때라도 다른 무엇, 즉 그리스도를 발견하게 된다. 그분은 이런 모든 문제를 고치실 수 있으며 반드시 고치실 분이다. 우리도 그분처럼 일하려 할 때 반드시 **동행**하실 분이다.

우리 자신을 비우는 것은 자신을 비우신 그리스도와 같이 되는 연습이다. 그분의 고통에 동참하는 연습이다. 그분은 정복과 승리의 산꼭대기가 아닌 슬픔과 상실의 골짜기에서 우리를 기다리신다.

이러한 사실은 전반적인 기독교 신앙을 재조명한다. 미국에서 살다 보면 포로 상태를 회피하고 문화에 지속적으로 동화되는 사람이 될 가능성이 높다. 우리는 마찰, 박해, 소수자의 고통, 광야, 굶주림의 공간, 즉 **예수님이 계신 곳**을 잊기 쉽다.

금식은 예수님의 삶 안으로 들어가는 길이다. 그분은 집도 없고 굶주린 소수자셨다. 그분은 도망 다니셨으며 축출당하셨다. 그분은 실제로(은유적인 의미일 뿐 아니라) 가난하셨다. 그분은 폭력이 난무하는 곳에 거주하셨다. 예수님을 따르는 것은 그분을 믿을 뿐 아니라 그분의 라이프스타일을 따르는 것이기도 하다. 이러한 생각은 미국인의 일반적인 생각과 정면으로 배치된다. 설탕의 나라에서 굶주림을 논하기는 어렵다. 주간 고속도로 너머로 가난한 이들을 숨기는 나라에서 동정심을 기대하기란 어렵다. 정말이지 너무 어렵다.

그러나 금식은 진정한 편리를 위해 현재의 편리를 깨는 습관이다. 우리가 계속해서 금식하는 이유는 바로 그때 아름다운 공간과 무너진 공간을 가르는 선 위에 계신 예수님을 만나기 때문이다. 금식 중에 우리가 보는 기적은 참으로 놀랍다. 그리고 우리가 금식하며 경험하는 무너짐은 참으로 견디기 어렵다. 금식이 타락으로 무너진 선한 세상에 대한 아름답고도 가슴 아픈 기억인 이유가 여기에 있다.

금식하는 습관을 생활 방식으로 만들어 갈 때 현세에 왜 아름다움과 무너짐이 함께 엮여 있는지 더 잘 이해하게 된다. 주님이 하신 일을 인정하게 되고, 주님이 이루어 주시기를 간절히 바라게 해 주는 것은 금식뿐이다.

매주 습관 3

24시간 금식하기

한눈에 보는 습관

우리는 공허함을 음식이나 다른 편리로 채우려고 끊임없이 노력한다. 음식과 음료로 치료한다는 명목으로 우리 자신의 영혼과 이웃의 필요를 간과한다. 정기적인 금식은 우리의 실체를 드러내고 세상이 얼마나 무너져 있는지를 상기시키며 예수님이 만물을 어떻게 구속하시는지를 주목하게 한다.

시작하는 세 가지 방법

단식할 것 고르기. 첫 번째 단계는 단식에 도움이 될 만한 것을 고르는 일이다. 정기적인 단식을 생각한다면 그냥 모든 음식을 끊는 걸 추천한다. 그러나 설탕, 고기, 술, 카페인, 소셜 미디어, TV, 인터넷 등을 끊는 것도 정기적인 단식을 시작하는 데 좋은 방법이다.

일몰에서 일몰까지. 내가 선호하는 금식은 목요일 해가 질 무렵 시작해서 금요일 해가 질 때 끝내는 일정이다. 이런 방식은 친구들과 함께 24시간을 금식할 수 있는 매우 좋은 방법이다.

식사로 시작하기. 금식에 대한 두려움이 있다면 점심을 거르고 기도로 그 시간을 보내는 것도 좋은 출발이 된다. 식구들과 함께 금식하면 끼니를 거르고 함께 모여 기도할 수 있다. 직장에서 동료와 금식할 경우에는 점심으로 정하라. 누군가와 이러한 리듬을 유지하면 금식이 한결 쉬워지며, 금식이 지닌 공동체적 특성이 주는 변화를 경험하게 할 것이다.

세 가지 고려 사항

공동체적 금식. 금식은 공동체 안에서 행할 때 풍성해진다고 생각한다. 금식하는 사람이 나 혼자일 때는 집중하기가 매우 어렵다. 금식 중인 사람들에게 문자나 이메일을 보내어 서로를 격려하고 기도할 수 있게 하라. 또한 함께 기도로 금식을 시작하고 기도로 끝내 보라.

▶ **독서 자료** 『영적 훈련과 성장』(*Celebration of Discipline*), 리처드 포스터(Richard Foster) (생명의말씀사 역간), 『하나님께 굶주린 삶』(*A Hunger for God: Desiring God through Fasting and Prayer*), 존 파이퍼(John Piper) (복있는사람 역간)

기도. 그냥 식사를 거르는 것만으로는 기도로 이어지지 않는 경우가 잦다. 기도를 위해서는 식사 시간에 맞추어 걷는 것이 좋다. 무엇을 하든 식사를 기도로 대체한다는 사실을 염두에 두라.

여러 날의 금식. 급하게 서두를 필요는 없지만, 여러 날 하는 금식 기간에 주님을 만났던 놀라운 경험들이 있다. 여러 날의 금식이 회개로 이어질 때 특히 어려움이 많았다. 더 오래 금식할 때는 몸과 영혼이 무언가 독특한 상태에 놓이곤 해서, 장기간의 금식을 간헐적으로 실천해 볼 것을 추천하고 싶다.

> 금식 없는 삶은
> 내가 참으로 누구인지 모르는 채
> 사는 것과 같다.

마음으로 일하는 사람은 손으로 안식해야 하고,
손으로 일하는 사람은 마음으로 안식해야 한다.
아브라함 헤셸(Abraham Heschel)

태양은 떠오를 것이다
놀랍게도
<u>그 스스로</u>
어느 누구의 도움 없이.
힐 앤드 우드(The Hill and Wood), "모든 게 잘될 거야"(All's Well)

안식 누리기

한계를 받아들이고 휴식할 때

내가 작은 방에 서 있을 때 한 중국인 의사가 중얼거리며 클립보드에다가 내가 볼 수 없게 뭔가를 적고 있었다. 그는 흰 실험실 가운을 입고 있었는데 조금 우스꽝스러워 보이면서도 편안해 보였다.

"잠은 얼마나 주무세요?" 그가 서툰 영어로 내게 물었다.

나는 매일 밤 수면 시간을 체크해 놓은 스프레드시트를 보여 줄까 말까 망설이고 있었다. 그러나 그 당시 나는 수면 시간을 5시간 이하로 줄이고 있던 터라 스프레드시트를 보여 주진 않았다.

"충분히 자진 못해요." 나는 중국어로 대답했다.

"하고 계신 일이 많습니까?" 그가 물었다. 나는 다시 머뭇거렸고, 그가 영어로 말하는 것이 불만스러웠다. 나는 잠을 거의 자지 않고 24시간 내내 중국어를 배우려고 열심히 노력했기 때문이다.

중국에서 사역했던 위대한 선교사들은 중국어를 열심히 익히기로 유명했다. 16세기의 이탈리아 출신 예수회 선교사인 마테오 리치(Matteo Ricci)는 황제와 식사 중에 아무에게나 고대 중국 시를 암송해 달라고 부탁했고, 다 듣고 나면 청중에게 토씨 하나 틀리지 않고 그대로 다시 암송해 낼 수 있었다(끝에서부터 거꾸로 외우는 건 아니었다). 리치는 기억의 귀재였고, 몹시 근면한 데다 많은 이의 호의를 받아 중국 대륙의 최고 법정에 서서 예수님에 관해 가르칠 기회를 얻기도 했다.

중국에서(세계의 무수한 나라에서도 마찬가지로) 그들의 언어를 배운다는 것은 영예와 존경을 표시하는 수단이다. 언어 학습은 마음이 이해하는 언어로 말하는 길이다. 언젠가 내가 중국의 에어컨 수리 회사에 전화를 걸어 수리를 요청한 적이 있다. 직원들은 문 앞에 도착해서는 통화한 사람이 중국인이라고 생각해 집을 잘못 찾아온 줄 알았다고 말했다. 그날은 내가 중국에 거주한 이래 가장 자랑스러운 날이었다.

리치가 기억의 궁전을 거론했다는 전설이 있다. 그 궁전은 그가 마음속에 그린 거대한 성으로, 그 안에는 그가 배운 모든 것이 지도로 그려져 있었다고 한다. 새로운 것을 들으면 기억의 궁전 안에 있는 방에 모든 상황을 그림으로 그려 넣었고, 필요할 때마다 그 방에 걸어 들어가 지식을 꺼내 오는 장면까지 마음속으로 그렸다고 한다. 리치의 무한한 마음에 펼쳐진 그림을 처음 접했을 때 그리고 지금도 그의 기억 방식에 완전히 매료되었다.

나는 정말 좋은 선교사가 되고 싶었고, 그래서 열심히 배웠다. 나는 온갖 생활의 지혜를 짜냈고, 내 몸과 마음을 스스로 일깨워 가며 여러 가지 방법을 모색했다(리치처럼 되고 싶은 나만의 노력이었다).

나는 간헐적 취침을 시도해 보거나 취침 시간을 최대한 줄여 보기도 했다. 속독법 책을 구입해서 한 페이지를 단번에 읽는 연습도 해 보았다. 또한 15분 간격으로 내 삶을 기록하여 시간을 어디에 어떻게 보냈는지 알 수 있었다. 매일 아침 독서, 뉴스 시청, 글쓰기, 공부를 할 수 있도록 스케줄을 짰고 오전 8시 30분 수업에 들으러 가기 전에 그 일정을 모두 소화해 냈다. 그래서 하루에 할 일을 대부분 아침에 거의 끝냈다. 또한 나만의 기억의 궁전을 만들어 보려고 노력하기도 했다.

그러나 이런 시도 대부분은 별 유익이 없었다.

잠을 줄였더니 너무 피곤했고, 30초 안에 한 페이지를 읽을 때마다 본문이 말하는 핵심을 전혀 파악할 수 없었다. 때로는 내가 읽은 책 제목도 생각나지 않았다. 복도를 떠도는 유령처럼 내 기억의 궁전을 반복해서 들락날락했지만 각 방을 제대로 기억하지 못했고, 그 안에 들어 있는 내용은 더욱 희미했다.

나는 내 생각과 기억의 한계를 깨닫고 실망했지만, 그 시절의 삶에는 진정한 즐거움이 있었다. 내가 보내는 시간을 일일이 기록해 놓은 건 효과가 제법 있었다. 그 기록은 마치 예산을 세우는 작업 같았다. 자산이 어디에 쓰이는지를 알게 되자 이전과는 다르게 행동하기 시작했다. 시간 기록은 내가 중국어를 더 빠르게 배우는 데 일

조했다. 나는 지금도 매 시간을 기록하고 있다(내가 생각해도 좀 이상하지만).

선행에 몰입하는 것보다 깊은 만족감을 얻는 일은 드물다. 선행의 역설은 여기에 있다고 본다. 실천할 가치가 있는 일은 전 생애를 바칠 필요가 있다. 그러나 삶이 무너질 때까지 바쳐야 할 일은 없다. 나는 내 삶이 무너지는 시점이 어디쯤인지 잘 몰랐던 것 같다. 결국 중국에 머물던 그때 나는 보기 좋게 무너지고 말았다. 그래서 진료실을 찾은 것이다.

그해 늦은 봄, 나는 만성 질병을 키우고 있었다. 원인 모를 종기와 염증이 생겨 나을 기미가 보이지 않았다. 종기가 턱뼈 바로 위에 생기고 나서야 의사를 찾기로 결심했다.

"예, 하는 일이 좀 많아요." 내가 말했다. 그러고는 내 일정, 수면 시간을 줄인 것, 내 몸을 밀어붙여 극심한 스트레스에 시달리게 한 것 등을 자랑삼아 이야기했다.

의사는 클립보드를 내려놓고 처음으로 중국어를 사용하여 대화를 시작했다. "부 야오 치"(bu yao ji). "걱정 마세요"라는 뜻의 편안한 말이었다.

그는 내 어깨에 손을 얹었다. 모국어로 말하면서부터 의사의 태도가 돌변했다. 그의 목소리는 더 부드러워졌고 더 지혜롭게 들렸다. 의사라기보다는 마치 신뢰가 가는 할아버지 같았다.

의사는 웃으며 "니 쉬야오 시우시"(Ni xuyao xiuxi, 좀 쉴 필요가 있습니다)라고 말했다.

믿을 수 없을 만큼 편안한 느낌이 나를 감쌌다. 그렇게 나는 집으로 돌아왔다.

쉬시는 하나님

태초에 하나님이 천지를 창조하시고 보기 좋았다고 말씀하신 후 밤이 찾아왔다. 하나님은 여섯 번을 동일하게 일하시고 일곱 번째 날에 쉬셨다. 모든 창조가 끝났으므로 하나님은 안식하셨다.

놀랍게도 요즘 세상 사람들은 아직도 하나님이 보여 주신 7일의 리듬에 따라 생활하고 있다. 주중에 일하고 드디어 주말이 되었다고 말한다. 이렇게 하는 이유가 있다. 우리는 이런 리듬을 지키도록 만들어졌기 때문이다.

집중과 마무리는 일에 담긴 가장 아름다운 두 가지 속성이다. 일할 때 최고의 시간은 무언가에 열중하며 집중할 때, 기쁨에 푹 빠질 때, 프로젝트를 드디어 마치고 일 목록에 완료 표시를 남길 때다. 나와 아내는 하루 종일 아이들을 양육할 때 가장 힘든 부분이 집중과 마무리를 전혀 할 수 없을 때라고 농담 삼아 말하곤 한다.

집중과 마무리의 리듬은 인간에게 기본적으로 심어진 DNA에서 비롯된 것 같다. 우리 몸을 기계처럼 다루면 안 되는 이유가 여기에 있다. 몸은 정해진 시점에 규칙적으로 멈추지 않으면 일을 마무리하고 쉴 수 없게 만들어졌다.

내가 정해 놓았던 생활의 지혜들을 되돌아보니 무언가 불길한 것들이 담겨 있다는 것을 알아차렸다. 내가 컴퓨터나 기계라는 생각이 그 기저에 깔려 있었고, 나의 부족함을 짊어지고 길을 찾아나서는 모습이었다. 성에 차지 않는 나 자신의 한계를 극복하기 위해 수면이나 휴식으로 해결 방향을 찾았다.

마테오 리치를 부러워하는 마음은 별로 없어서인지, 나는 굳이 그를 비난하지 않았다. 다만 그에 대해 마음에 쏙 드는 건 그가 정말 한계가 없어 보인다는 점이었다. 그는 보통 사람이 아니었고, 그런 그를 좋아했다. 나는 나 자신의 한계를 싫어했기 때문이다.

내가 좀 특이하다는 것은 인정한다. 나는 늘 기이한 것에 관심을 기울여 왔다. 그 이유가 속독이나 수면 추적 때문임을 사람들에게 자주 말하지는 않는다. 이런 일에 관심을 갖게 만든 충동은 사실 보편적인 듯하다. 우리 중 어느 누구도 한계를 좋아하진 않는다. 에덴 동산의 아담과 하와처럼, 하나님**처럼** 되는 것으로 만족하지 않고 하나님이 **되고** 싶어 한다. 매주 안식하는 습관은 하나님이 참 하나님이시며, 우리는 하나님이 아니라는 사실을 상기시킨다.

신분을 상징하는 분주함

우리 문화는 7일을 중심으로 삶의 시간을 배분하지만, 일곱 번째 날이 쉬는 날임을 늘 간과한다. 사실 나와 같은 직업이나 경력을 지닌 사람들이(이외에도 많은 직업이 있지만) 하루를 쉰다고 하면 기껏해야 신기하다는 말을 듣거나 최악의 경우 괘씸하다는 말을 듣는다.

언젠가 나는 로펌의 회의실에서 60-70명의 어린 신입 변호사들에게 이야기를 들려준 적이 있다. 나중에 훌륭한 변호사가 되려면 매주 하루 쉬는 습관을 들여야 한다고 말했더니, 갑자기 쥐 죽은 듯이 조용해졌다. 마치 내가 스캔들을 일으킨 듯 말이다. 그들은 당황했다. 그러고는 뭔가 좀 더 들었으면 하는 표정과 함께, 내 옆에 있는 선임 변호사가 나를 단상에서 끌어내리지는 않을까 염려하는 것처럼 보였다.

만일 내가 중국에 있을 때의 나로 돌아가 그들에게 수면 시간을 줄이라는 생활의 지혜에 대해 말했다면 그들은 내면이 차츰차츰 죽어 가는 건 모른 채 하나같이 고개를 끄덕였을 것이다.

마치 내가 리치를 바라보는 것과 같은 모습으로 말이다. 우리는 지금 비인간적인 행위를 위인의 행위로 칭송하는 문화의 한 시점에 공존하는 듯하다. 물론 그 결과는 끔찍하다.

그때 여름날 나는 턱에 난 종기를 제거하는 간단한 수술을 받아야 했다. 당시 그 불안했던 흔적을 지금도 가지고 있다. 그러나 나는 그토록 불안했던 일에 대해 매우 감사히 여긴다. 휴식이 자비로운 선물이라는 사실을 그때 배웠기 때문이다. 우리의 몸과 마음은 쉬도록 창조되었다. 그 한계를 벗어나서 살아 보려 할 때 몸과 마음은 고통당하게 되어 있다.

어떤 사람들은 그렇게 운이 좋지 못하다. 그들은 삶이 생각보다 허무하게 무너지기 전까지 휴식의 필요성을 거부하며 인생의 상당 부분을 보낸다. 나는 이런 양상을 직장에서 매일 보기도 하지만 내가 출석하는 교회에서 목격하기도 한다.

주말을 보내기는 하는데 쉬는 날임에도 다른 일, 즉 새로운 취미, 여행, 더 많은 오락 장소, 더 많은 부업 등을 누리기 위해 안간힘을 다하는 모습을 자주 본다. 여유 시간이 있을 때는 **정신을 차리거나** 살펴야 할 집 주변의 일들을 돌아볼 필요가 있다고 생각한다. 일을 멈추고 낮잠을 잔다는 건 약해졌거나 책임 의식이 낮아졌다는 뜻이라 여긴다. 쉬는 걸 다소 부도덕하다고 느낄 때도 종종 있다.

한때 상류층은 레저 생활을 즐기면서 그들의 신분을 과시하기도 했다. 이제 우리는 끊임없는 분주함을 여기저기 과시하며 신분을 뽐낸다. 자신의 존재가 중요할수록 더 많은 시간이 필요하며, 중요한 사람은 충분한 수면을 취할 시간이 없다.

물론 이러한 상황은 쉼 없는 우리 문화권에서 우리 스스로 추구하는 것이다. 우리가 중요한 존재라고 사람들이 생각하려면 늘 그런 마음가짐을 지녀야 한다.

쉼 없는 영혼

우리 몸이 쉼을 필요로 한다는 사실 말고도 중요한 것이 있다. 우리의 영혼 역시 휴식이 필요하다는 점이다. 그러나 우리 영혼이 필요한 휴식은 그저 낮잠 정도가 아니다. 영혼의 휴식은 우리 자신을 더 이상 입증할 필요가 없다는 사실을 깨달을 때 찾아온다. 우리가 중요한 존재라는 사실을 입증할 필요는 없는 것이다.

왜냐하면 우리가 안식을 수용할 수 없는 문화 가운데 살고 있기 때문이다. 우리는 일이 하나님**으로부터** 왔으며 **우리의** 이웃을 **위해** 존재한다는 사실을 믿지 않는다. 우리는 자신이 원하는 모습이 되고 싶어 한다. 우리의 경력은 우리가 누구인지를 정의한다. 그것이 바로 아메리칸 드림이다. 자신의 길을 스스로 개척해서 중요한 존재로 우뚝 서는 것이다. 그것이 바로 자신의 분주함을 자신과 서로에게 입증하려 할 때 마음에 품는 목적이다. 우리는 자신이 중요한 존재이며 세상이 우리를 원하고 **세상이 우리를 의존하고 있다**는 사실을 보여 주기 위해 애쓴다.

그러나 복음서는 그런 생각을 내려놓으라고 말한다. 우리는 그렇게 일할 필요가 없다. 예수님이 우리를 위해 그 일을 대신 이루셨기 때문이다. 예수님이 그 일을 완성하셨다. 히브리서는 하나님이 영원한 안식에 들어가셨다고 말한다. 이는 하나님이 모든 일을 마치셨으므로 완전한 안식에 들어가셨다는 뜻이다. 하나님은 창조 역사를 마치셨을 뿐 아니라 예수님 안에서 구속 역사도 이루셨다.

우리의 죄로 인해 구원 프로젝트가 잘못되자 하나님은 그것을 고치기 위해 아기의 모습으로 이 땅에 오셨다. 예수님이 우리 가운데서 살다가 죽으셨을 때 구원 역사를 단번에 이루셨다. 예수님이 십자가에 마지막으로 외치신 말씀이 "다 이루었다"인 이유가 여기에 있다.

무엇이 이루어졌는가? 구원 역사가 이루어졌다. 예수님은 죽음과 부활로 우리를 사랑하시는 하나님과 우리를 연합하는 데 필요한 모든 것을 이루셨다. 추가할 일은 아무것도 없다. 모든 것을 받기만 하면 된다.

진정한 휴식 아래에서 누리는 휴식(the rest beneath the rest)은 모든 일이 예수님 안에서 이루어졌다는 지식을 가리킨다.[1] 그래서 아우구스티누스는 이렇게 적었다. "내 영혼은 주님 안에서 안식할 때까지 쉴 수 없습니다."

이것이 사실이라면 우리는 하루를 쉴 수 있다. 낮잠을 자거나 구름을 응시하거나 친구들과 오랜 시간 저녁 식사를 즐길 수 있다. "다 이루었다"는 말씀은 쉼 없는 우리의 마음을 포함한 만물을 위한 자장가이다.

안식, 일하지 않음으로 일하는 모든 것

내가 중국에서 배운 것이 있다면 누구나 휴식을 취해야 한다는 사실이다. 휴식을 취하지 않으면 어떤 현상으로 인해 강제로 쉬게 될 것이다(종종 질병, 부상, 감정적인 절망의 형태로). 이런 휴식 방법은 고통을 동반하기 마련이다. 중국에서 한 해를 보낸 후 나와 로렌은 안식을 필수 요건으로 여기기 시작했다.

우리가 처음 배운 여러 가지 중 하나는 안식이 일하지 않는 것보다는 일하는 것과 더 많이 관련되어 있다는 점이었다. 우리가 잠시 멈춰서 느긋하게 쉬려고 할 때는 종종 역효과를 가져왔다. 때로는 우리에게, 특히 우리 몸에 정말 필요했던 한가로운 시간과 웃음을 통해 재충전을 얻기도 했다. 그러나 우리 영혼은 아무 일도 하지 않는 것 이상을 필요로 한다. 우리 영혼은 **휴식을 주는** 일을 할 필요가 있다. 이런 의미에서 진정한 쉼은 진정한 일을 한다는 뜻이다.

중국에서 나와 로렌은 언어를 공부하고 학생들과 대화하는 주중에 활기를 되찾는다는 사실을 알아차렸다. 이런 일은 대부분 신중한 계획을 통해 이루어졌다. 이상적인 안식은 이런 것들이 아닌가 싶었다. 깊이 잠들고, 예배하고, 친구들과 오랜 시간 점심을 같이 먹고, 귀가해서 쉬고, 낮잠 자고, 사랑을 나누고, 외출해서 아직 가 보지 못한 시내 지역을 다녀 보고, 공원을 산책하고, 가볍게 읽을 수 있는 책을 가지고 다니는 것 말이다.

이런 일들의 공통점은 **일하지 않기**가 아니라 신앙적이거나 매력적인 활동이 결부되어 있다는 점이다. 이런 쉼은 우리가 하나님이나 다른 사람들에게 더 가까이 다가가게 만들었다. 내가 필요했던 쉼은 단순한 수면뿐 아니라 친한 친구들과 솔직한 이야기를 나누거나 하나님의 피조물 속에서 조용히 앉아 있을 때 찾아오는 쉼이었다.

소명과 안식 우리의 안식 습관은 시간이 흘러가며, 그리고 휴가를 보내면서 바뀌었고, 가만히 보면 그래야만 했다. 공민권 운동 기간에 살았던 랍비 아브라함 헤셸은 이렇게 말했다. "마음으로 일하는 사람은 손으로 안식해야 하고, 손으로 일하는 사람은

> 그러나 우리 영혼은 아무 일도 하지 않는 것 이상을 필요로 한다. 우리 영혼은 휴식을 주는 일을 할 필요가 있다. 이런 의미에서 진정한 쉼은 진정한 일을 한다는 뜻이다.

마음으로 안식해야 한다."[2] 당신이 하는 일은 당신의 안식에 영향을 준다.

오랜 기간 내 안식의 일부는 글쓰기였다. 글쓰기를 통해 나의 창의적인 면이 계발되었고, 글쓰기는 하나님과 최상의 관계를 유지하는 주요 방법 중 하나였다. 나는 글쓰기를 할 때 글의 힘을 통해 창조와 변화의 기쁨을 누린다. 그러나 이 책을 쓰는 동안에는 글쓰기 작업이 **정말** 힘들다는 걸 바로 깨달았고, 규칙적인 휴식이 필요하다고 생각했다. 그런데 서너 번의 휴식을 제대로 취하지 못하게 되었다. 글쓰기에 집중하면서 이전에는 내게 쉼을 주었던 일이 이제는 내 쉼을 망치고 있음을 깨달았기 때문이다. 삶이 바뀜에 따라 쉼의 방식도 바뀐 것이다.

나와 로렌이 부모가 되면서 우리의 안식에 완전히 새로운 도전이 생겼다. 쉼이 불분명하면 아이들로부터 거리를 두는 걸로 해결되지 않는다. 결국 우리는 두 가지를 깨달았다.

첫째, 안식에는 시기가 있다. 아프신 부모님, 신생아, 만만치 않은 새 직업 등으로 안식을 누리기가 매우 어려운 시기가 있다. 그러나 습관을 길들이며 실천해야 할 가장 중요한 일 중 하나는 예외보다 정해진 규칙에 더욱 집중하는 것이다. 안식의 배경 리듬(background rhythm)을 발전시키는 일이 기초이다. 힘든 시간(일과에서 벗어날 때)은 일상적이 아닌 이례적인 시간이라는 뜻이다. 그러나 어려운 시간에도 안식을 제대로 추구하는 것은 몹시 중요하다. 그때 우리는 거의 녹초가 되는 시간이기 때문이다.

둘째, 공동체적인 안식이 모든 것을 바꾼다. 공동체는 어려운 시기에 짐을 나누어 질 수 있도록 돕기 때문에 사람들이 의지할 때조차(예를 들면 처음으로 엄마가 될 때) 안식을 누릴 수 있다. 나와 로렌이 아이가 없을 때 누렸던 공동체적 안식은 친구들과 푸짐한 식사를 하거나 오랜 시간 대화를 나누는 것이었다. 현재 우리가 가족과 주일 저녁을 함께한다는 것은 먹이고 돌봐야 할 아이들이 세상에 수백만 명이 있는 와중에 우리 가족이 가까이서 서로를 돕는다는 뜻이다. 어느 정도 자란 아이들은 나가서 놀 수 있고, 어린아이들은 방으로 가서 낮잠을 잘 수 있다. 내가 겪은 안식 중 가장 힘들고 정신없는 안식이지만 쉼이 있는 안식임을 부정할 수 없다. 여기서 우리 어머니를 언급하지 않을 수 없다. 다른 가족들이 미처 생각하기도 전에 어머니는 가족 모임을 위해 모든 걸 미리 준비하고 치워 주심으로써 우리에게 더 많은 쉼이 있는 안식을 제공해 주신다.

또한 거의 한 주 내내 육아로 시간을 보내는 부모들이 한자리에 모여 편하게 앉아서 이메일을 확인하는 등 그 시간만큼은 쉼이 되는 안식을 누릴 수 있다. 요즘의 가정을 고려할 때 헤셸의 인용문을 이렇게 수정해 볼 수도 있다. 육아가 일인 사람은 이메일을 쓰며 안식할 수 있다. 이메일 쓰기가 일인 사람은 육아로 안식할 수 있다.

안식 일정 짜기 다른 일도 그렇지만 안식은 연습으로 이루어진다. 안식을 규칙으로 만들지 않을 경우 실천하기가 매우 어렵다. 첫 번째 단계는 하루를 정해 주위 사람들에게 알리는 것이다. 내가 로스쿨에 다닐 때나 변호사 업무에 종사할 때 동료 학생이나 변호사에게 주일 밤이 되면 일할 거라고 말하는 게 때로는 매우 어렵다는 사실을 알게 되었다. 굳이 그들에게 알릴 필요가 없을 때도 있었지만, 가끔은 기대를 누르기 위해 미리 알릴 필요도 있었다. 주일 저녁까지는 이메일 답신을 하지 않을 거라고 사람들에게 말해야 했다. 이러한 알림은 **언제나** 존중받았고, 심지어 상황이 곤란할 때조차도 알리지 않은 것보다는 알릴 때 언제나 더 나은 결과가 나타났다.

이제 나와 로렌은 토요일 해질 무렵부터 주일 해질 무렵까지 안식한다. 토요일 오후는 종종 빨래, 청소 등 집 내부(그리고 마음)의 휴식 공간을 위해 미리 해 두어야 하는 일로 분주하다. 때로는 늦은 오후에 아이들과 함께 초에 불을 붙이며 우리의 안식이 시작되었음을 알린다. 이 시간이 중요해지자 초를 붙이는 행위는 "자 이제 우리 시작하자"라는 신호일 뿐 아니라 아이들이 동참하게 하는 훌륭한 방법이 되었다(초에 불이 붙으면 아이들은 정말 좋아한다). 초에 불을 붙인 직후(그리고 누가 불을 끌지를 다투듯 정하고 정말 불을 끄고 나면) 우리 가족은 외출해서 야외 활동을 즐긴다. 토요일 저녁은 주로 친구들과 대화하며 보낸다.

주일 아침에 즐기는 것 중 하나는 로렌이 자는 동안 교회에 갈 아이들이 먹을 아침을 푸짐하게 차리는 일이다. 이렇게 간단한 행동만으로도 주일을 특별하게 만들 수 있다. 우리는 아침에 서두르지 않는 각자의 특성을 배려해 가장 늦은 시간대의 예배에 참석한다.

또한 우리는 토요일 저녁에서 주일 저녁까지의 리듬을 좋아한다. 우리 둘은 주일 저녁이 돼야 한 주를 준비할 짬이 나기 때문이다. 나는 주말에 전달받아 월요일까지 마무리해야 할 업무가 무엇이든 주일 저녁 아이들이 잠들고 나서야 그 일을 착수할 수 있다고 직장 동료들에게 말해 둔다.

> 안식을 연습하게 되면 우리가 모든 일을 다 해낼 수 없다는 생각이 들기 마련이다. 그게 현실이기 때문이다.

쉼 없는 영혼 발견하기

안식을 추구하는 일은 거의 모든 사람에게 동일한 깨달음을 선사한다. "내가 모든 걸 해낼 수는 없다." 그 일은 빨래, 정원 관리 계획, 업무 이메일, 구직 활동을 포함한다. 그게 무엇이든 24시간 동안 멈추기로 계획할 경우 모든 걸 다 해낼 수 없다는 확신이 생긴다.

이게 바로 염두에 두어야 할 점이다.

안식을 연습하게 되면 우리가 모든 일을 다 해낼 수 없다는 생각이 들기 **마련이다.** 그게 현실이기 때문이다. 우리가 모든 걸 다 해낼 수는 없다. 안식은 우리가 다 해낼 수 있다는 거짓을 실행에 옮기지 못하도록 막는다. 안식은 아우구스티누스가 언급했던 쉼 없는 영혼을 발견하도록 돕는다.

나는 불가피하게 안식을 시작했다. 내 건강이 안식에 달려 있기 때문이다. 지금은 내 구원을 더 분명히 이해하며 안식을 누린다. 내 영혼이 안식에 달려 있기 때문이다. 내가 일하기를 멈출 때 세상이 내게 의존하지 않는다는 사실을 인정해야 한다. 내가 만일 이메일 쓰기를 멈추거나 인터넷 사용을 그만둘 경우 많은 행성이 궤도를 이

탈할 것 같은 느낌이 들 때가 간혹 있다. 하지만 놀랍게도, 그 행성들은 우주 공간에 변함없이 떠 있으며 내가 사라진들 아무도 알아차리지 못할 것이다.

안식은 내가 얼마나 작은 존재인지 깨닫게 해 준다. 내가 그걸 알지 못할 때 누가 누구에게 의존하고 있는지를 잘못 이해하는 경향이 있다. 하나님이 아닌 우리가 세상을 유지한다는 믿음이 쉼 없는 우리의 마음 한가운데에 자리하고 있다. 이 믿음의 폭력성은 마음과 몸에 상처로 드러난다. 아직도 내 왼쪽 턱에 그런 상처가 있다.

습관처럼 누리는 안식의 깊은 정적 안에 있으면 당신이 세상에 늘 필요한 건 아니라는 진리를 충분히 이해하기 시작한다. 그것이 은혜의 아름다움이다. 안식 중에 있다 보면 우리의 가장 중요한 부분까지도 사라질 수 있으며 세상은 그래도 존속할 것이라는 사실을 깨닫는다. 그러나 우주를 보존하시는 그리스도께서 사라지신다면 모든 것이 사라지고 말 것이다.

나는 종종 마테오 리치가 말한 기억의 궁전을 떠올리곤 한다. 우리의 가장 화려하고 풍성하며 성공적인 모습은 여전히 모든 순간 세상을 보존하시는 그리스도의 선하심에 전적으로 의존하고 있다고 어림짐작해 본다. 그리스도께서 멈추신다면 모든 행성이 추락하고 모든 빛이 사라질 뿐 아니라, 모든 달콤한 기억, 궁전의 모든 기억의 방, 우리의 과거와 미래에 대한 꿈들(우리가 귀하게 여기는 모든 것)이 불쑥 나타났다가 끊어진 TV 신호처럼 지지직하며 사라지고 말 것이다.

그러나 그리스도께서는 자비로우시다. 그분으로 인해 만물과 만물에 관한 기억이 항존한다. 그분은 이 순간에도 우리를 살아가게 하신다. 이후에도 그렇다.

따라서 안식은 구원의 본질이다. 우리가 쉼을 얻을 수 있다. 노리치의 줄리안(Julian of Norwich)이 말하듯 종국에는 "모두 잘될 것이며 모든 일이 잘될 것이기"[3] 때문이다. 이루어져야 할 모든 일을 하나님이 이루셨기 때문에 우리는 쉴 수 있다.

와서 안식하라

미국 선교사에게 안식을 가르친 사람이 중국인 의사라는 아이러니로 인해 나는 기뻤다. 그 의사가 내 어깨에 손을 얹고는 내 눈을 바라보며 쉬어도 된다고 중국어로 말해 준 순간을 떠올리자 예수님이 생각났다. 우리는 언제나 이제 충분하니 그만 쉬라고 눈을 바라보며 말해 줄, 믿을 만한 사람을 찾고 있다. 이것이야말로 복음서가 말하는 기쁜 소식이다.

많은 사람은 그리스도인이 된다는 것을 선한 사람이 되기 위해 노력하는 것이라고 믿는다. 이는 하나님이 아마 **선한** 사람을 좋아하실 거라는 생각 때문이다. 어느 누구도 **완전하지** 않지만 하나님은 열심히 노력하는 이들을 적어도 용서해 주신다고 생각한다.

이는 사실이 아니다. 그런 생각을 조금도 믿어서는 안 된다. 심지어 그런 생각은 지금껏 자행된 거짓말 중에 가장 무거운 거짓말이다. 다음의 말이 진실이다. 우리는 믿을 수 없을 만큼 엉망이지만 믿을 수 없을 만큼 사랑받는다. 이게 우리가 믿을 만한 **한 가지** 사실이다.

당신이 만일 자신의 가치를 획득할 수 있고, 선으로 악을 짓눌러 구원을 획득할 수 있고, 벌어 놓은 돈이나 이루어 낸 신분으로 이 세상에서 차지한 자리를 정당화할 수 있다고 믿으며 살았다면 와서 쉬라. 와서 예수님과 함께 안식을 누리라. 이곳에 어떤 노력으로도 살 수 없는 평화가 있다. 그분이 당신을 먼저 찾아오셨다. 우리가 살아 내려 노력하는 선한 삶을 예수님이 이미 살아 내셨다. 예수님은 모든 것을 이루셨다. 모든 것을 희생하셨다. 그분은 언제나 옳은 것을 말씀하셨다. 그분은 무엇을 해야 하며 어디로 가야 하는지 늘 알고 계셨다.

그렇게 해서 예수님은 어떤 종착역에 도달하셨는가? 예수님은 결국 죽임 당하셨다. 사람들이 그분을 미워했고, 발가벗기고, 죽였다. 예수님은 우리가 살아 내려고 노력하는 생명의 빛으로 사셨고, 죽음으로 대답하셨다.

모든 것은 오로지 사랑 때문이었다. 오로지 당신을 위해서였다.

예수님이 겟세마네 동산에서 밤새 깨어 계셨기에 **당신**은 잠들 수 있다. 그분이 십자가에서 자신의 사역을 끝내셨기에 **당신**은 쉴 수 있다. 그분이 세상이 자신을 부서뜨리도록 허용하셨기에 **세상이 당신을 부술 필요가 없다.** 그분이 무덤에서 일어나셨기에 **당신**의 모든 열망은 무덤에서 끝나지 않는다.

만일 이 책을 읽으면서 매일의 실천과 매주의 실천으로 선한 삶을 이끌어 낼 수 있다고 생각한다면 이 책을 거꾸로 읽는 것이다. 사랑이 우리에게 먼저 찾아왔다. 우리가 행하는 어떤 것이든 사랑 이후에 온 것이다. 우리가 행하는 모든 일은 그 놀라운 사랑에 대한 반응일 뿐이다.

그리스도인들은 당연히 실천해야 한다. 그리스도께서 부활하셨기에 온갖 종류의 아름다운 삶의 방식이 존재한다. 그분의 사랑을 보여 줄 각양각색의 사람들이 존재한다. 공부할 것이 많고 습득할 언어도 많다. 세상의 구원자와 더불어 해낼 만한 선한 일이 너무나 많다. 습관으로 길들일 만한 것도 많다.

그러나 이 모두는 우리의 필요가 아닌 하나님의 사랑으로부터 나온다.

그렇다. 이것이 바로 기쁜 소식이다. 안식은 우리의 몸과 마음에 끊임없이 그 진리를 가르쳐 주는 복음의 실천이다.

습관을 사랑보다 우위에 두면 율법주의에 심취하게 되지만, 사랑을 습관보다 우위에 두면 복음에 심취하게 될 것이다. 우리를 향한 하나님의 사랑은 우리가 살아가는 방법을 바꾸지만, 우리가 살아가는 방식은 우리를 향한 하나님의 사랑을 바꾸지 않는다.

안식 누리기

한눈에 보는 습관

매주 안식을 실천하는 습관은 우리가 아닌 하나님이 이 세상을 보존하신다는 사실을 가르쳐 준다. 우리는 인간의 한계에 대한 반문화적 이해를 가지고 언제나 해 오던 일을 멈추고 하루를 쉰다. 안식은 복음의 실천이다. 세상이 우리가 성취할 수 있는 것에 의존하지 않고 하나님이 우리를 위해 이루신 것에 의존한다는 사실을 상기시켜 주기 때문이다.

시작하는 세 가지 방법

24시간을 정하라. 다행히 우리 모두는 같은 날 쉰다. 그러나 아무것도 안 하는 것보다는 무언가 행하는 것이 좋다. 목사, 대학생, 은퇴자, 직장에 다니는 여성은 쉼을 위해 서로 다른 시간을 선택할 수밖에 없을 것이다. 내 경우, 직업과 친구들의 생활을 최대한 고려할 때 토요일 해질 무렵부터 주일 해질 무렵까지가 가장 좋은 시간대다. 중요한 건 일정 기간을 정하고 관여된 사람들이나 당신과 함께 휴식을 취할 사람들에게 알리는 일이다.

일하기와 일하지 않기. 어떤 일이 경건하며 쉼이 있는 안식을 만들어 줄지 찾으려면 시간이 필요할지도 모른다. 이제 막 시작한 경우 해야 할 일과 하면 안 될 일을 각각 세 가지씩 적어 두면 도움이 된다. 실행해 나갈 때마다 목록이 바뀔 수도 있지만, 목록을 만들어 두면 늘 기억할 수 있고 책임 의식도 생기게 된다.

공동체적 안식. 공동체 안에서 누리는 안식은 리듬에 익숙해지는 데 좋은 방법이다. 친구들과의 모임 안에서 정기적으로 공동 식사를 하며 안식하라. 그때 쉼을 얻으려면 식사와 관련된 일을 잘 배분할 필요가 있다. 집주인이 요리와 정리를 모두 해낼 수는 없다. 먹을 만한 것을 하나씩 가져온다거나 식사 후 다 같이 정리하고 서로 많은 대화를 나누는 습관을 들이면 좋다.

▶ **독서 자료** 『기술-지혜 가족』(*The Tech-Wise Family*), 앤디 크라우치, 『영적 성장을 위한 발돋음』(*Sacred Rhythms*), 루스 헤일리 바턴(Ruth Haley Barton) (살림 역간)

세 가지 고려 사항

주말에 일하기. 주일에 쉬기 위해 토요일에 서너 시간이나 하루 종일 일해야 할 경우나 토요일에 쉬기 위해 주일에 일해야 할 경우 그렇게 하라고 권하고 싶다. 내가 토요일 오후를 사무실에서 보내고 주일 하루를 쉴 수 있을 때 가족의 생활이 한결 나아진다. 토요일과 주일에 서너 시간 일하는 것은 전혀 다른 이야기이다. 집중과 마무리는 가치 있는 일이다. 따라서 당신은 쉼에 집중하고 예수님 안에서 모든 일이 이루어졌다는 사실을 깨달아야 한다.

부드럽게 메시지 보내기. 쉬려 한다는 사실을 사람들에게 알릴 때 난처해하거나 도발적일 필요는 없다. "오늘은 저녁 8시까지 컴퓨터를 사용하지 않을 예정입니다"와 같이 간단하면서도 판단이 담기지 않은 이메일 내용이 명쾌하며 효과가 크다.

전자 기기 안식. 안식을 누리는 최선의 방법은 컴퓨터 화면을 꺼 두는 것이다. 그러나 이것이 법칙은 아니다. 나는 주로 컴퓨터를 켜지 않지만, 어떤 시기에는 가족과 함께 긴 야구 경기를 보는 것이 진정한 안식이 되기도 한다. 진정한 안식이 무엇인지 실질적으로 느끼려면 한 달간 컴퓨터 화면 없이 지내는 것을 추천한다. 이후 넷플릭스 시청이 안식의 본질이라는 생각이 들면 다시 시청하면 된다. 그러나 한동안 화면 보기를 끊는 것만으로 존재하는 줄 미처 몰랐던 삶의 방식을 한 주간 맛볼 것이다.

> 안식은 우리가 얻은 구원의 본질이다.
> 이루어져야 할 모든 일을
> 하나님이 이루셨기 때문에
> 우리가 쉴 수 있다.

치열하게 사는 것은 인간의 기본적인 욕망이며
예술적인 필요다.

마이클 키멀먼(Michael Kimmelman)

"그가 내게 좋은 일을 하였느니라 … 내가 진실로 너희에게 이르노니
온 천하에 어디서든지 이 복음이 전파되는 곳에서는
이 여자가 행한 일도 말하여 그를 기억하리라"(마 26:10, 13).

예수

격렬한 순간이 아니라
고립되어, 이전도 이후도 없이
그러나 매 순간 불타오르는 인생

T. S. 엘리엇(T. S. Eliot)

맺는 말

실패와 아름다움에 대하여

실패의 습관

동트기 전 잠에서 깨어 전날 밤 기억을 서서히 더듬는다. 고객과 자연스럽고 행복한 시간을 보낸 순간, 현관(porch)에서 보낸 봄날 저녁, 새벽 1시까지 친구와 나누던 대화로 이동한다. **내가 좀 더 책임감 있게 행동했어야 했는데.** 다섯 시간밖에 못 자고, 자정 이후 맥주를 마시면 찾아오는 두통 때문에 잠에서 깨고는 가만히 앉아 생각했다.

당시 아들 콜터는 3개월이었다. 나는 콜터가 옆방에서 움직이는 소리를 들을 수 있었다. **이렇게 일찍 깨면 안 되는데.** 나는 불평했다. 옆방에 가서 아기 침대에서 콜터를 안아 들고 기저귀 갈이 테이블 옆에 대충 무릎 꿇고 앉아 아침 기도를 드렸다. 다시 잠들기 바라는 마음으로 콜터를 좌우로 흔들면서. 지금 생각해도 우스운 일이다. 아기는 그토록 쉽게 **다시 잠들지** 않기 때문이다.

나는 공동 규칙으로 한 모임을 인도하고 있었지만, 내가 세운 여러 목표를 이루지 못해 좌절감을 느꼈다. 나는 술을 끊겠다고 계획했지만, 간밤에 어기고 말았다. 아이들보다 먼저 일어나겠다고 계획했지만, 수포로 돌아갔다. 사람들에게 습관이 어떻게 형성되고 있는지 묻기 위해 메일을 보내고 나니 마치 엄청난 위선자가 된 느낌이었다. 나는 자신이 원하는 걸 전혀 이루지 못할 것만 같았다. 영원히.

화가 나자 나는 평범한 사람들이 그런 상황에서 할 일을 하고 말았다. 휴대전화를 열어 화면을 넘기고 있었던 것이다.

딱히 찾아보고 싶은 건 없었다. 그저 내 시선을 옮겨 다른 생각을 할 수 있으면 그만이었다. 내 마음은 공허했고, 그 빈 곳을 채우기 위해 무언가를, 아니 **아무거나** 찾고 있었다.

휴대전화를 열자 **휴대전화 보기 전 성경 읽기**가 떠올랐다. 이 규칙이 습관이 되었기에 하루를 휴대전화로 시작할 경우 무언가 이상한 느낌이 들었다.

이건 정말 멍청해. 나는 생각했다. **별로 중요하지도 않은 멍청하고 율법주의적인 규칙이야.**

나는 멈칫했다. 무언가 친숙한 느낌을 알아챘다. 그건 습관에서 오는 느낌이었다.

나는 이 느낌을 잘 알고 있었다. 이전에도 여러 번, **여러** 번 들었던 느낌이기 때문이다. 이건 주로 나쁜 습관과 결부되어 피어올랐다. 늦은 밤에 과자를 먹거나, 비열한 말인 줄 알면서도 내뱉고 기분 좋아하거나, 일해야 할 시간에 인터넷 검색창을 열 때의 느낌이었다.

그때 이상하게도, 내가 **정말** 지키고 싶지 않은 좋은 습관이 떠올랐다. 나 자신에게 그러지 말라고 말했지만, 소용없었다.

알았어, 하면 되잖아. 휴.

나는 콜터를 옮겨 놓았다. 쪽쪽이를 빨며 눈을 크게 뜨고 나를 응시하던 콜터는 마치 내 어깨 위에서 싸우는 천사와 악마를 보며 싸움이 어떻게 끝날지 궁금해하는 듯했다.

나는 기도 앱을 열었다. 시편 27편이 나왔고 본문을 읽기 시작했다. 내 눈은 본문 사이를 빠르게 훑고 지나갔는데, 그건 사실 성경 본문에 대한 모욕이었다.

그러자 누군가 덫을 놓은 것 같았다. 나는 시편 27편을 최고 속도로 읽어 내리다가 갑자기 꼼짝할 수 없었다. 나는 한 구절에 얼굴을 가까이 들이밀었다. "내가 여호와께 바라는 한 가지 일 그것을 구하리니 … 여호와의 아름다움을 바라보(는) … 그것이라"(시 27:4).

나는 멈췄다. 다시 읽었다. 그리고 열 번을 더 읽었다.

갑자기 모든 것이 바뀌었다. 동틀 무렵 아기 침대 옆에 서서 아름다움을 본다는 것에 대해 생각하고 있었다. 아이들 방에 가만히 들어가서 자고 있는 아이들의 모습을 볼 때마다 내 안에 자리 잡는 무언가에 대해 생각했다. 아내가 책을 읽으며 한 장씩 넘길 때마다 가

늘게 눈을 뜨는 모습을 생각했다. 매일 저녁 제임스강(James River)의 바위 위에 부서지는 햇살을 생각했다.

하나님이 어떻게 내 삶을 아름다운 것으로 채우셨는지 가만히 생각에 잠겼다. 내 안에 있는 모든 것은 아름다운 것을 볼 수 있도록 지음 받았다는 사실을 깨달았다. 나를 바라보시는 하나님의 얼굴을 보는 것이 내 운명이었다.

이 시편 구절은 (내가 좋아하는 셰이머스 히니[Seamus Heaney]의 시구를 인용하면) 마치 이렇게 말하는 것 같았다.

"내 곁으로 다가왔다 / 그리고 무방비 상태인 내 마음을 사로잡아 활짝 열어젖혔다."[1]

세상이 새롭게 펼쳐지기 시작했고, 잠에서 깨고부터 내 안에 있던 매듭부터 풀어지기 시작했다. 나는 아침부터 얽히고설킨 욕망을 바라보고 있었지만, 이제 내 시선은 하나님과 그분이 만드신 모든 것의 아름다움에 이끌렸다.

죄는 내 마음이 안으로 구부러지게 만들지만, 성경 말씀은 나를 부서뜨리고 마음을 열어 주었다. 이 귀찮아 보이던 습관이 모든 것을 제자리로 돌려놓았다.

그날 아침 나는 메일을 적었다. 현관에서 콜터를 앉은 채 휴대전화를 이용해, 한 손으로. 내용은 이렇게 시작되었다. "나는 오늘 아침 실패자와 사기꾼이 된 느낌으로 일어났습니다."

지금껏 메일을 보내면서 그때처럼 감사의 답변을 많이 받은 적은 없었다. 내가 보기에 공동 규칙에 대한 여러 말 중 실패에 관한 이야기만큼 도움 되는 것은 없었다. 실패가 곧 우리가 살아가는 곳이기 때문이다.

그날 아침은 실패가 형성을 방해하는 적이 아님을 깨달은 아침이었다. 실패를 어떻게 다루는지는 우리가 **실제** 누구라고 믿는지에 대해 많은 것을 말해 준다. 우리가 **실제로** 믿는 하나님은 누구인지에 대해서도. 실패에 걸려 넘어질 때 우리는 자신에게 빠지는가? 아니면 은혜에 빠지는가?

실패는 길이고, 아름다움은 목적지다. 우리는 실패의 길을 따라 아름다움을 향해 걸어간다. 다시 말해, 형성은 실패와 아름다움의 상호작용을 통해 이루어진다. 어떤 습관도 성공, 생산성, 새로운 자아, 더 나은 자아를 목적으로 추구할 수 없다. 습관은 아름다움의 비전을 위해 이루어져야 한다. 자조(self-help)가 목표라면, 실패가 당신을 무너뜨릴 것이다. 그러나 아름다움이 목표라면, 실패는 그 목표를 더욱 밝게 빛나게 할 것이다.

그러니 일어나서 계속 걸으라.

아름다운 삶을 선별하기

한결같고 일관성 있는 삶을 사는 것은 인간이 지닌 큰 꿈 중 하나다. 이런 의미에서 고결한 삶은 도덕적 실천이 아니라 **하나의** 사람이 되어 가는 즐거움과 관련이 있다. 우리는 고결하고 온전한 존재가 되길 바라지만, 모순된 자아의 일부로 살아간다.

예술 비평가 마이클 키멀먼은 가장 위대한 예술은 인생이라고 말했다. 위대한 무언가를 꾸준히 목격하도록 선별한 모든 인생 말이다. 특정 그림이나 노래를 가리켜 최고의 작품이라 말할 수 없다. 최고의 작품은 위대한 예술가들의 삶 자체다. 위대한 예술가들은 자신을 사로잡은 아름다움의 비전을 만들기 위해 자신의 삶을 제약하기 때문이다.

나는 습관에 주의를 기울이는 것도 비슷하다고 믿는다. 습관이라는 예술에 집중하는 걸로 여기는 것이 제일 좋다. 습관은 올바로 살아가려 노력하는 것이 아니라, 삶을 선별하는 것이다. 그것은 아름답게 살아가는 예술이다.

하루를 삶으로 바꾸기

이것은 사도 바울이 로마서에서 제시한 비전이다. 바울은 은혜를 하나님의 구원에 담긴 능력이라고 심도 있게 논증한 후 독자들을 향해 그 은혜에 반응하라고 독려한다. "내가 하나님의 모든 자비하심으로 너희를 권하노니 너희 몸을 하나님이 기뻐하시는 거룩한 산 제물로 드리라"(롬 12:1). 하나님의 역사하심에 응답하여 당신의 온몸을 드리라. 당신의 삶 전체를 말이다. 예수님도 자신의 온몸(삶 전체)을 우리를 위한 산 제물로 드리시지 않았는가? "그분을 본받으라"가 그 뜻이다.

바울은 계속해서 말한다. "이 세대를 본받지 말고 오직 마음을 새롭게 함으로 변화를 받아"(롬 12:2). 여기서 공통된 뿌리로 제시되는 것은 **형성**이다.

"사람이 어떻게 삶 전체를 하나님께 드리는가? 우리는 어떻게 일관성 있게 살아가는가?"라고 묻는다면, 그 답은 과정을 내포한 말, **형성**이다.

우리는 한 가지 비전에 자신의 온 집중을 다해 살아간 사람들을 칭송하고 그들처럼 산다면 좋겠다고 생각한다. 윌리엄 윌버포스(William Wilberforce), 마틴 루서 킹, 도로시 데이(Dorothy Day, 미국의 사회운동가-역주), 간디 같은 이들은 중요한 일에 오롯이 집중하며 살아간 듯하다.

온전하며 일관성 있는 삶의 비전은 습관으로 선별하는 삶이 지향하는 목표다.

그러나 우리가 아름다운 삶을 추상적으로 추구하면서 종종 간과하는 것은 우리의 삶을 구성하는 하루하루를 이루는 순간순간이 놀라우리만큼 평범하다는 사실이다. 우리가 영웅들을 바라보며 종종 간과하는 것은 그들을 그 자리에 오게 한 백만 가지의 사소한(그러나 매우 신중하게 선택된) 습관들이다. 이를 간과하면 우리는 가장 평범한 제한적 습관들이 가장 특별한 의미의 삶을 창조하는 방식을 놓치게 된다.

습관을 연구하는 사람이라면 누구나 동일하게 놀라게 된다. 가장 복잡하고 아름다운 것들을 구성하는 요소가 얼마나 평범하고 단순한지 말이다.

수스 박사(Dr. Seuss)는 50개의 독특한 단어만으로는 책 한 권을 쓸 수 없다는 출판사와 내기를 하고 『초록 달걀과 햄』(Green Eggs and Ham, 1960년 발행된 동화책. 전 세계에 800만 부가 넘게 팔렸다-역주)을 썼다. 레오나르도 다빈치는 1503년 포플러나무 한 조각 위에 세밀하게 붓놀림을 시작했다. 이후 14년간 수백만 번의 붓놀림이 끝나자 그 유명한 "모나리자"(Mona Lisa)가 세상에 나왔다. 전문가들은 불가능해 보일 정도로 세밀한 다빈치의 화법을 알아내려고 엑스선을 이용해 아직도 이 걸작을 연구 중이다.

주목할 만한 것들은 매우 작지만 끈질기게 움직이거나 자신을 제한함으로써 만들어진다. 때로 이런 제한이 자발적이지 않을 때도 있다.

유명한 초상화가인 척 클로스(Chuck Close)는 활동 중반기에 사고로 전신이 마비되어, 손목에 묶은 붓을 작고 고통스럽게 움직여 거대한 극사실주의 초상화를 그려 냈다. 오히려 이 점이 내게 흥미롭다. 부상 전후를 비교해 볼 때 그는 그저 스타일이 굳어졌을 뿐이라는 주장이 있다. 그는 이미 뭔가 특별한 것을 창조하기 위해 제한할 것을 찾고 있었다. 그의 작품들은 세계에서 가장 훌륭한 박물관에 걸려 있다. 작품 중 상당수가 친구들을 담은 초상화로, 제한된 삶 속에서 그가 경험한 우정의 아름다움을 가로세로 6미터 크기로 증거하고 있다.

잡지 「엘르」(Elle)의 전 편집장, 장도미니크 보비(Jean-Dominique Bauby)는 한쪽 눈꺼풀을 제외하고 전신이 마비되는 중상을 입은 후 놀라운 회고록 『잠수종과 나비』(The Diving Bell and the Butterfly)를 썼다. 그는 단어를 쓰기 위해 알파벳의 글자를 읽어 주었던 비서에게 한쪽 눈을 깜박거리는 방법으로 책을 썼다. 보비는 책이 출판되고 이틀 뒤에 세상을 떠났다.

평범함과 특별함을 연결하는 것은 매우 작은 습관이다. 작은 것이 위대한 예술 작품을 만들어 낸다. 한계는 종종 새로운 종류의 아름다움으로 이어지는 길을 낸다. (아동 도서의 단어 수 제한 같은) 의미 없어 보이는 것들에 대한 극단적 제한은 모든 세대에 가장 의미 있고 오래 지속되는 작품을 창조한다.

평범한 것의 아름다움을 발견하고 협소한 한계의 넓은 능력을 이해하려는 이 열망은 현대 세계의 기술 광풍에 완전히 실종된 윤리이다. 그러나 이는 완고한 사실이다.

우리는 평범한 나날이 아닌 그 어떤 것으로도 사랑의 삶을 만들 수 없을 것이다. 로버트 헤이든(Robert Hayden)이 충실한 육아에 대한 그의 유명한 송시 "그 겨울 일요일들"(Those Winter Sundays)에서 칭송한 단순하고, 특별히 아름답고, 그래도 여전히 평범한 하루 말이다. 시인은 가족을 위해 불을 피우려고 일요일 동트기 전 추위 속에서 일어나는 아버지의 충실한 일상을 묘사한 후 이렇게 끝맺는다. "내가 어찌 알았으랴, 내가 어찌 알았으랴 / 사랑의 준엄하고 외로운 직무를?"

아름답게 실패하기

아름다운 삶을 선별하는 어떤 과정도 실패와 뒤섞일 것이다. 과정이 바로 그런 것이다. 가면서 배우는 것이다. 하지만 그것이 아름다운 삶을 방해하는 것은 아니다. **아름다운 삶으로 가는 길이다.**

나는 절친한 친구 스티브와 위대해지는 것이 무엇을 의미하는지 이야기한 적이 있다. 우리는 그 의미를 성공을 다루는 방법에 집중하는 것으로 이해했다. 그때 우리는 매우 힘든 삶을 살았다(누구에게나 일어나는 일이다).

우리는 이제 어떤 삶이든 성공보다는 실패로 인해 훨씬 더 특징지어진다고 이야기한다. 우리는 위대한 삶은 실패를 피하는 방식이 아니라 실패를 다루는 방식에 따라 찾아온다고 믿는다.

요즘 우리는 거의 매주 킨츠기(Kintsugi) 도자기에 관해 이야기를 나눈다. 킨츠기는 깨진 그릇을 금이나 다른 보석으로 채워 수리하는 일본 공예이다. 그렇게 태어난 새 그릇은 이전 그릇보다 강하다. 깨진 흔적은 디자인이 된다. 사람들의 관심은 금이 간 곳이 어떻게 수리되었는지에 집중된다. 그게 바로 사람들이 주목해야 할 곳이다. 아름다움이 부서짐 안에 있다.

내면에 집중하는 사람들, 즉 율법주의적인 시선을 지닌 사람들에게는 실패가 그들을 무너뜨린다. 하지만 외면을 보라. 아름다움을 찾으라. 그러면 실패가 **당신을** 예술 작품으로 만들고 있음을 보게 될 것이다. 당신은 은혜라는 금으로 깨진 곳이 채워진 하나님의 토기다. 당신은 그 채워진 흔적으로 인해 더 아름답다.

나는 그렇게 깨진 그릇이다. 내 삶은 실수로 얼룩져 있다. 내 친구들은 그걸 안다. 하나님도 내 가족이 알고 있음을 아신다. 나는 아내를 무시한다. 화가 나서 악담을 퍼붓는다. 직장에서 과도한 약속을 일삼는다. 담배를 너무 자주 피운다. 술을 너무 많이 마신다. 터무니없이 놀라운 일을 해내고 모두가 나를 사랑하는 몽상을 한다. 그 꿈을 거들먹거리며 떠벌린다. 아무도 볼 수 없는 교묘한 수로 그 꿈을 연기한다(더 나쁜 건, 내가 그런 연기를 잘한다는 것이다!). 재정 상태를 잘 파악하지 않는다. 음식에 너무 많은 돈을 쓴다. 충분히 기부하지 않는다. 내가 관여하는 시스템이 내게 혜택을 주기에 그 시스템의 부당함에 눈감는다. 내가 고칠 수 없는 세상의 고통에 대해 한마디도 듣고 싶지 않아 마음을 닫는다. 대신 내 일에 몰두한다. 너무 많은 일을 떠맡아서 결국 내가 원하는 아이들과의 시간을 보내지 못한다. 화가 나면 아이들에게 소리 지른다.

내 삶은 딱한 두더지 잡기 게임(Whac-A-Mole)이다. 내가 하나의 습관으로 하나의 실패를 내리치면, 내 영혼은 새로운 실패와 함께 솟아오른다. 내 마음의 분수(分數)를 단순화할 프로그램은 없다. 내 혼돈을 억제할 규칙은 없다.

바로 지금 이 모든 것이 사실이다. 형성석 습관에 대해 글을 쓰는 바로 지금, 내가 그 습관들을 망치고 있음이 드러났다.

사람들은 내게 **인생 구절**이 무엇이냐고 묻는다. 말해 주기 쉽다. "내가 한 법을 깨달았노니 곧 선을 행하기 원하는 나에게 악이 함께 있는 것이로다"(롬 7:21).

그러나 요점은 이것이다. 나나 다른 사람을 오래 **보다 보면** 결국 위선자 말고는 아무도 보이지 않을 것이다. 이것은 모든 인간에게 예외 없이 적용될 것이다.

그러나 만약 당신이 내 옆에 서서 내가 바라보는 곳을 바라본다면, 우리는 모두 예수님을 볼 것이다. 그분이 우리가 원하는 삶이다. 그분이 우리에게 주어진 삶이다. 부활의 금이 우리의 모든 깨진 흔적을 채운다. 그분은 아름다운 삶을 사신 분이다. 그분은 우리의 삶을 구원하신 분이다.

아름다운 삶은 아름다운 삶에 영감을 준다. 그리스도를 본받는 일이 안타까운 메아리가 될 뿐일지라도, 그것은 그럴 가치가 있다. 행할 가치가 있는 일은 어설프게라도 행할 가치가 있기 때문이다.

이것이 아름다움을 추구하는 윤리이며, 유일하게 참된 예배다. 예수님의 발에 향유를 부인 여인처럼 당신은 자신이 당황할 정도로 자신을 잃어버린다. 당신은 무엇이든 시도할 것이다. 사랑하는 그분께 완전히 빠져 있기 때문이다.

사랑을 위한 작은 습관들, 이것들은 가꿀 가치가 있다. 성공을 위해서도 자신을 증명하기 위해서도 수행하지 않고, 하나님과 이웃을 사랑하고 싶은 열망 때문에 가꾸는 것이다. 이것이 더욱 아름다운 삶, 제한할 가치가 있는 삶, 실패할 가치가 있는 삶이다.

이것들이 "모나리자"의 세미한 붓놀림이 되는 습관, 사랑하는 친구의 초상화를 그리는 떨리는 손목이 되는 습관이다. 이런 습관은 하루하루를 이루고, 아름다우신 분을 바라보는 삶을 이룬다. 그분의 이름은 예수이며, 그분은 눈길은 방심한 마음을 사로잡아 활짝 열어 주실 수 있다.

실천을 돕는 자료

한눈에 보는 습관

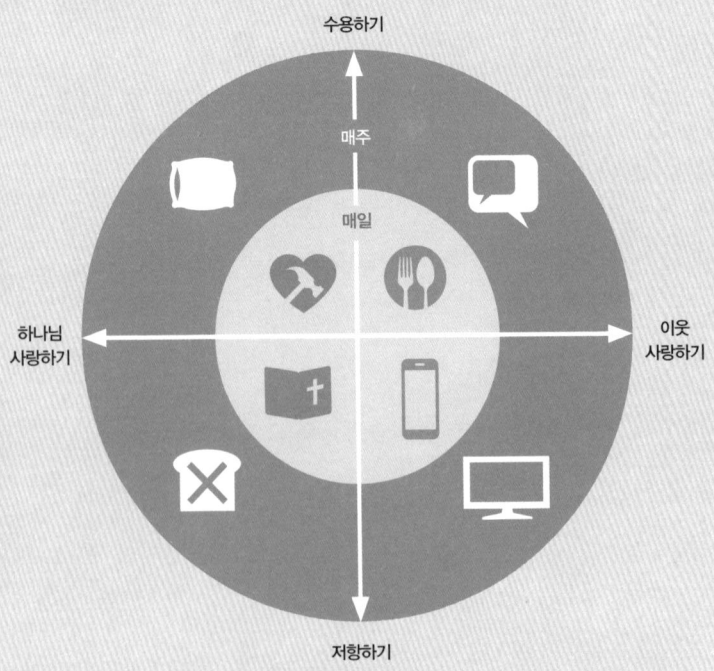

매일 습관		매주 습관	
♥	하루 세 번 무릎 꿇고 기도하기	💬	친구와 한 시간 대화하기
🍴	다른 사람과 한 끼 식사하기	🖥	미디어 네 시간 선별하기
📱	휴대전화 한 시간 끄기	✕	24시간 금식하기
📖	휴대전화 전 성경 읽기		안식 누리기

요약한 습관

매일 습관

하루 세 번 무릎 꿇고 기도하기 세계는 말들로 이루어진다. 짧고 반복되는 말들조차도 힘이 있다. 규칙적이고 세심하게 배치한 기도는 영적 형성의 핵심 습관 중 하나이고, 습관의 지지대를 짓는 첫걸음이다. 기도의 말로 하루의 틀을 짬으로써 우리는 사랑으로 하루를 짠다.

다른 사람과 한 끼 식사하기 우리는 먹도록 지음 받았으므로 식탁은 반드시 우리의 무게 중심이어야 한다. 매일 한 끼 식사를 함께하려면 서로의 일정과 공간을 재조정하는 일이 불가피하다. 식탁이 우리 삶의 중심이 될수록, 더 많은 이웃을 복음 공동체로 끌어들일 수 있다.

휴대전화 한 시간 끄기 우리는 존재하도록 지음 받았지만 휴대전화는 자주 우리가 부재하게 한다. 동시에 두 장소에 있는 것은 어디에도 없는 것이다. 하루에 한 시간 휴대전화를 꺼 두는 것은 아이든 동료든 친구든 이웃이든 서로 들여다보게 한다. 주의 집중하는 습관은 사랑하는 습관이다. 부재에 저항하는 것이 이웃 사랑이다.

휴대전화 전 성경 읽기 성경을 한 구절이라도 읽기 전에 휴대전화 확인하기를 거부하는 것은 "오늘 나는 무엇을 해야 하지?"라는 질문을 "나는 누구지? 그리고 나는 어떤 사람이 되고 있지?"라는 더 좋은 질문으로 대신하는 방법이다. 우리는 예수님 외에는 안정된 정체성을 지닐 수 없다. 매일 성경에 몰입하면 이메일에 대한 염려, 뉴스에 의한 분노, 소셜 미디어로 인한 부러움에 저항할 수 있다. 성경에 몰입하면, 지극히 사랑받는 왕의 자녀라는 진정한 정체성 안에서 우리가 매일 형성되어 간다.

매주 습관

친구와 한 시간 대화하기 우리는 서로를 위해 창조되었고, 시간이 지나도 취약함이 지속되는 친밀한 관계 없이는 하나님과 이웃을 사랑하는 사람이 될 수 없다. 서로 얼굴을 마주하고 대화하는 습관 속에서 우리는 복음의 실천을 목격한다. 그래서 우리는 서로에게 있는 그대로 드러나며 그럼에도 사랑받는다.

미디어 네 시간 선별하기 이야기는 매우 중요하므로 최대한 세심하게 다루어야 한다. 끊임없이 스트리밍되는 중독성 강한 미디어에 한 시간 제한으로 저항하는 것은 시청하는 것을 선별해야 함을 뜻한다. 이야기를 선별하는 것은 아름다움을 유지하고, 정의를 사랑하도록 가르치는 이야기, 우리를 공동체로 이끄는 이야기를 찾는 것을 의미한다.

24시간 금식하기 우리는 공허함을 음식이나 다른 편리로 채우려고 끊임없이 노력한다. 음식과 음료로 치료한다는 명목으로 우리 자신의 영혼과 이웃의 필요를 간과한다. 정기적인 금식은 우리의 실체를 드러내고 세상이 얼마나 무너져 있는지를 상기시키며 예수님이 만물을 어떻게 구속하시는지를 주목하게 한다.

안식 누리기 매주 안식을 실천하는 습관은 우리가 아닌 하나님이 이 세상을 보존하신다는 사실을 가르쳐 준다. 우리는 인간의 한계에 대한 반문화적 이해를 가지고 언제나 해 오던 일을 멈추고 하루를 쉰다. 안식은 복음의 실천이다. 세상이 우리가 성취할 수 있는 것에 의존하지 않고 하나님이 우리를 위해 이루신 것에 의존한다는 사실을 상기시켜 주기 때문이다.

한 가지 습관
시도하기

많은 사람이 핵심 습관 하나를 실험하는 것이 공동 규칙을 시도할 가장 좋은 방법임을 발견한다. 한 가지 습관을 실험하면서 이 책을 읽으라. 그렇게 하면 왜 그 규칙이 시도해 볼 가치가 있는지 알 수 있을 것이다. 다음은 도입하기에 가장 좋은 습관들이며, 각 습관은 다른 습관을 바꾸는 데 도움이 되는 핵심 습관이다.

매일 습관

하루 세 번 무릎 꿇고 기도하기 기도로 하루의 틀을 잡으면 항상 기도하는 것에 대해 말하거나 기도하는 사람이 되길 바라는 대신 기도하게 된다. 기도는 또한 하루를 구성하고, 기도에 대해 생각하게 한다. 아침이나 저녁의 일과나, 한낮의 휴식 같은 더 나은 습관이 종종 동반된다.

휴대전화 전 성경 읽기 이 습관은 매일 성경을 읽게 하기 위한 것이다. 이와 거의 못지않게 중요한 것은, 특히 아침에 처음 일어나서 당신을 휴대폰으로부터 떼어 놓는 데 도움이 된다는 것이다. 이 책을 읽으면서 2주 동안 시도해 보라. 이것은 종종 다른 새로운 습관으로 가는 관문이 된다.

매주 습관

친구와 한 시간 대화하기 우정의 혜택은 셀 수 없고 매우 놀랍다. 매주 누군가와 한 시간을 약속해 함께 이야기 나누는 동안, 당신은 고립에서 벗어나거나 공동체에 새로운 변화를 불러일으킬 수 있다.

안식 누리기 안식일은 당신이 한 주에 대해 생각하는 방식, 일에 대해 생각하는 방식, 그리고 시간에 대해 일반적으로 생각하는 방식을 바꾼다. 시간을 길고 단조로운 일들의 목록으로 볼 때 우리는 무너진다. 하루, 주, 계절을 휴식으로 구분할 때 우리는 번창한다. 안식일을 어떻게 보낼지 계획하는 것부터 시작해 보라.

한 주 동안
공동 규칙 시도하기

다음은 일주일 동안 공동 규칙의 각 습관을 읽고 시도하기 위한 예시다.

모든 습관을 한꺼번에 시도할 필요는 없다. 하루에 한 챕터씩 읽으면 각각 15분 정도 걸린다. 그 습관을 실험해 보라.

이 계획은 당신이 이를 그룹으로 시도한다고 가정한다. 그룹이 없다면, 나는 적어도 다른 한 사람을 찾는 것을 강력하게 제안한다. 혼자서는 새로운 습관을 들이기 힘들다.

공동 규칙을 한 주간 시도하기

날	읽기	시도해 볼 습관
1 (그룹이 만날 날짜 선택하기)	**아침.** '여는 말'과 '매일 습관 1' 읽기	오늘 무릎 꿇고 기도하라.
	저녁. 그룹과 만나 공동 규칙에 대한 아이디어를 서로 이야기하라.	
2	'매일 습관 2' 읽기	오늘 의도적으로 공동 식사를 해 보라.
3	'매일 습관 3' 읽기	휴대전화를 끌 한 시간을 선택하라.
4	'매일 습관 4' 읽기	오늘 휴대전화 사용 전에 성경을 읽으라.
5	'매주 습관 1' 읽기	누군가와 의도적으로 일대일 대화를 해 보라.
6	'매주 습관 2' 읽기	이번 주 미디어 시청 시간을 가늠해 보라. 이미 네 시간 이상이면 아무것도 보지 말라.
7	'매주 습관 3' 읽기	오늘부터 금식하라.
8 (그룹이 다시 만나는 날에 종료하기)	**아침.** '매주 습관 4'와 '에필로그' 읽기	오늘을 안식하는 날로 삼거나 다음 안식일을 계획하기 위한 몇 가지 아이디어를 적어 보라.
	저녁. 그룹과 만나 한 주가 어떻게 흘러갔는지 서로 이야기하라.	

한 달 동안
공동 규칙 시도하기

공동 규칙을 그룹이 함께 한 달간 시도해 볼 때, 그 한 달이 어떻게 흘러갈지 예상하는 것은 모두에게 정말 도움이 된다. 아래는 한 달과 매일 시도하는 예로, 그룹 구성원이 어떻게 자신들의 하루를 조정하는지 볼 수 있다. 이 견본은 각자가 시도하는 달에 맞게 설정할 수 있다. 웹사이트(thecommonrule.org)에서 다운로드할 수 있다.

매일 습관

- 아침과 정오에, 잠들기 전에 무릎 꿇고 기도하기
- 성경 읽기: 시편 1-30편, 마태복음 1-28장, 로마서. 매일 반 장씩
- 공동 식사는 _____ 와(과) _____
- 전화를 안 받는 시간은 _____시부터 _____시까지

일	월	화	수	목	금	토
1	2 한 달을 함께 저녁 토론하기로 시작하라.	3	4 저녁식사를 거르고 저녁 6시부터 금식하기	5 친구와 함께 금식을 끝내고 매주 한 시간 대화 나누기	6	7 미디어 이용 시간 세기 (자책하지 말고, 그저 알아보기 위해 세라)
8	9 만나서 실패한 것과 실행한 것을 서로 이야기하고 기도하기	10	11 저녁식사를 거르고 저녁 6시부터 금식하기	12 친구와 함께 금식을 끝내고 매주 한 시간 대화 나누기	13	14 미디어 이용 시간 세기
15	16 만나서 실패한 것과 실행한 것을 서로 이야기하고 기도하기	17	18 저녁식사를 거르고 저녁 6시부터 금식하기	19 친구와 함께 금식을 끝내고 매주 한 시간 대화 나누기	20	21 미디어 이용 시간 세기
22	23 만나서 실패한 것과 실행한 것을 서로 이야기하고 기도하기	24	25 저녁식사를 거르고 저녁 6시부터 금식하기	26 친구와 함께 금식을 끝내고 매주 한 시간 대화 나누기	27	28 미디어 이용 시간 세기
29	30 만나서 잔치하자! 당신이 무엇을 배웠는지 이야기하라.	31				

회중을 위한
공동 규칙

공동 규칙은 공동체 안에서 실행되어야 한다. 여기서 바로 **공동**의 부분이 나온다. 공동 규칙을 함께 실천할 계획을 발표할 때 웹사이트(thecommonrule.org)의 자원들(resources)을 활용하고 다음을 수행하라.

소그룹 만들기 습관을 시도할 때 소그룹, 교구, 혹은 책임 그룹 등으로 사람들을 나누는 것이 가장 좋다. 사람들이 자신의 경험을 이야기할 수 있을 만큼 충분히 작은 커뮤니티인지 확인하라. 그룹 구성원이 자신에게 여태 보이지 않았던 나쁜 습관이 있다는 것을 깨닫게 되므로 실패와 어려움을 다른 사람과 함께 다룰 수 있은 것은 매우 중요하다.

습관을 실천하기 위한 비전 사람들은 **이유**를 이해해야 한다. 그렇지 않으면 이런 습관은 의미가 없다. 대부분의 사람들이 전에는 이에 대해 생각해 본 일이 없으므로, 자칫 **행동 관리**로만 이해하도록 이야기하지 말라. 절반은 흥미를 잃고, 나머지 절반은 영혼이 상할 것이다. 우리 공동의 꿈은 변화임을 상기시켜라. 우리는 모두 무언가를 바꾸길 원하지만, 보통 매일과 매주의 소소한 습관이 새 사람이 되는 데 얼마나 방해가 되는지는 생각하지 않는다. 시리즈로 설교를 하거나 웹사이트(thecommonrule.org)를 알려 주어 그들이 생각하고 동기 부여를 받도록 해 보라.

자발성을 강조하라 그룹 구성원이 이 책을 가지고 있다면, 한 가지 습관을 자유롭게 읽고 실험할 수 있다. 그들이 기꺼이 할 의사가 있다면, 습관의 일부나 전부를 따르고 연습하도록 제안하라. 장로들, 소그룹 리더들, 습관에 관심 있어 하는 그룹 등 핵심 그룹이 실험 기간 동안 책임지고 다른 이들을 안내하는 것도 이들이 그 일을 주도하는 데 도움이 된다. 습관 형성은 강요할 수 없고 강요해서도 안 된다는 사실을 유의하라. 사람들이 그것에 푹 빠져야 한다. 종종 다른 사람들이 습관에 의해 어떻게 변하는지 보거나 읽을 때 관심이 깊어진다.

시간을 설정하라 한 달이 시작하기에 좋다. 1월은 새 습관을 테스트하기에 좋은 달이지만, 일반적으로 6월은 그렇지 않다. 사순절이나 대림절 같은 교회 절기도 시작하기 좋은 기회다. 회중에게 일주일은 일반적으로 너무 짧다. 어떻게 하든 습관을 얼마 동안 시도할지 사람들이 알게 하라.

그룹과 함께 사용할 자료

이 책 사람들이 이끌리는 데 가장 효과적인 방법은 책을 읽을 기회를 갖는 것이다.

웹사이트 사람들이 스스로 습관에 대해 탐색해 볼 수 있도록 웹사이트 주소를 아는지 확인하라. 웹 주소를 잊어버리기 쉬우므로 뉴스레터나 이메일로 보내라.

대담 웹사이트에서 공동 규칙에 대한 최근 대담을 확인해 보라. 사람들은 종종 **삶의 규칙**과 일련의 습관에 헌신하는 데 관심을 가지지만 약간 혼란스러워한다. 그럴 만하다. 하지만 나는 사람들이 그 대담을 접한 후 "좋아, 난 그게 필요해"라고 말하는 것을 종종 듣는다. 소그룹이나 주일학교 수업에서 함께 내담을 보는 것을 고려해 보라.

한 달을 시각화하기 그룹과 함께 한 달 동안 공동 규칙을 시험해 볼 때 그 한 달이 어떻게 흘러갈지 모두가 아는 것은 도움이 된다.

256쪽의 한 달 예시를 참조하라. 웹사이트에서 견본을 다운로드해 해당 월에 맞게 사용자가 지정할 수도 있다.

공동 규칙을
시도하는 이들을 위한 기도

만약 당신이 습관을 세우는 그룹을 이끌고 있다면, 참여자들과 함께 규칙적으로 기도하라. 모든 사람이 함께 기도하는 것이 편하다면, 아래 기도문을 리더(이탤릭체)와 참여자들(볼드체)이 교독하라.

우리를 만드시고 찾아오시고 구원하시는 하늘에 계신 아버지, 주님을 찬양합니다! 주님은 우리가 하나님의 자녀가 되도록, 인간의 한계를 짊어지셨습니다.

우리의 자유가 오직 주님께 속해 있을 때 오는 것을 보게 하소서.

그러니 주님, 우리의 날들을 축복하소서.

우리의 기도가 선한 일이 되고, 우리의 일이 선한 기도가 되길 바랍니다.
우리의 식탁이 풍성해서 우리의 이웃이 다가오기를 바랍니다.
우리가 기술과 함께 좋은 한계를 받아들이고 서로에게서 아름다움을 발견하기를 바랍니다.
우리가 성경이라는 사랑의 편지로 하루하루를 세우기 바랍니다.

또한 주님, 우리의 한 주를 축복하소서.

우리의 우정이 모든 외로운 사람들이 모일 수 있는 불이 되기를 바랍니다.
아름다움을 추구하고, 정의를 사랑하고, 서로를 발견하는 사람으로 우리를 형성하는 이야기를 선별하길 바랍니다.
우리의 공허함이 당신의 충만함을 찾을 곳임을 금식을 통해 발견하게 하소서.
우리가 "끝났다"는 것을 예수 안에서 알고, 영혼의 쉼 가운데서 안식하게 하소서.

주님, 이 모든 일에 우리에게 힘을 주소서. 주님이 먼저 우리를 사랑하셨기에 우리가 사랑합니다. 우리가 우리의 실패에 걸려 휘청거릴 때 당신의 은혜에 빠지게 하소서.

우리의 삶이 어둠 속에서 빛이 되어, 모든 사람이 당신의 아름다움을 보게 하소서. 아멘.

삶의 규칙이 되는
공동 규칙

 나는 사람들에게 최소한 한 달 동안 습관을 들여 보라고 독려하지만, 실은 나는 그 습관에 따라 보통 생활한다. 많이 실패하고 끊임없이 적응해야 했지만, 습관은 이제 내가 몇 번이고 되돌아오는 삶의 배경 리듬이다.

 당신의 관리팀, 가족, 교회 직원, 친구 그룹이 삶의 방식으로서 그 습관을 수용하길 원할 수도 있다. 그렇다면 환영한다! 당신은 자신의 상황에 한두 가지 습관을 적용하는 것을 생각해 볼 수 있으며, 이를 위해 웹사이트에서 견본을 다운로드할 수 있다.

 다음은 공동 규칙을 장기적인 생활 방식으로 조정하는 몇 가지 팁이다.

매일 기도하기 공동체를 위해 특별히 쓰인 기도문이나 일반적인 교회력의 기도문을 사용하는 것을 고려해 보라.

매일 식사하기 가정에서는 저녁에 함께하는 가족 식사 같은 방식일 수 있다. 사무실이나 팀 내에서는 서서 함께하는 점심 식사일 수 있다.

휴대전화 끄기 이를 통해 침묵하거나 존재하는 리듬을 익힐 수 있다. 휴대전화를 매일 한 시간씩 꺼 놓거나, 매일 묵상하거나, 매달 하루를 침묵 가운데 보내는 리듬일 수 있다. 한편 가족과 함께 산만하지 않게 한 시간을 보내는 것일 수 있다.

휴대전화 전 성경 읽기 세상이 제공하는 다른 모든 경쟁적인 이야기로 당신이 형성되기 전에, 당신이 성경으로 형성되었음을 확실하게 하는 1년 독서 계획이나 다른 방법을 사용해 보라.

안식일 매주 이 날은 크게 변하지 않을 수 있다. 하지만 당신이 일하는 것만큼 진지하게 휴식하는 삶의 리듬을 만들어야 한다.

우정 취약함을 드러내는 매주의 진솔한 대화는 정기적인 저녁 식사나 친구들 간의 모임에서 실현할 수 있다. 또는 매년 리트릿이나 우정의 영향이 삶 전체에 미치게 하는 다른 방법을 생각해 볼 수 있다.

미디어 선별하기 매주 한계를 설정하는 것은 미디어에 새로운 방식으로 참여하게 한다. 이 습관의 목표는 시간을 세는 것이 아니라, 미디어를 다르게 생각하고 선별을 삶의 방식으로 삼는 사람이 되는 것이다.

금식 삶의 한 방식인 금식은 육체적인 제한과 관련이 있다. 특정 음식이나 음료를 멀리하는 일과나 정기적인 기간, 계절을 정하는 것으로 대신할 수 있다.

다양한 삶을 위한
공동 규칙

회의론자에게

누군가 당신에게 이 책을 건네며, 이 책의 내용에 일부 동의하지 않을지라도 당신이 이 책을 좋아할 것이라 말했을지 모른다. 당신은 예전에 예수를 따랐을 수 있지만, 어떤 일이 일어났다. 혹은 당신은 공감하고 있지만, 아직 예수의 이름을 부를 준비가 안 되었을지 모른다. 아마도 당신은 무엇을 믿든 영적 리듬은 멋지고 유용하다고 생각할 수 있다. 당신은 신이 누구인지 찾고 있을지 모른다. 그렇다면 이것들이 도움이 될 것 같다. 그리고 당신이 찾기 원하는 것을 찾기를 기도한다. 더 좋게는, 그분이 당신을 찾으시기를 기도한다.

회의론자를 위한 공동 규칙

매일 습관	변형할 수 있는 것과 중점에 두어야 할 것
세 번 기도하기	일정한 간격을 두고 침묵하는 것은 하루를 마감하는 놀라운 방법이다. 그리고 침묵은 모든 기도의 시작이다. 몇 분간 침묵하며 하루를 시작하고, 정오에도 이를 반복하고, 같은 방법으로 하루를 끝내라. 몇 주 후에, 하나님께 무언가를 구해 보라. 얼마나 정직한지와는 상관없이, 무엇이든 물어보라. 그분은 받으실 수 있다. 그러고 나서 조용히 들으라.
다른 사람과 식사하기	당신이 누구든, 당신에게는 사람이 필요하다. 정기적으로 함께 식사하는 것은 단순히 몸에 영양을 공급하는 것을 넘어선다. 당신의 영혼이 갈망하는 무언가를 공급하는 방법이다.
휴대전화 한 시간 끄기	매일 휴대전화가 꺼진 한 시간은 성찰하는 공간을 만든다. 이 시간은 휴대전화의 끝없는 소음으로 당신과 당신이 믿는 것이 혼란스러워지는 것을 예방하는 데 도움이 된다.
휴대전화 전 성경 읽기	당신에게는 그저 휴대전화를 보기 전에 글을 읽는 것일 수 있다. 무언가 적힌 페이지에는 힘이 있다. 기독교를 조사해 보고 싶다면 요한복음, C. S. 루이스의 『순전한 기독교』, 팀 켈러의 『팀 켈러, 하나님을 말하다』, 릭 워렌의 『목적이 이끄는 삶』을 읽으라. 만약 당신이 성경이나 성경에 관한 책을 읽을 준비가 되지 않았고 편안하지 않다면, 당신에게 도전하고 당신의 생각을 확장하는 시나 작가로 하루를 시작하라.

매주 습관	변형할 수 있는 것과 중점에 두어야 할 것
안식하기	연구에 따르면 일주일에 50시간 이상 일하면 생산성이 급격히 떨어진다. 당신이 얼마나 일할 수 있는지 증명하기 위해 시간과 노력을 낭비하지 말라. 휴식을 취하고 자신을 재충전함으로써 온전한 사람이 되라.
한 시간 대화하기	만약 당신이 기독교를 이해하려 한다면, 당신이 신뢰하는 예수를 따르는 사람을 정기적으로 만나라. 하지만 예수를 따르는 우리는 가장 좋게도, 가장 나쁘게도 예수를 반영함을 기억하라. 우리는 충분치 않으니 당신 같은 엉망 이상을 기대하지 말라. 일주일에 한 시간 대화하기는 우리 모두에게 필요한 우정을 추구하는 좋은 방법이다.
미디어 네 시간 선별하기	좋든 싫든 당신은 당신이 원하는 만큼 독립적이지 않다. 당신은 당신이 보는 이야기가 된다. 신중하게 선별하라. 당신의 시각에 도전하는 것, 당신이 동의하지 않으리라 짐작하는 것 중에서 고르라.
금식하기	당신이 누구든, 절제는 건강하다. 악덕이 없는 사람은 아무도 없다. 영적 탐색으로 금식을 선택할 수도 있다. 혹은 당신이 자신을 사로잡고 있다고 생각하는 무언가를 정기적으로 삼가는 것을 선택할 수 있다. 금식에 대한 기독교적 이해는 자기 계발을 위한 것이 아니라, 자신을 넘어 자신을 지탱해 주시는 분을 보는 것임을 아는 것이 도움이 될 수 있다. 본질적으로, 그것은 당신에 관한 것이 아니다.

부모에게

온종일 아이를 돌보는 일은 가장 어려운 일 중 하나일 것이다. 만약 우리가 습관대로 되고 자녀들이 우리처럼 된다면, 우리 자녀들은 우리의 습관대로 될 것이다. 부모가 자신의 습관에 주의를 기울이는 것은, 자녀에게 기술을 현명하게 사용하는 방법은 물론 현명하게 살아가는 방법을 가르치는 시작이다.

부모를 위한 공동 규칙

매일 습관	변형할 수 있는 것과 중점에 두어야 할 것
세 번 기도하기	배우자와 함께 자녀를 위한 짧은 기도문을 쓰는 것은 자녀를 위해 동일한 내용으로 기도하는 데 집중할 수 있는 좋은 방법이다. 두세 문장을 시도해 보고, 하루에 세 번 기도하라.
다른 사람과 식사하기	아침 식사나 저녁 식사를 가족이 함께하는 습관을 기르는 것은 함께 성장할 수 있는 놀라운 방법이다. 당신과 가족에게 가장 좋은 식사를 선택하고, 그것이 쉬울 것이라 상상하지 말라. 지저분하고 시끄러울 것이고, 준비하고 정리할 것이 많을 것이다. 식탁에 전자 기기를 두지 않고, 일어나도 된다고 양해받을 때까지 아무도 일어나면 안 된다. 이 일은 어렵지만, 모든 좋은 것이 그렇다. 식탁은 서로를 알고 사랑하는 법을 배우는 곳이다.
휴대전화 한 시간 끄기	전화하지 않는 동안 레슬링, 쌓기 놀이, 변장하기, 대화, 보드 게임 등 자녀와 함께하는 시간을 가진다. 산만하지 않은 시간에 자녀와 관계 맺는 것은 천금 같은 가치가 있다.
휴대전화 전 성경 읽기	나는 예수님에 의해 부모가 되는 것 외에 어떻게 부모가 되어야 할지 모르겠다. 자녀가 잠에서 깨어나기 전에 잠깐 동안이라도 말씀 안에 있는 것이 내 몸과 영혼에 유익하다. 내 아내는 그렇지 않다. 그녀는 오후에 성경 읽는 것을 더 좋아한다. 하지만 어떤 경우에도 아침에 가장 먼저 스마트폰을 사용하는 것은 건강한 하루를 위한 부모로 세워 주는 것이 아니다. 아침 일과에서 스마트폰은 **빼도록 노력하라.**

매주 습관	변형할 수 있는 것과 중점에 두어야 할 것
안식하기	주중에 주로 양육하지 않는 부모가 안식일의 일을 맡을 수 있다면, 그것이 이상적일 것이다. 하지만 모든 사람이 할 수 있는 건 아니다. 할 수만 있다면, 부담이 덜한 다른 친구나 가족과 함께 한 달 동안 공동 모임을 갖는 것을 고려해 보라. 이것은 각 가정마다 다르므로, 함께 많이 연습하고 단기적인 성공이 아닌 장기적인 성공을 가늠해야 할 것이다.

한 시간 대화하기	성인 간의 대화는 부모에게 귀중한 생필품과 같다. 대화는 아이들이 주변에 없을 때 나누어야 한다. 아이들이 공원에서 노는 동안 이야기하는 것도 괜찮다. 때로 다른 부모들과 이야기를 나누는 것도 좋지만, 같은 양육 단계에 있지 않은 사람과 대화하는 것도 도움이 된다.
미디어 네 시간 선별하기	가족과 함께 무언가를 시청하라. 즉, 시청 공동체를 만들라. 가족이 같은 영화나 TV 프로그램을 공유하는 것은 믿을 수 없도록 유대감을 형성한다. 또한 나는 가장 **적절한** 영화라도 아이들을 위한 설명이 필요하다는 것을 알게 되었다. 본받을 가치가 있는 미덕은 무엇인지, 피해야 할 악덕은 무엇인지 토론하라.
금식하기	24시간 금식하는 것은 종종 부모에게, 특히 수유하거나 임신한 사람에게 좋지 않다. 설탕이나 디저트 금식은 효과가 좋다. 때로 소셜 미디어나 스포츠를 끊는 것도 마찬가지다. 목표는 금식하면 부족함을 느낄 수 있는 것을 고르고, 그렇게 할 때 그리스도의 풍요로움에 의지하는 것이다.

직장에서

다음은 당신이 집중하며 열심히 일하는 동안 건강한 한계와 리듬을 유지하기 위해 공동 규칙을 실천하는 것을 치열한 프로젝트나 시즌과 결합한다고 가정한다. 사무실에 함께 연습에 참여하는 다른 사람이 있으면 이상적이다.

직장에서의 공동 규칙

매일 습관	변형할 수 있는 것과 중점에 두어야 할 것
세 번 기도하기	정오 기도는 직장에서 힘든 시기에 특히 중요하다. 목표는 사랑 안에서 일의 틀을 만드는 것이지, 스트레스 안에서 일이 당신의 틀을 만드는 것이 아니다. 기도하기 위해 동료와 짧은 정오 모임으로 만나는 것을 고려해 보라.
다른 사람과 식사하기	내게 가장 도움이 된 것 중 하나는 함께 커피를 마시며 휴식을 취하거나 점심을 먹는 동료 한두 명이 있다는 것이다. 그리고 나는 정말 긴급한 상황이 아니라면 일이 가족 저녁 식사를 침범하지 않게 해 가족 식사도 함께한다. 이것은 당신의 삶의 시기에 달려 있으므로, 당신에게 맞는 대로 하라.
휴대전화 한 시간 끄기	일은 기진맥진하게 만들기 때문에 퇴근 후 잠시 휴대전화를 꺼 두는 것이 작은 안식(mini-sabbath)을 취하는 방법이다. 업무에 집중할 수 있는 공간을 확보하는 것도 중요하다. 사무실 문 앞에 당신과 다른 사람들이 휴대전화를 내려놓을 수 있는 상자를 놓아 보라. 휴대전화를 내려놓을 때 인센티브를 제공하는 것도 고려해 보라.

휴대전화 전 성경 읽기	성경 읽는 시간과 기상 시간을 엮어 적절히 통제된 업무 일정을 잡으라. 내 최상의 업무는 보통 다른 사람이 일어나기 전 아침에 나온다. 당신도 마찬가지라면, 아침에 일어나 성경을 읽은 후 고요히 일하는 것을 강력하고 지속 가능한 아침 일과로 만들 수 있다.

매주 습관	변형할 수 있는 것과 중점에 두어야 할 것
안식하기	휴식은 당신의 경력에 가장 중요한 일이 될 것이다. 휴식은 매일 충분한 수면을 취하고 매주 안식하는 것을 의미한다. 선한 일은 하나님으로부터 오고, 이웃을 위한다. 공동으로 예배하고 규칙적으로 쉬지 않고서는 그 일을 제대로 할 수 없다.
한 시간 대화하기	고된 시즌의 일이 초래하는 가장 위험한 결과 중 하나는, 이런 일이 몇 번 지나면 친구들과 멀어지는 경향이 있다는 것이다. 그러니 일주일 중 한 시간을 쪼개는 것을 고려해 보라. 들이는 시간은 작지만 삶에 미치는 영향은 거대하다. 그 시간은 당신의 인생 전체를 바꿀 수 있다. 우리 자신을 위해 그런 간단한 결정을 내릴 수 없다면, 왜 다른 사람들의 삶에 영향을 미치는 경영상 결정을 내리는 데는 스스로를 신뢰하는지 의아할 따름이다.
미디어 네 시간 선별하기	미디어를 시청하는 시간을 오로지 공동으로 가지는 것을 고려해 보라. 그러면 휴식하는 동안 공동체에 참여하게 된다. 한편 과도한 미디어 시청은 종종 스트레스에 대처하기 위한 메커니즘이 되는데, 미디어를 네 시간으로 선별하는 것은 가드레일을 세우는 것이 되어 실제로 생산성을 높일 수 있다.
금식하기	금식은 특히 직장에서 반문화적이다. 만약 금식하면 에너지가 고갈되거나 업무 수행할 능력이 저하되는 직업이라면, 다른 일을 금하라. 나는 금식이 사람들의 환심을 사는 것(직장에서 유혹적인 일이다)에서 하나님이 내가 선한 일을 하도록 도와주시리라 믿는 것으로 내 시선을 재설정하는 좋은 방법임을 알게 되었다.

예술가와 창작자에게

창의성은 무작위로 발생하지 않는다. 뮤즈는 없다. 뮤즈가 있다는 것은 거짓말이다. 창의성은 방해 요소를 무자비히게 제거할 때 발현된다. 예술은 매일의 작업을 한데 묶은 산물이다. 예를 들어, 이 책을 쓰는 동안 공동 규칙을 지키는 것이 내 작업 과정에서 특히 중요했다.

예술가와 창작자를 위한 공동 규칙

매일 습관	변형할 수 있는 것과 중점에 두어야 할 것
세 번 기도하기	영감과 집중을 위한 기도가 도움이 될 수 있다. 프로젝트를 시작할 때 나는 몇 가지 기도문을 쓴다. 무엇이 정말 중요한 일인지 분명해지는 때다. 그러고 나면 복잡한 일들이 필연적으로 몰려오더라도 그 일 가운데서 기도한다. 이 책을 쓰는 프로젝트를 위해 그렇게 했다.
다른 사람과 식사하기	일을 끝내는 방법으로 하루의 끝에 가족이나 룸메이트와 함께 식사하는 것을 고려해 보라. 우리는 종종 어떻게 끝내야 할지 모른다. 당신을 환영하는 공동체로 돌아오는 것은 근무일에 마침표를 찍는 좋은 방법 중 하나다.
휴대전화 한 시간 끄기	모든 새로운 프로젝트의 시작 단계에는 매우 창의적이고 방해받지 않는 몇 시간이 필요하다. 그다음 편집과 재작업이 이루어지는데, 이 일은 힘들지만 영혼은 일을 덜 한다. 창의적인 단계에서는 휴대전화를 한 시간 동안만 켜고, 나머지 시간에는 꺼 두는 것을 고려해 보라. 종종 창의성은 단순히 산만함을 제거하는 데서 나온다.
휴대전화 전 성경 읽기	같은 시간에 일어나고, 말씀 한 구절을 읽고, 당신에게 맞는 음식을 먹고, 창의적인 작업으로 바로 이동하도록 세심하게 계획된 아침 일과를 고려해 보라. 아침 일과는 대부분의 창작자들에게 정말 중요하다.

매주 습관	변형할 수 있는 것과 중점에 두어야 할 것
안식하기	창조적인 노력을 안식일에는 하지 않는 것은 창조가 당신의 일이기 때문에 특히 중요하다. 당신의 영혼은 휴식이 필요하다.
한 시간 대화하기	당신의 예술이나 창작 과정을 이해하거나 스스로 작업하는 사람을 찾으라. 고립은 예술가에게 큰 위험이며, 우정은 종종 우리를 우리 자신으로부터 구한다.
미디어 네 시간 선별하기	영감을 위해 선별하고 산만함을 피하라. 다른 예술가들이 그들의 작품을 보고 작품에 내재하는 방식을 생각하게 하는 다큐멘터리, 팟캐스트, 연설, 강의 목록을 만들라. 당신의 공예품이나 중요 문헌을 창조한 위대한 예술가에 대해 보거나 읽으라. 그들의 작업에 깊이 파고들고, 당신의 마음을 멍하게 하는 미디어를 피하라.
금식하기	몸이 마음을 따라갈 수 있도록 식이 요법이나 운동 계획을 병행해 보라. 마음이 몸보다 앞서면 항상 충돌이 일어난다. 원활히 활동하는 몸 없이는 작업도 할 수 없다.

기업가에게

당신이 좋든 싫든, 조직을 만들 때는 당신의 최고의 자질과 최악의 자질을 복제하게 된다. 당신이 어떤 사람이 되고 있는지에 관심을 갖는 것은 당신의 직원이 어떤 사람이 되고 있는지, 당신의 조직이 어떤 조직이 되고 있는지에 관심을 갖는 것이다. 기업가로서 공동 규칙을 시도하고 있다면, 단연 공동 창업자나 고위 경영진과 함께 실천해 보라. 모든 사람이 예수를 따르는 것이 아니라면, 268쪽의 '회의론자를 위한 공동 규칙'을 적용해 볼 수 있다.

기업가를 위한 공동 규칙

매일 습관	변형할 수 있는 것과 중점에 두어야 할 것
세 번 기도하기	새로운 조직을 이끄는 사람은 누구나 압박을 느낀다. 실제로 할 수 있는 일보다 해야 할 일이 더 많다. 주중에는 계속해서 급한 불을 꺼야 하는 혼란이 들이닥칠 수 있다. 그렇기에 하루를 끝마치는 것이 더욱 중요하다. 혼돈이 당신을 둘러싸도록 내버려 두는 대신 혼돈의 틀을 잡아야 한다.
다른 사람과 식사하기	당신에게 가족이 있다면, 비록 직장에서 미칠 지경이었더라도, 가족 식사에 꾸준히 참여하는 것이 매우 중요한 방법이 될 수 있다. 만약 그렇지 않다면 점심 식사가 이상적일 수 있다. 즉, 당신과 당신의 팀을 위해 정기적인 공동 휴식을 취하라.
휴대전화 한 시간 끄기	모두가 당신을 필요로 하는 것처럼 보일지라도 당신은 어디에나 있을 수 없다. 그들에게 실제 필요한 것은 매일 당신이 언제 없는지 정확한 시간을 아는 것이다. 이것은 어떤 조직에든 최종 결재자인 당신 없이 어떻게 일을 진행해야 하는지 알아내는 데 도움이 될 것이다.
휴대전화 전 성경 읽기	당신은 기업가로서 결과물만 내고 있을 수는 없다. 지속적으로 의미 있는 것이 제공되어야 한다. 먼저는 성경을, 그다음엔 어떤 종류의 책이든 당신 회사와 팀에 대한 상상력과 비전을 확장하는 책을 읽는 시간을 확보하라. 당신의 무한한 업무로 하루를 시작하지 말라. 그것들이 모든 것을 장악할 것이고, 비전을 갖는 능력을 흐리게 할 것이다. 이것이 가장 중요한 일이다.

매주 습관	변형할 수 있는 것과 중점에 두어야 할 것
안식하기	이것은 당신이 할 수 없다고 생각하겠지만, 해야 하는 한 가지다. 정기적이고 의미 있는 휴가가 당신과 직원들에게 얼마나 중요한지 생각해 보라. 모든 사람이 매주 원하는 하루를 선택할 수 있는 선택권을 갖도록 조직을 구성하는 방법을 고려해 보라. 당신이 일주일에 하루 쉰다고 해서 다른 사람에게 7일 동안 일할 것을 요구하지 않도록 하라.

한 시간 대화하기	기업가에게는 멘토와 정기적으로 한 시간 동안 대화를 나누는 것이 가장 현명한 선택일 수 있다. 당신이 선 무대에 있지 않고 그 무대를 되돌아볼 수 있는 사람이어야 한다. 멘토를 매주 만날 가능성이 낮으므로, 매주 정기적으로 친구와 시간을 내어 당신이 일뿐만 아니라 삶 전체에 참여하고 있는지 확인하라.
미디어 네 시간 선별하기	기업가가 자신의 모든 시간을 조직에 대해 생각하는 데 할애하면 시야가 극단적으로 좁아질 수 있다. 당신 같지 않은 사람들, 당신의 잠재 고객이 아닌 사람들, 자선이 필요한 사람들을 상기하기 위해 미디어를 선별해 보라. 그렇게 하면 조직의 수익의 일정 부분을 특정 목적에 맞게 사용하거나, 직원들이 자원봉사를 할 수 있는 공간을 제공할 수 있다.
금식하기	당신의 건강을 방치하거나 과도하게 신경 쓰는 것으로부터 보호되도록 금식하라. 일주일 중 하루 동안 음식이나 죄책감을 주는 쾌락을 끊는 운동을 통해 당신의 몸을 기업가 정신의 긴 경주에 맞게 유지할 수 있다.

중독자에게

나는 과잉 경향이 있다. 나는 절제하기 위해 힘겹게 씨름한다. 내 인생의 초기 단계에서 나는 술과 음란물에 기능적으로 의존했다. 여기 놀라운 소식이 있다. 하나님이 나를 변화시키셨다. 그 시절은 오래전에 지나갔다. 나는 예전의 내가 아니며, 당신은 지금의 당신으로 정죄받지 않는다. 은혜는 실제다. 이는 변화도 역시 그렇다는 뜻이다. 만약 당신이 술, 약물, 섹스 등에 중독되어 어려움을 겪고 있거나 회복 중이라면, 이 과정이 단순히 중독 상태를 제거하는 것일 수 없음을 알 것이다. 당신은 다른 것과 사랑에 빠져야 한다. 그 과정에서 당신을 돕고 있는 동반자와 함께 공동 규칙에 따라 생활하면 당신을 지배하는 중독 없이 새로운 삶을 형성하는 데 집중할 수 있다. 당신은 약물의 노예일 수 있지만, 새로운 한계에는 자유가 있다. 더 좋은 주인이 있다. 그의 이름은 예수다.

중독자를 위한 공동 규칙

매일 습관	변형할 수 있는 것과 중점에 두어야 할 것
세 번 기도하기	기도는 현실을 바꾼다. 기도 외에는 새로운 사람이 될 수 없다. 침묵하는 것을 연습하고, 하나님께 계속해서 간청하는 것을 연습하고, 죄인에 대한 예수님의 사랑 안에서 하루의 틀을 세우는 것을 연습하라. 당신은 중독에서 벗어나서 부끄러워할 수 없다. 단지 사랑받을 수 있을 뿐이다.
다른 사람과 식사하기	중독은 종종 공동체로부터 숨거나 잘못된 공동체로 도망치는 것과 짝을 이룬다. 당신을 도와주는 사람들과 정기적으로 함께 있어야 한다. 그들을 끌어들이기 위해 정기적인 식사를 활용하라. 그들을 맞아들이라. 그들을 차단하지 말라.
휴대전화 한 시간 끄기	스트레스가 당신의 중독을 유발하는지 주의 깊게 살펴보라. 중독으로 고생하는 나와 내 친구 중 대부분은 세상이 무너지는 것을 막기 위해 할 일이 있다고 느끼는 것 같다. 그런 일이라면, 휴대전화를 꺼 두는 것이 도움이 될 수 있다. 다른 일이라면, 매일 일정한 시간에 어떻게 하면 그 스트레스에서 벗어날 수 있을지 생각해 보라.
휴대전화 전 성경 읽기	당신은 아무리 실패해도 사랑받고 있다는 것을 알아야 한다. 그리고 이것이 진부한 말이 아니라는 것을 알아야 한다. 이것은 예수님이 죄인들에게 하신 말씀이다. 매일 아침 이 말씀에 매달리라. 어젯밤의 그 일이 다시 발생하더라도, 그것이 당신이 한 일 중 최악은 아니다.

매주 습관	변형할 수 있는 것과 중점에 두어야 할 것
안식하기	아마 당신은 중독 행위를 하며 휴식을 취하는 데 익숙할 것이다. 당신은 새로운 방법을 찾아야 하고, 그 방법은 아마 오래된 악의 근사치일 것이다. 자연에서, 다른 곳에서, 스포츠에서, 취미에서, 운동에서 방법을 찾으라. 당신을 풀어 주는 것이 무엇이든, 그 안식처로 달려가라. 하나님이 거기에 계신다
한 시간 대화하기	중독자를 위한 핵심 습관 하나는 바로 이것이다. 누군가, 단 한 사람이 당신의 중독과 재발에 대한 모든 것을 알고 있어야 한다. 거짓말하고 숨는 것이 중독을 시작하고 지속하는 열쇠다. 진실을 말하는 것이 핵심 습관이다. 신뢰할 수 있는 사람을 찾아 당신이 할 가장 무섭고 자유로운 일을 하라. 그 사람에게 모든 것을 말하라. 아무것도 얼버무리지 말라. 빛이 들어오기 전에 완전히 노출되어야 한다.
미디어 네 시간 선별하기	일부 미디어는 오래된 것에 대한 그리움의 방아쇠가 될 수 있다. 당신은 컴퓨터를 없애야 할 수도 있고, 다른 사람들과만 시청하거나, 익숙한 장소로 이끌리지 않는 것을 선택해야 할 수 있다. 이뿐만 아니라 달려가야 할 곳도 있다. 아름다움과 구원의 이야기로 달려가라. 중독과 싸우는 우리에게는 항상 그런 이야기가 필요하다.
금식하기	당신은 인생 전체가 금식이라 느낄지 모르겠다. 하지만 정기적으로 음식을 끊는 것은 절제와 자제를 지속적으로 기조 삼는 방법이다. 금식은 하나님이 당신의 악물 이상이라는 것을 알도록 도와줄 수 있다. 우리가 원하는 것을 얻지 못하고 예수님이 원하는 것을 얻을 때, 우리가 실제로 가장 행복하다는 것을 상기시킨다. 이 진리가 금식을 통해 당신의 삶을 관통하도록 하라. 운동하기와 이를 결합하면 당신의 몸이 새로운 것을 사랑하도록 훈련하는 정말 효과적인 방법이 될 수 있다.

정신 질환을 앓는 이에게

이 책은 한편으로는 상황에 의해 다른 한편으로는 화학 물질이 야기한 듯 보이는 기이한 불안과의 투쟁에 의해 태어났다. 나는 아마 그 모든 일을 이해할 수 없을 것이다. 내가 아는 것은 형성적인 습관이 나의 모든 것을 변화시켰다는 것이다. 하지만 그것이 당신에게도 그럴 것이라고 장담할 수는 없다. 당신의 모든 문제를 사라지게 하지 않을지 모르지만, 습관은 당신을 더 강하고 안정적이고 즐겁게 하고, 마음속에서 격렬한 싸움을 싸울 준비를 더 잘 갖추게 할 수 있다. 하나님이 당신과 함께 계시고, 친구들도 함께 있다. 그들을 찾아 습관을 함께 연습하라(참고: 나는 전문가가 아니다. 단지 내 여정에 도움이 된 정보를 공유할 수 있는 사람일 뿐이다. 부디 당신의 친구나 가족과 마음을 나누고 당신의 증상과 관련해 의사나 정신 건강 전문가를 찾아가라).

정신 질환을 앓는 이를 위한 공동 규칙

매일 습관	변형할 수 있는 것과 중점에 두어야 할 것
세 번 기도하기	불안하다면 하루를 계획하라. 우울하다면 침대에서 일어날 일을 계획하라. 나는 내 정신이 오작동할 때 빈 공간과 침묵이 두렵다는 것을 알았다. 쓰여 있거나 습관적이거나 전례적인 기도를 시도해 보라. 그 기도들이 당신의 기도가 될 때까지 기도하라.
다른 사람과 식사하기	당신의 마음은 철수하고 싶을지 모르지만, 건강한 공동체의 리듬은 당신에게 필요한 것이다. 음식과 식단은 종종 이런 단계를 유발하거나 악화한다. 당신이 다른 사람들과 어떻게 식사하는지 신경 쓰는 만큼 당신이 무엇을 먹는지에 주의를 기울이라. 감독하에 신중하게 계획된 식단을 다른 사람들과 함께 먹는 것은 회복에 큰 도움이 될 수 있다.
휴대전화 한 시간 끄기	침묵은 괴로운 마음에는 두려운 일이지만, 또한 운동과도 같다. 심하게 아프고, 또 그러고 나면 더 강해진다. 침묵을 연습하려면 휴대전화를 꺼라. 당신의 마음이 격노할 때 당신의 영혼은 그럴 필요가 없다는 것을 알라. 악한 황야에 도사리고 있지만, 하나님은 거기에도 계시며, 항상 승리하신다.

휴대전화 전 성경 읽기	정신 질환은, 심지어 화학적으로 야기되었을 때도 항상 자신에 대해 사실이 아닌 이야기를 자신에게 하는 것과 관련 있다. 세상의 실제 모습을 알려 줄 성경이 절실히 필요하다. 당신이 신뢰하는 짧은 기도나 고무적인 책을 읽으라. 당신의 하루를 이렇게 시작하고, 당신의 우울함이나 불안이 가장 최악일 때 이를 다시 시작해 보라.

매주 습관	변형할 수 있는 것과 중점에 두어야 할 것
안식하기	정신 질환에 대처하는 방법은 다양하지만, 안식일은 당신이 필요로 하는 기쁨과 평화에 리듬감 있고 건강하게 참여할 기회다. 비록 당신이 회중에게 이해받지 못하더라도, 마음을 다해 예배하라. 모두가 당신을 이해할 필요는 없다. 성령이 거기에 계신다. 물러서지 말라.
한 시간 대화하기	이 투쟁의 대부분은 당신이 고립에서 벗어나는 것과 관련 있다. 당신은 무슨 일이 일어나고 있는지 다른 사람들에게 진실을 말해야 하고, 그들도 당신에게 진실을 말해야 한다. 당신은 가장 무서운 생각대로 되지 않는다. 나는 내 마음속의 거짓말에 맞서기 위해 친구들이 끊임없이 진실을 말하는 것이 필요했다. 신뢰할 수 있는 친구를 찾아 매주 그들과 대화하라. 또한 그들을 믿으라. 머릿속에서 계속 회전하는 것을 믿지 말라. 당신이 소용돌이치게 만들 것이다. 자신의 두려움에 건전한 의심을 품으라. 머릿속의 목소리는 당신을 가라앉힐 수 있지만, 공동체의 목소리는 당신을 일으킬 것이다.
미디어 네 시간 선별하기	미디어를 조심하라. 끊임없는 소음의 흐름은 종종 불안을 악화한다. 신뢰할 수 있는 목소리, 쓸데없는 생각에서 벗어나게 하고 당신의 시선을 하나님과 당신을 필요로 하는 세상으로 돌리는 자료를 제외한 모든 것을 차단하는 것을 고려해 보라.
금식하기	내가 정말 불안과 싸우고 있을 때는 하루 금식으로 충분하지 않았다. 3일 금식(연습이 필요하다)은 내게 가장 치유되고 생명을 공급받는 시간 중 하나였다. 당신을 지도해 본 경험이 있는 사람을 두고, 의사나 치료사의 승인을 받으라. 에너지가 부족해지면 당신의 몸이 처음에는 이상한 감정을 퍼붓는다는 것을 알아 두라. 당신에게 힘이 있다면 그것을 극복하려고 노력하라. 정신적인 명료함은 종종 반대편에 있다.

감사의 말

내 삶에 영향을 준, 그래서 이 책에 영향을 준 다음 사람들에게 감사를 표하고 싶다. 나는 이들에게 빚지고 있다.

로렌에게, [당신이 없다면] 난 차라리 아무도 없는 삶을 선택할 거야.

형제 같은 친구인 맷과 스티브, 친구 같은 형제인 마크, 프랭크, 댄, 데이비드에게 감사한다. 앤, 매리 앨리스, 레이첼, 매리 캐서린에게, 로렌의 자매가 되어 주고 힘든 시기에 우리 아이들에게 베푼 모든 도움에 감사드린다.

삶에 열망을 지니고 사는 본보기가 되어 주신 어머니께, 그 많은 아침에 기도하기 위해 나를 깨워 주신 아버지께 감사드린다.

우리를 향해 놀라운 관대함을 보여 준, 특별히 글쓰기로 퇴각할 수 있도록 아이들을 돌봐 준 프레드와 테리사에게 감사한다. 내게 언약의 우정을 보여 준, 이 책에 등장한 모든 친구(와 그들의 아내들)에게 감사한다.

많은 책을 추천해 주고 항상 내가 누구를 부연 설명하고 있는지 말해 준 드루에게 감사한다. 이 주제들에 관해 칵테일과 대화를 나눈 배럿에게 감사한다. 워싱턴 DC에서 우정 어린 그 모든 저녁을 함께 지낸 제이슨에게 감사한다. 이번 시즌 동안 친교를 나눈 앤드루와 크리스, 많은 시즌 동안 친교를 나눈 롭에게 감사한다.

기독교 공동체의 기초를 다지는 하우스 오브 페인(House of Pain)에 감사드린다. 나를 제자 삼을 정도로 충분히 배려해 준 토드와 케빈에게 감사드린다. 스콧에게, 내 일에 대한 시야를 넓혀 준 멘토링과 망명 생활에 대해 가르쳐 준 동아시아 전체 커뮤니티와 관련해 감사드린다. 삶의 규칙이 무엇인지 알려 준 코리에게(특히 IVP를 소개하면서 내게 보여 준 과분한 신뢰와 관대함에 대해) 감사드린다. 내가 습관에 대해 지겹도록 하는 말을 들으며 고통받았던 제3 교회 공동체에게 감사드린다.

좋은 변호사가 되는 법을 가르쳐 준 맥과이어우즈와 나를 이끌어 준 개먼과 그레인지에게 감사드린다. RHG에게, 당신이 내게 준 책들이 내 삶을 바꿨다는 것을 아마 모를 거예요. 내가 읽는 것을 사랑하도록 가르쳐 준 존 해개돈과 빌 윌슨에게 감사드린다.

이 책을 마음에 품게 된 비밀스러운 장소이자 글쓰기 피정의 장소였던 리치먼드힐에 감사한다. 나를 마스힐 오디오(Mars Hill Audio)에 소개해 준 존 루드에게 감사드린다. 이 원고의 초기 끔찍한 버전을 많이 읽어 준 미건, 레이철, 댄, 데이비드, 스티브, 마크, 드루, 맷,

크리스천, 로렌에게 감사한다. 온화하고 현명한 편집자 알에게 감사드린다. 훌륭한 표지 디자인 작업을 해 준 데이비드 패싯에게 감사드린다.

이 주제에 대해 내게 미친 영향이 너무나 커서 제대로 각주 처리를 하는 것이 불가능했던 켄 마이어스, 그레그 톰프슨, 제임스 K. A. 스미스, 티시 해리슨 워런, 루스 헤일리 바턴, 그리고 팀 켈러에게 감사드린다. 이 프로젝트에 대한 영향력과 격려로 나를 관대하게 대해 준 앤디 크라우치에게 감사드린다.

그리고 마지막으로, 형제들 사이에서 리더십을 보여 주는 휘트에게 감사한다("나는 정말 많은 것에 의구심을 갖고 있지만, 너에 대해서는 그렇지 않아"). 아름답고 장난스러운 에너지를 지닌 애셔에게 감사한다(너는 즉흥적인 도넛 여행을 더욱더 재밌게 해). 내가 60센티미터 길이 침대의 시트를 벗기면서, 한계 안에서 살 때 더 행복했음을 깨닫게 해 준 콜터에게 감사한다(나는 너를 안고 이 프로젝트를 시작했어). 그리고 책을 교정하는 동안 소파 위에 있었던 따뜻한 동료 셉에게 감사한다(난 네가 좋은 친구가 될 거라고 생각해).

그리고 왕이신 예수님, 당신께는 정말 많은 것이 있지만, 특별히 제가 단 한 문장도 쓸 수 없겠다고 느꼈던 1월 말의 아침에 제게 다가와 주셔서 감사드립니다. 마라나타.

미주

여는 말

1) David Foster Wallace, "2005 Kenyon College Commencement Address," May 21, 2005, *Kenyon College Alumni Bulletin*, http://bulletin-archive.kenyon.edu/x4280.html.
2) David Brooks, "The Machiavellian Temptation," the *New York Times*, March 1, 2012.
3) William James, *Talks to Teachers on Psychology: And to Students on Some of Life's Ideals* (New York: Henry Hold and Company, 1914), 64.
4) Charles Duhigg, *The Power of Habit* (New York: Random House, 2012).
5) Annie Dillard, *The Writing Life* (New York: Harper & Row, 1989).

매일 습관 1

1) Annie Dillard, *The Writing Life* (New York: Harper & Row, 1989).

매일 습관 2

1) Christine D. Pohl, *Living into Community: Cultivating Practices That Sustain Us* (Grand Rapids: Eerdmans, 2012).
2) Matthew Levering interview, *Mars Hill Audio Journal*, volume 135, part 2, 2013.

3) 세속화 시대를 거론할 때, 나는 찰스 테일러(Charles Taylor)와 그의 사상을 분석한 제임스 스미스 같은 이들이 이 표현을 사용할 때 의미한 바를 염두에 두었다. James K. A. Smith, *How (Not) to Be Secular: Reading Charles Taylor* (Grand Rapids: Eerdmans, 2014)을 보라.
4) 나는 여기서 레슬리 뉴비긴의 절차를 따르고 있다. Lesslie Newbigin, *Foolishness to the Greeks: Gospel and Western Culture* (Grand Rapids: Eerdmans, 1986) 그리고 Lesslie Newbigin, *The Gospel in a Pluralist Society* (Grand Rapids: Eerdmans, 1989)을 보라.
5) Madeleine L'Engle, *Walking on Water: Reflections on Faith and Art* (New York: Random House, 1980), 191.
6) Don Everts and Doug Schaupp, *I Once Was Lost* (Downers Grove, IL: InterVarsity Press, 2008), 29.

매일 습관 3

1) Adrian F. Ward, Kristen Duke, Ayelet Gneezy, and Maarten W. Bos, "Brain Drain: The Mere Presence of One's Own Smartphone Reduces Available Cognitive Capacity," *Journal of the Association for Consumer Research* 2.2, April 2017, 140-54.
2) Cal Newport, *Deep Work* (New York: Grand Central Publishing, 2016)을 보라.
3) Kyle David Bennett, *Practices of Love: Spiritual Disciplines for the Life of the World*, (Grand Rapids: Baker, 2017), 125.

매주 습관 1

1) C. S. Lewis, *The Four Loves* (New York: HarperCollins, 1960).
2) Sherry Turkle, *Reclaiming Conversation: The Power of Talk in a Digital Age* (New York: Penguin Books, 2015), 143.

매주 습관 2

1) Stanley Hauerwas, *Hannah's Child: A Theologian's Memoir* (Grand Rapids: Eerdmans, 2010), 156.

매주 습관 3

1) 마틴 루서 킹이 1967년 4월 14일 스탠퍼드대학에서 한 연설, https://kinginstitute.stanford.edu/news/50-years-ago-martin luther-king-jr-speaks-stanford-university.
2) Michael Eric Taylor, "The African-American Community of Richmond, Virginia: 1950-1956," (1994), Master's Theses 1081, https://scholarship.richmond .edu/masters-theses/1081/.
3) Ernest Becker, *The Denial of Death* (New York: Simon & Schuster, 1973).

매주 습관 4

1) 진정한 휴식 아래에서 누리는 휴식이라는 개념은 안식에 관한 팀 켈러의 가르침 덕에 알게 된 것이다.
2) 이 재담은 비공식적으로는 아브라함 조슈아 헤셸이 말한 것으로 알려져 있지만 아마도 일반적인 유대인 어록이 출처인 듯하다.
3) Julian of Norwich, *Revelations of Divine Love,* Oxford World's Classics, trans. Barry Windeatt (Oxford: Oxford University Press, 2015), 20.

맺는 말

1) Seamus Heaney, paraphrase of "Postscript," *Seamus Heaney* (Cambridge: Harvard University Press, 1998).

사명선언문

너희가 흠이 없고 순전하여……세상에서 그들 가운데 빛들로
나타내며 생명의 말씀을 밝혀 _ 빌 2:15-16

1. 생명을 담겠습니다
만드는 책에 주님 주신 생명을 담겠습니다.
그 책으로 복음을 선포하겠습니다.

2. 말씀을 밝히겠습니다
생명의 근본은 말씀입니다.
말씀을 밝혀 성도와 교회의 성장을 돕겠습니다.

3. 빛이 되겠습니다
시대와 영혼의 어두움을 밝혀 주님 앞으로 이끄는
빛이 되는 책을 만들겠습니다.

4. 순전히 행하겠습니다
책을 만들고 전하는 일과 경영하는 일에 부끄러움이 없는
정직함으로 행하겠습니다.

5. 끝까지 전파하겠습니다
모든 사람에게, 땅 끝까지, 주님 오시는 그날까지
복음을 전하는 사명을 다하겠습니다.

서점 안내

광화문점 서울시 종로구 새문안로 69 구세군회관 1층
            02)737-2288 / 02)737-4623(F)

강남점   서울시 서초구 신반포로 177 반포쇼핑타운 3동 2층
            02)595-1211 / 02)595-3549(F)

구로점   서울시 동작구 시흥대로 602, 3층 302호
            02)858-8744 / 02)838-0653(F)

노원점   서울시 노원구 동일로 1366 삼봉빌딩 지하 1층
            02)938-7979 / 02)3391-6169(F)

일산점   경기도 고양시 일산서구 중앙로 1391 레이크타운 지하 1층
            031)916-8787 / 031)916-8788(F)

의정부점 경기도 의정부시 청사로47번길 12 성산타워 3층
            031)845-0600 / 031)852-6930(F)

인터넷서점 www.lifebook.co.kr